新概念教材：换代型系列

高等院校本科

中国高等院校市场学研究会组编

BRAND STRATEGY AND DECISION

3rd edition

品牌战略与决策

第三版

余鑫炎 主编　　周学仁 刘静 副主编

东北财经大学出版社 Dongbei University of Finance & Economics Press　　大连

图书在版编目（CIP）数据

品牌战略与决策 / 余鑫炎主编 . —3 版 . —大连 ：东北财经大学出版社，2015.2
（高等院校本科市场营销专业教材新系）
ISBN 978-7-5654-1826-6

Ⅰ. 品… Ⅱ. 余… Ⅲ. 品牌战略-高等学校-教材 Ⅳ. F272.3

中国版本图书馆 CIP 数据核字（2015）第 019034 号

东北财经大学出版社出版
（大连市黑石礁尖山街 217 号 邮政编码 116025）
教学支持：（0411）84710309
营 销 部：（0411）84710711
总 编 室：（0411）84710523
网 址：http：//www.dufep.cn
读者信箱：dufep @ dufe.edu.cn

大连雪莲彩印有限公司印刷 东北财经大学出版社发行

幅面尺寸：185mm×260mm 字数：332 千字 印张：15 1/2 插页：1
2015 年 2 月第 3 版 2015 年 2 月第 11 次印刷

责任编辑：许景行 石真珍 责任校对：王 娟 那 欣
封面设计：冀贵收 版式设计：钟福建

定价：32.00 元

“高等院校本科市场营销专业教材新系”

总　序

东兔西乌，岁月如流。呈现在读者面前的这套“高等院校本科市场营销专业教材新系”，从发轫到今天形成较成熟、完整的新体系，已整整走过了30多个春秋。在这三分之一世纪的岁月中，我国社会经济在改革开放浪潮的席卷下，发生了极其深刻的变化，业已嬗变成社会主义市场经济。与这一进程基本同步的市场营销学及其系列课程的重新引进和建设，也从不完善到逐步完善，取得了有目共睹的骄人成绩。溯源徂流，这些成就的获得，是与我国市场营销学界的勇于探索及创新分不开的。

早在党的十一届三中全会前夕，我国市场营销学界一些原来从事部门经济教学的同道，从当时我国传统计划经济体制的紧箍咒有所松动、改革开放的红日即将喷薄而出等迹象，见微知著，预期商品和市场的培育问题必将成为我国经济工作的主线，有必要改弦更张，重新引进适应我国商品、市场发展要求的市场营销学及其相关课程。1978年秋，南方的个别高校在制订新的教学计划时，遂将市场营销学、消费心理学、广告学首先列入商学专业的教学计划，并于1979年在校内外先后开设这些课程，受到在校学生及业务部门培训人员的广泛欢迎。

改革开放初期，企业开始自主经营、自负盈亏，市场问题日见凸显，市场营销学已开始派上用场，一推出便受到广大工商企业经营管理人员的欢迎，各地开设市场营销学的院校也越来越多，业务部门开办的市场营销学培训班更如雨后春笋。这种喜人形势的出现，与广大市场营销学者的潜心探索和艰辛努力分不开。此时我们的营销学界从无到有，从不成熟到成熟，很快编写出一批各有特色、繁简不一的市场营销学及某些相关课程的教材，为市场营销学在我国的启蒙和推广做出了初始的贡献。1984年全国高等财经院校市场学教学研究会（此为中国高等院校市场学研究会的前身）及后来的中国市场学会的成立，更有组织地推动了市场营销学教学、科研工作的迅猛发展。到20世纪90年代初，各地编写的市场营销学专著及教材达200余种，此时市场营销学在我国已基本普及。

随着改革开放的进一步深入，其攻坚战的拉开及商品、市场的大发展，如何与此相适应，使市场营销学在普及的基础上进一步提高，是我国广大营销学者的新课题。这包括两方面的具体任务：一是要从着重引进国外教材的“拿来”阶段上升到引进与总结相结合的新阶段，着重探讨和创建更贴近我国国情，对我国企业市场营销活动更具直接指导意义的市场营销学体系；二是把以市场营销学单科教材或配以少数相关教材为主的“短腿”教材建设，推进到以市场营销学这一主导课程为基础，将各主要市场营销组合因素细化为探讨更深入、内容更专一而又相互紧密联系的系列课程教材建设。经过日益壮大的市场营销学界近10年的共同奋战，这两项任务在20世纪千年纪元结束之际已基本完成，不仅全国出版的市场营销学主教材已累计达300余种，各种新增的分支专业市场营销学教材大量涌现，而且质量和水平都大大提高。

但客观形势总是向前发展的，市场营销学的学科建设也永无止境。在新世纪，市场营销学的学科建设也给自身提出了新的要求和任务。21 世纪是高新技术的时代，世界经济将经历空前深刻的变化。为迎接这种新的挑战，重要任务之一是要建设一支能适应新世纪科学技术和社会经济大发展环境的未来型企业家队伍。企业家必须重点掌握的市场营销学，在培养未来型企业家的系统工程中，具有举足轻重、功关大局的地位。因此，如何在原教材建设日锻月炼的基础上，以只争朝夕的精神，尽快编写出一套体系更完整、内容更先进、更适合培养未来型企业家的新教材，便成为我国市场营销学界的当务之急。

无独有偶，我国财经类出版社中最具实力和影响力之一的东北财经大学出版社也匠心独运，主动提出要与中国高等院校市场学研究会（以下简称研究会）联合组织编写出版“高等院校本科市场营销专业教材新系”（以下简称“新系”）的设想。这真是一拍即合。在东北财经大学出版社的大力倡导、策划和支持下，研究会从全国各地组织了几十位市场营销学专家到一起，对“新系”的种类构成、教材建设的任务、原则和途径进行了认真、深入和细致的研讨，确定编写 11 门相关课程的教材。

目前业已推出的这批“新系”教材主要特点如下：

1. 首创“换代型”：在内容与形式上都有重大更新，符合全国教育工作会议和教育部关于高等院校教学改革与教材建设的最新精神。其内容更新不仅在于完全摆脱了过去部门经济学的“政策学”窠臼，还在于扬弃了改革开放后第一代市场营销学教材中残留的计划经济旧内容及当时市场刚发育、低水平的营销策略思想和技术手段，总结和探讨了在市场经济和全球化大潮席卷下企业应树立的新营销观念和策略思想，以及应掌握的最新营销理论和技术。其形式更新主要围绕贯彻知识、能力、技术三位一体的教育原则，重塑教材的赋型机制。各门课程教材在结构、栏目、体例和写作风格上均有所突破，大量运用图表、案例、专栏等形式，强化了学生的素质、知识、操作与创新能力的训练。

2. 中西合璧：结合我国市场营销的国情，大力借鉴发达国家最具代表性、最新版教材之所长。过去我国在引进和建设市场营销学系列课程中，曾有过两种做法或主张，即或者原原本本地“拿来”，或者完完全全地“中国化”。这两者都各有其特定的历史背景和局限性。20 世纪 70 年代末到 80 年代初，由于我国各级学府久违市场营销学已达 30 年，很多人对市场营销学尤其是现代市场营销学为何物知之甚少，并且我国也鲜有市场营销工作的实践和经验，因此强调先原原本本把外国教材引进来，再逐渐消化、融会贯通，可说顺理成章。不过，这里有个引进版教材不完全适合中国国情的问题。到了 90 年代，市场营销学及其系列课程已在我国普及，广大工商企业已有大量的市场营销实践和不少成功经验，此时有的同道提出教材建设要搞本国化也是水到渠成。然而，这里也同样有个本国化如何与市场营销学的普遍原理相结合的问题。与上述两种做法或主张不同，本“新系”一方面十分重视总结我国丰富的市场营销实践和经验，将其提升到理论高度；另一方面也充分借鉴了发达国家一些最具代表性和普适性的市场营销学新理论、新技术，力求做到既博采中外所长，又独树一帜。

3. 作者阵容强大：众多资深营销学家联袂组成编委会，十余所著名高校管理院系的知名专家、教授领衔编撰。本“新系”整个编撰队伍由来自我国东西南北中不同高等学府的数十位知名专家、学者组成，他们中的大多数是我国一级学术社团——中国高等院校市场学研究会的核心会员，此外还包括其他学术社团及国内部分高校的著名跨世纪学科带头人。“新系”中的各门课程教材，除各由不同学校及其不同学术专长的多位学者共同承担编写任务外，其主要体系、内容、结构还经编写指导委员会及全体编写人员集体讨论，互提意见和建议，从而很好地发挥了集思广益、增强互补性的作用，使教材质量更上一层楼。

高尔基说过：科学的大胆的活动是没有止境的，也不应有止境。巴甫洛夫也曾有类似的警世名言：科学需要一个人贡献毕生的精力，科学要求每个人有极紧张的工作状态和伟大的热情。本“新系”的建设应该说也是一种科学的大胆活动，同样不应有止境。我们现在奉献给读者的这套新教材，犹如我国著名作家姚雪垠所指出的那样，其成就只是整个过程里面一个阶段的小结，它既是一次小结，同时也是新的开始。我想我们全体“新系”的作者都会汲取这些至理名言，以极大热情，通过不断修订，使“新系”的更新与国内外市场营销的学科新发展及实践新探索永保同步，为培养新世纪高素质市场营销专业人才而贡献力量！

何永祺

第三版前言

市场经济的发展，把世界带入品牌竞争的时代。“品牌战略与决策”正是适应时代需要而开设的一门新课程。本书是东北财经大学出版社推出的“高等学校本科市场营销专业教材新系”的一个组成部分，具有相当重要的地位。在当代，品牌战略与决策已成为市场营销的焦点和核心问题，是市场营销的新亮点。本教材的主要特色，是从品牌的基本概念入手，提出和分析了名牌经济的新观念，论证了名牌经济是市场经济的精华，并在名牌经济的总格局下，系统阐述了企业实施品牌战略与决策的若干重要问题，包括品牌概论、品牌名称、品牌商标、品牌资产、品牌质量、品牌市场、品牌发展、品牌决策、品牌竞争、品牌保护。本书从宏观的视野，具体分析了企业品牌战略与决策的微观经营活动，并注重理论与实践的紧密结合，在阐明基本理论的同时，列举了大量案例。希望本书对推动品牌经济的发展和名牌战略的实施以及品牌理论的研究能有所裨益。

本教材第三版由余鑫炎教授担任主编，周学仁、刘静副教授担任副主编，参编人员有余磊、余怡萍、陈凤姣。本次修订更新了上一版中较为陈旧的内容，如商标注册和保护的相关内容（第3章），ISO 9000族质量标准体系、品牌质量战略的相关内容（第5章），中间商品牌的相关内容（第8章），部分企业的商标，大部分企业实例，正文中提到的相关数据资料，每一章的案例分析题和推荐阅读材料等，使书中的内容更富有时代特色。

在本书的写作过程中，编者查阅、参考、借鉴、吸收了国内外大量的研究成果，不及一一列出，特此说明并向相关作者表示衷心的感谢。由于编者水平有限，书中疏漏、错误之处肯定不少，恳请学界同仁和广大读者批评指正。

编　者

2015年1月

目　录

第1章　品牌概论/1

学习目标/1

本章导读/1

1.1　市场经济与品牌/1

1.2　从品牌到名牌经济/3

1.3　名牌经济与品牌战略及决策/9

本章小结/12

关键概念/12

思考题/12

练习题/13

自测题/13

案例分析/14

补充阅读材料/15

第2章　品牌名称/17

学习目标/17

本章导读/17

2.1　品牌名称——品牌的象征/17

2.2　品牌命名要点与品牌名称设计/20

2.3　品牌名称传扬/24

本章小结/27

关键概念/28

思考题/28

练习题/28

自测题/29

案例分析/29

补充阅读材料/31

第3章　品牌商标/32

学习目标/32

本章导读/32
3.1 品牌商标内涵/32
3.2 品牌商标设计/36
3.3 品牌商标注册/41
3.4 驰名商标/50
本章小结/55
关键概念/57
思考题/57
练习题/58
自测题/58
案例分析/59
补充阅读材料/60

第4章 **品牌资产**/62
学习目标/62
本章导读/62
4.1 品牌与无形资产/62
4.2 品牌资产构成要素/67
4.3 品牌资产价值评估/74
本章小结/78
关键概念/79
思考题/79
练习题/80
自测题/80
案例分析/80
补充阅读材料/82

第5章 **品牌质量**/83
学习目标/83
本章导读/83
5.1 产品质量与品牌质量/83
5.2 质量是品牌的生命/87
5.3 品牌质量战略/90
5.4 品牌质量管理/94

本章小结/100
关键概念/102
思考题/102
练习题/102
自测题/103
案例分析/103
补充阅读材料/104

第6章 品牌市场/106
学习目标/106
本章导读/106
6.1 品牌定位/106
6.2 品牌选择/110
6.3 品牌营销/115
本章小结/122
关键概念/124
思考题/124
练习题/124
自测题/125
案例分析/125
补充阅读材料/126

第7章 品牌发展/128
学习目标/128
本章导读/128
7.1 品牌发展与名牌战略/128
7.2 名牌的企业发展战略/131
7.3 名牌的社会发展战略/140
本章小结/145
关键概念/146
思考题/146
练习题/146
自测题/147
案例分析/147

补充阅读材料/149

第 8 章 **品牌决策**/151
学习目标/151
本章导读/151
8.1 品牌化决策/151
8.2 品牌使用者决策/153
8.3 品牌决策的主要类型与内容/155
本章小结/164
关键概念/165
思考题/165
练习题/166
自测题/166
案例分析/167
补充阅读材料/168

第 9 章 **品牌竞争**/170
学习目标/170
本章导读/170
9.1 市场竞争与品牌竞争/170
9.2 品牌竞争因素/174
9.3 品牌竞争内容/179
9.4 品牌竞争优势/184
本章小结/191
关键概念/192
思考题/192
练习题/192
自测题/193
案例分析/193
补充阅读材料/195

第 10 章 **品牌保护**/197
学习目标/197
本章导读/197

10.1 品牌假冒与品牌保护/197
10.2 企业对品牌的自我保护/202
10.3 社会对品牌的保护/208
本章小结/213
关键概念/214
思考题/214
练习题/214
自测题/214
案例分析/215
补充阅读材料/216

附录 自测题参考答案/217

第 1 章

品牌概论

学习目标

要求通过本章学习，理解和掌握市场经济是怎样孕育出品牌的、产品与品牌的联系和区别，认识品牌竞争产生出名牌、从名牌产品发展到名牌经济、名牌经济是市场经济的精华，在名牌经济的总格局下实行品牌战略与决策。

本章导读

与上述学习目标相适应，本章以三节内容分别重点考察市场经济与品牌、从品牌到名牌经济、名牌经济下的品牌战略与决策。

本章对品牌概念的分析，是从总体上为全书提供理论上的支柱和经济分析的前提。企业实施品牌战略与决策，有其深刻的时代背景和经济根源，掌握了这一点，就能从理论上提高对实施品牌战略与决策的自觉性，把宏观经济与微观经济结合起来。

1.1 市场经济与品牌

1.1.1 品牌是什么

在花花绿绿的商品市场上，几乎每一种商品都有自己的牌子。关于品牌的定义，美国著名营销学者菲利普·科特勒（Philip Kotler）的表述是：“**品牌**是一种名称、名词、标记、符号或设计，或是它们的组合运用，其目的是借以辨认某个销售者或某群销售者的产品或劳务，并使之同竞争对手的产品和劳务区别开来。”①

最初出现、至今仍然最普遍的是产品品牌。**产品品牌**是指有形的实物产品品牌。它主要包括三个部分：

（1）品牌名称。它是品牌中可以用文字表达并能用语言传递的部分，如“长虹”、“格力”、“海尔”、“联想”、“可口可乐”等。

（2）品牌标记。它是品牌中可以识别但不能读出来的部分，包括各种符号、色彩、字母或图案等等。如“IBM”计算机的蓝色字母、“小天鹅”洗衣机的天鹅图案、“苹果”（iPhone）手机的苹果图案等。

（3）商标。它是通过依法注册而获得法律保护的品牌。商标保护使用品牌名称

---

① 科特勒．营销管理——分析、计划和控制［M］．梅汝和，等，译．上海：上海人民出版社，1996：607-608.

和品牌标记的专用权。在现代市场经济条件下，品牌必须包含商标的内容。没有经过商标注册的品牌是不受法律保护的。

随着市场经济的发展，在产品品牌的基础上，又出现了服务品牌和企业品牌。**服务品牌**是以服务而不是以产品为主要特征的品牌，如商业服务品牌、餐饮服务品牌、航空服务品牌、金融服务品牌、旅游服务品牌等。但是，无形的服务总是以有形的产品为基础的，并且往往同时与有形产品共同形成品牌要件。**企业品牌**或公司品牌是以企业（公司）作为品牌整体形象而为消费者认可的。产品品牌同样是企业品牌的基础，但企业品牌高于产品品牌，它是靠企业的总体信誉而形成的。企业品牌与产品品牌可以是相同的，如海尔、索尼、奔驰；也可以是不相同的，如宝洁公司、通用汽车公司等都有很多不同的产品品牌。

1.1.2 市场经济孕育出品牌

品牌是市场经济的产物，是市场经济孕育出的精灵。

自给自足的自然经济以及市场经济萌芽时期，只有产品，没有品牌。在商品经济发展到一定规模，各地之间商品交换日益频繁和扩大以后，以各地自然条件优异和特色或做工精良而闻名的土特产和手工业产品开始出现，这在2 000多年前司马迁写的《史记·货殖列传》中早有记载。直到近代，这种地方著名土特产和手工业产品仍有相当影响，如山东大枣、砀山梨、黄州萝卜、毛坝漆、杭州丝绸、四大名绣（苏绣、湘绣、粤绣、蜀绣）、宜兴陶瓷、景德镇瓷器、孝感麻糖、金华火腿等等。但是，著名土特产品仍然是产品而不是品牌。过于分散和细小的独立小生产者不可能打出自己的品牌。

家族式企业的出现是市场经济发展到一定程度的结果，尤其是民间商品性手工业的发展到一定程度时，出现了讲求质量和特色的民间家族式手工业企业。为了突出自己的特色以与其他的同类型企业相区别，这些企业开始为自己的产品取名称、创牌子，甚至出现了原始的“商标”。北宋时期济南刘家功夫针铺“白兔”标记的功夫细针，可以说是中国史书记载最早的“品牌”。近代中国著名的手工业产品品牌，如王麻子剪刀、张小泉剪刀、曹正兴菜刀等，也影响不小。在中医药、中式餐饮业等领域，也出现了一些著名的品牌，如同仁堂、全聚德、狗不理等。但是由于中国市场经济不发达，这些品牌建立在家庭式企业和手工业生产的基础上，因此，品牌只是处于萌芽和初步形成状态之中，很不完善。

19世纪末20世纪初，世界范围内先进资本主义国家过渡到垄断资本主义阶段，市场经济逐步趋向发达和成熟，以开拓世界市场为目标的大企业大批涌现，市场竞争日益激烈，为品牌的普遍形成和发展提供了经济条件。尤其是在大机器工业基础上生产出的标准化新产品大量涌现，突出品牌特色成为各大企业的客观需要。真正意义上的企业普遍在工业国家出现，生产同一类型产品的企业，开始注意创出自己独特的产品品牌，以与其他企业生产的同类型产品相区别。食品、饮料、日用品、服装、汽车、汽油、飞机以及其他行业，都出现了一批很有知名度的品牌，如可口可乐、雀巢、奔驰、福特、波音、美孚等等。

第二次世界大战以后，尤其是20世纪80年代以来，发达市场经济国家在市场竞争和科技革命的推动下，一大批新产品品牌脱颖而出，尤其是家用电器、电脑、现代通讯与信息产品出现了很多新的品牌，如飞利浦、松下、索尼、IBM、英特尔、诺基亚、微软等等。一些经过市场竞争而取得优胜的老品牌，仍继续发挥其功能作用，成为百年长寿品牌。

市场经济及其发展，孕育着品牌，催生着品牌，并使品牌不断发展。

【小思考1-1】

下列名称哪些是产品，哪些是品牌？

(1) 东北三宝；(2) 杭州丝绸；(3) 张小泉剪刀；(4) 奔驰汽车；(5) 金华火腿；(6) 孝感麻糖；(7) 长虹彩电；(8) 格力空调；(9) 道口烧鸡；(10) 山东大枣；(11) 北大荒牌大米；(12) 金龙鱼食用油；(13) 武昌鱼；(14) 毛坝漆；(15) 海尔电器；(16) 联想电脑。

【答案】(1) (2) (5) (6) (9) (10) (13) (14) 是著名的产品，但不是品牌；(3) (4) (7) (8) (11) (12) (15) (16) 是产品品牌。

1.2 从品牌到名牌经济

1.2.1 品牌竞争出名牌

在市场经济中，品牌之间的竞争是一种不可避免的普遍现象。同一种产品往往有许多企业同时进行生产和经营。每个企业都要为自己的产品确定品牌，于是同一种产品就会出现许多个品牌。在食品、饮料、服装、化妆品、洗涤用品、家用电器等产品领域，这种现象更为明显，近年来在电脑和电子通讯产品方面也很突出。这样，在同一种类型产品的不同品牌之间就展开了激烈的市场竞争。在竞争中，那些质量好、价格合理、营销与管理得当、符合消费者需要的产品的品牌，逐渐在市场上站稳了脚跟，并取得较大的份额，为广大消费者所青睐，成为**名牌**；而那些质次价高、营销与管理不当、不适应市场需要的产品品牌就成为非名牌，俗称杂牌，其中有的杂牌或可勉强支撑，有的杂牌就在竞争中被淘汰。

从严格的意义来说，真正的名牌应该是国际名牌或世界名牌。因为市场经济是开放的经济，在经济全球化日益发展的当代，市场竞争是没有国界的。品牌有它的原产地、原产国，但品牌运行的舞台则是国际性和世界性的。可口可乐是美国的品牌，但可口可乐饮料几乎风行世界上一切实行市场经济的国家；索尼、松下是日本品牌，但索尼电器、松下电器在美洲、欧洲、亚洲甚至非洲都占领了相当的市场份额；德国的大众、西门子，瑞士的雀巢，荷兰的飞利浦等名牌也莫不如此。

但是，从实际情况来说，国际名牌和世界名牌的产生总是有一个较长时期的发育成长过程。一般情况是，某一品牌先是在某一特定地区（一个城市、一个经济区域）在竞争中成为地区名牌，然后拓展到全国各地（或较多地区），成为全国性名牌，再有可能就到国际市场上竞争，竞争得胜就成为国际名牌以至世界名牌。中国作为发展中大国，从计划经济体制转向社会主义市场经济体制的时间不过20年左右，一下子产生许多世界名牌还有困难，因此，应该承认地方名牌和全国名牌。这样，有利于各地从实际情况出发推进名牌战略的实施，在不同范围、不同层次上创造出不同层次和范围的名牌。现实生活中，有不少品牌都是首先成为地方名牌，然后经过不懈努力，发展成为全国名牌的。其中，地方名牌是名牌层次的起点，全国名牌才是规范意义的名牌。中国名牌只有在市场竞争中才能长大。从奋斗目标来说，中国必须在不远的将来，创造出一批属于自己的世界名牌。

【实例1-1】

竹叶青——引领中国茶叶品牌时代的到来

说到中国茶叶的品牌，不得不提及竹叶青。常有人叹息中国茶叶有名品而无名牌，而竹叶青正是率先开启了中国茶叶品牌化的历程。目前，“峨眉山茶”已获得国家地理标志产品保护，形成了竹叶青、峨眉雪芽、仙芝竹尖、森林雪、一枝春等“五朵金花”骨干企业。

与西湖龙井和碧螺春相比，峨眉山竹叶青茶最大的特点在于外形。它只采用单一的茶芽，使得茶叶在外形上既显得漂亮，又很容易和传统的名茶相区别。显然，作为一种饮品，是否好喝很大程度上为习惯所左右。要从营养物质看，茶芽显然要高于茶叶，但在滋味上，茶叶中的茶多酚浓度又高于茶芽。这使得竹叶青茶汤口味相对清淡，并不适于多次浸泡。但竹叶青从外形来说却是最漂亮的绿茶之一，尤其是浸泡之后根根直立，摇曳于杯底，草长莺飞似乎都浓缩到这一杯中，非常符合中国人对于传统高档绿茶的审美期待。

作为一个知名茶叶品牌，除了带给爱茶人士一杯清香宜人、姿态优美、放心饮用的好茶外，还能带给人们什么？这也是竹叶青在思考的问题。竹叶青积极挖掘“名山名茶”、“名人命名”、“结缘中国围棋”的内涵，投巨资建成峨眉山竹叶青生态茗园暨国家级农业科技园区——四川乐山国家农业科技园区茶叶科技园。该园是集茶文化展示、茶叶研发、品茗休闲、茶叶生态观光、茶叶加工业旅游为一体的茶文化主题公园，是展示“竹叶青”文化的窗口，更是传播中国古老茶文化的理想之地。每天前来生态茗园游览的客人达数千人，这不仅弘扬了中国茶文化，宣传了“竹叶青”品牌，更推动了茶叶科技进步，带动了茶农致富。而且，随着游客大量购买竹叶青，竹叶青已从一个农产品变成旅游产品。生态茗园也由于广受旅行社及游客的推崇而被国家旅游局认定为国家“AAA”级旅游景区。

从农产品到旅游产品，从地域性茶叶品类到全国乃至世界知名的茶叶品牌，竹叶青品牌的建设之路映射了整个中国茶叶品牌发展的现在与未来。峨眉山绿茶接受“国检”100%合格。从茶叶品类到全国乃至世界知名的茶叶品牌，竹叶青品牌的建设之路映射了整个中国茶叶品牌发展的现在与未来。

资料来源　佚名．引领中国茶叶品牌时代的到来——竹叶青品牌的区域力量［J］．中国品牌，2014（5）．

1.2.2　从名牌产品到名牌经济

以市场经济为主导的大工业社会，开辟了名牌产品的黄金时代。100 多年来，以消费性工业产品为主流的名牌产品层出不穷，代代更新。在当代一些市场经济发达的国家里，在名牌产品的基础上，又产生了名牌经济。名牌现象已从名牌产品延伸到经济领域的方方面面。

名牌经济是以名牌产品、名牌服务为基础，以名牌企业为核心，以名牌企业之间的产业联系为纽带的一种以名牌为特色的经济。名牌经济是名牌产品发展的必然结果，而名牌产品则是名牌经济的基石。

名牌经济是客观存在的事实，从理论上研究名牌经济及其运行，对实施品牌战略与决策有着重要的意义。名牌经济的客观性可以从以下几个方面得到证明。

1. 普遍性

经济领域的名牌现象具有广泛性和普遍性。在当今世界经济中，不仅在消费性工业品中涌现出了大量的名牌，而且在生产性工业品中也越来越多地出现名牌；不仅在工业产品中涌现出大批名牌，而且在农业产品中也出现了名牌；不仅在生产领域出现了名牌，而且在商业、贸易、金融、保险、旅游、房地产和其他经济领域也都出现了名牌。近年来又在以因特网为代表的网络经济中出现了名牌。经济领域的各行各业、各个方面，都广泛而普遍地存在着名牌现象，只是发展程度和影响大小有所不同而已。从目前和今后一个时期来看，工业产品中的名牌仍然是名牌经济的主要部分。

2. 持续性

经济领域名牌现象具有持续性和长期性。自从经济领域出现名牌现象以来，名牌的存在和发展一直是连续的，从来没有中断过。尤其是 20 世纪以来，名牌和名牌经济不断在向前发展。一种经济现象如果是偶发的、非连续性的，那么这种经济现象就不能作为正常的经济形态予以认可。但是，名牌和名牌经济并不是偶发的、中断的经济现象，而是连续的、不间断的、多发的常见现象，因此，它是可以得到认可的经济形态。

3. 稳定性

名牌和名牌经济具有相对稳定性。就个案分析，每一种名牌产品、每一个名牌企业，都可能发生消长变化，能延续上百年甚至几百年的长寿名牌毕竟不多。但是，就整体来说，名牌和名牌经济在一定时空范围内总是一个事实上的存在，总是有一个相对稳定的名牌系列群体。因此，在一定时期、一定地域范围内，名牌总是一个相对集中、相对稳定的经济集合体，是一种经济恒定现象。尽管这个相对稳定的经济集合体中，个别成员（包括名牌产品和名牌企业）在不断地发生变化，但是名牌系列群的总体总是存在，并且是它的一种存在方式。这好比生命的新陈代谢是生命的存在方式一样，名牌系列群和名牌经济的新陈代谢、推陈出新，也是它的存在方式。名牌的不断更新发展，使名牌经济具有更强大的生命力。

4. 联系性

经济领域中的名牌现象具有内在联系性和总体性。名牌不是一种孤立零星的经济现象，而是具有横向联系和纵向联系的经济整体，从而形成由名牌产品、名牌服务、名牌企业、名牌产业或优势产业及其相互关联所组成的名牌经济链条，其内在联系日益紧密，并进一步发展成为跨行业、跨部门、跨地区、跨国界、跨所有制的名牌经济总体格局。一个或几个大的、强的、有生命力的名牌，往往能带动一个产业、一个地区甚至一个国家整体经济的发展。

5. 先导性

经济领域的名牌现象具有时代性和先导性。名牌总是时代的产物，它立足于一定时代的现实基础之上，必须最大限度地满足现实的需要，只有把现实的市场抓住，名牌才能不断壮大，不能占领现实的市场，绝不可能成为名牌。名牌又必须着眼于未来，面向未来，要分析和研究今后 10 年、20 年甚至更长时期的未来经济发展走向，开发新的技术、新的产品、新的市场，引导新的消费，创造新的需求，具有超越时空的先进性和超前性，才能把握未来的机遇，占领未来的市场。名牌经济正是时代性与先导性的有机结合，是现实市场和未来市场的主角。

【实例 1-2】

如何靠一道焖菜年入 20 亿？

中式餐饮企业黄记煌 2004 年起步，在短短 10 年不到的时间里，通过其独特的菜品体系和加盟体系，完成了 200 多家直营店和 200 多家加盟店的布局，整个体系的年收入达 20 多亿元，成为这个细分品类的绝对王者。它是怎么做到的？

第一，去厨师化。黄记煌的老板是厨师出身，深刻意识到，培养厨师太麻烦了，而且极容易流失。传统中餐最大的制约因素是人（厨师）的因素。

第二，标准化。这其实就是一个标准投放量的问题——只要把做这道菜的相关食材配料精确到一定的数值就可以做到。

第三，中国的传统烹饪工艺中，有一个重要的方式叫“焖”。“焖”一般需要很长的时间。黄记煌老板经过研究，通过自己的方法，让所有的食材基本十分钟左右可以“焖”熟。奥秘就是不加水焖制。而不加水焖制除了让时间变短外，还可以让菜品味道变得更好。还有一点非常关键，那就是黄记煌独特的调料，核心方法在于调味的比例。精心研究后，黄记煌做出了“黄记煌三汁焖锅”。它没油烟，不用煎炒（油性低），根本不需要厨师，极其容易复制。在试吃阶段，顾客都觉得不错，老板决定单独靠这道菜来开一家店。合作伙伴们认为，凭一道菜就想开一家店，有点天方夜谭，但凭着近 20 年的餐饮从业经验，老板认为这个事情值得做。

果不其然，这道菜的味道和新颖的吃法，使其口碑很快就传开了。媒体也开始介入报道，人气一下子就起来了。在初创期，朴素的聚焦战略执行得非常到位——主打三汁焖锅鱼。品项的聚焦，既增加了品牌传播的便利性，又降低了企业运营管理的难度。焖锅鱼之于黄记煌，类似于炸鸡之于肯德基、汉堡之于麦当劳、比萨之于必胜客。所以，聚焦是所有品牌都需要思考的问题。

资料来源　黑马．如何靠一道焖菜年入 20 亿？[J]．销售与市场：渠道版，2014（1）．

1.2.3　名牌经济是市场经济的精华

名牌经济是市场经济的产物。没有市场经济，没有市场竞争，没有市场机制，就没有名牌和名牌经济。名牌和名牌经济随着市场经济的发展而发展。经济上的名牌现象虽然由来已久，其萌芽状态甚至可以追溯到几百年、几千年以前。但是，只有在市场经济占主导地位和市场经济相对比较发达的国家和地区，名牌和名牌经济才能得到普遍的大发展。20 世纪 70 年代以后，名牌经济现象成为发达市场经济的一个基本标志。美国《金融世界》杂志和英国 Interbrand 公司每年分别排出 50 个世界驰名商标或世界名牌，美国《财富》杂志每年评出世界 500 强，是名牌经济现象在世界范围内的集中反映。50 个世界驰名商标也好，世界 500 强也好，入选者多是发达市场经济国家的企业或品牌。市场经济越发达的国家，其名牌和名牌经济也越发展壮大，越有生命力。

名牌经济又是工业革命、科技革命（尤其是技术革命）的结果。名牌的不断更新、名牌经济的不断发展，都是与技术进步分不开的。18 世纪第一次工业革命和技术革命，推出了一批以机制棉纺品、纺织机械为代表的名牌产品。19 世纪末、20 世纪初第二次工业革命和技术革命，又推出了一大批以电力工具、家用电器、能源产品（主要是石油）、服装、化妆品、日用化工产品、通讯工具、汽车、飞机以及其他一些新产品为代表的名牌产品。20 世纪 50 年代以来，尤其是 80 年代以来，新技术革命又推出了一大批以电子计算机、微电脑、现代通信、多媒体、现代家用电器、新材料、新能源以及其他新产品为代表的名牌产品。原来的一些名牌产品如汽车、飞机、服装、化妆品、日用工业品等又有了新的突破、新的创造。

名牌经济又是企业改革的结晶。企业是社会经济的细胞，是市场经济运行的主体。企业是创名牌的主角，名牌企业是名牌经济的核心。企业改革涉及产权制度、企业体制、企业机制、企业组织结构、组织形式、企业经营、企业管理等各个方面，企业改革是市场经济发展的必然要求，也是发展名牌经济的必要条件。

名牌经济是市场经济的产物，名牌经济不等于市场经济，但是，名牌经济却是市场经济的精华，是市场经济的火车头，是市场经济生命力的集中体现，也是市场经济优越性的基本标志。

1. 名牌经济最能体现市场经济的基本功能

市场经济的基本功能是通过市场机制的作用达到资源的优化配置。优质原材料、先进设备和先进技术、高效优质能源、优秀的人才、优化的信息、雄厚的资金，一般都优化配置在名牌经济上，使名牌经济产生高效率和高效益。名牌经济可以推动经济运行质量的提高，经济增长方式的转变。

2. 名牌经济最能体现市场经济机制优胜劣汰的基本特征

市场经济机制通过竞争达到鼓励先进、鞭策落后、实现优胜劣汰的目的，有利于促进社会生产力的发展和社会的进步。这种优胜劣汰的机制对促进科技进步、改善经营管理、节约能源、降低消耗、降低成本、扩大市场有着重要的作用。名牌经济既是市场竞争优胜劣汰的结果，又成为进一步推动优胜劣汰市场竞争的动力。

3. 名牌经济最有利于可持续发展

名牌经济的时代性、先导性，使它永远站在时代的前列、掌握未来发展的方向。经济的可持续发展、社会的可持续发展、环境生态的可持续发展都是名牌经济不断追求的制高点。高新技术产品、生态平衡产品或绿色产品，都是名牌经济着重开发的新领域。

4. 名牌经济最有利于提高劳动者的整体素质

人的全面发展、人的素质提高，是社会进步的根本标志。名牌经济正是培育人、锻炼人、全面提高人的素质的大熔炉。名牌经济不仅需要有高素质的优秀企业家、决策者、管理者，而且需要有高素质的优秀的工人和职员，人人都应该是优秀的。没有高素质的人才，没有高素质的企业家和员工，绝不可能有名牌产品、名牌服务、名牌企业，绝不可能形成名牌经济。市场经济激励人的潜能，充分发挥人的积极性、创造性，名牌经济正是集中体现了市场经济的这一优点，它使人的素质普遍提高。因此，人才竞争在名牌经济中体现得更为突出。

5. 名牌经济最需要法律的保障和市场规则及其运行的有序化

市场经济在某种意义上说是法制经济。名牌经济更需要法律的支持和保护。名牌的创立和发展，要有一系列的法律来规范和促进；名牌的生存和壮大，更需要法律来保驾护航。市场运转、市场竞争、市场运行机制都要有明确的规则和正常的秩序，而不能无规则地无序发展。因此，法制建设一方面要有利于促进名牌的产生和发展，另一方面又要保护名牌不受侵犯。这就必须制定和实施相关的法律，规范市场行为，维护正常的市场秩序，严厉打击假冒伪劣和各种违法活动，净化市场竞争环境。

名牌经济作为市场经济的精华，代表了市场经济的本质和方向，也是推动市场经济发展的强大动力。因此，搞市场经济必须以名牌经济为核心。市场经济愈向前发展，名牌和名牌经济就愈重要。

名牌经济有不同层次和不同领域。从名牌经济涉及的空间范围来看，有世界（全球）名牌经济，一国名牌经济，一地或一城名牌经济等。从名牌经济所涉及的经济领域来看，有整体名牌经济，即各行各业名牌经济的总和；有产业或行业名牌经济，如工业名牌经济、农业名牌经济、商业贸易名牌经济、餐饮名牌经济、交通运输名牌经济、邮电通信名牌经济、金融保险名牌经济、建筑工程名牌经济、房地产业名牌经济、旅游业名牌经济、文化教育体育卫生产业名牌经济等；有产品或项目名牌经济，如汽车名牌经济、家电产品名牌经济、电子产品名牌经济、服装名牌经济、化妆品名牌经济、粮食产品名牌经济、水产品名牌经济、家庭服务名牌经济、企业中介服务名牌经济等。名牌经济已渗透到各行各业，在发达国家已很明显。中国作为市场经济起步不久的发展中国家，名牌经济尚处于萌芽和形成过程之中，随着中国市场经济逐步发达，名牌经济一定会从总体上和各个领域迅速形成和发展壮大。

【小思考 1–2】

南通纺织服装业群雄并起，现有纺织服装企业上万家，年产服装上百亿件，出口创汇上百亿美元，但是没有出现名牌经济，“中国名牌”仅6个，“中国驰名商标”

仅5个。而宁波的纺织服装产业却是由名牌主宰市场，拥有20个“中国名牌”、26个“中国驰名商标”。2012年，宁波市规模以上纺织服装生产企业实现工业总产值583.98亿元，销售产值561.94亿元，完成服装产量11亿件。宁波位居浙江省服装产量之首，占全省服装总产量的30.8%。在全国服装百强排行中，宁波超过10家。服装名牌经济已成为宁波经济的重要支撑之一。

南通服装业与宁波服装业的差距在哪里？

(1) 产量；(2) 销售量；(3) 名牌战略；(4) 出口战略；(5) 主导产业。

【答案】(3)。

1.3 名牌经济与品牌战略及决策

1.3.1 21世纪是名牌经济的世纪

在21世纪，人们可以从不同的角度进行观察。很多人都说，21世纪是知识经济的世纪。这是确定无疑的，得到了人们的公认。以信息革命、信息经济为标志的知识经济时代是21世纪的主流。知识经济将极大地改变21世纪的人类社会和人们的生活方式。

但是，世界是一个万花筒，从不同的角度、不同的侧面又可得出另外一些观察结果。例如人们寄希望21世纪将是和平与发展的世纪，还有人提出21世纪将是生态平衡的世纪、环保优良的绿色世纪，等等。应该说这些都是可以成立的，这与人们所说21世纪是知识经济的世纪并不矛盾，因为世界本身是丰富多彩的。

从经济运行的基本方式来看，21世纪又将是市场经济进一步发展的世纪。在可预见的未来100年中，世界范围内的市场经济一定会得到更大的发展，而不会削弱或消亡。美欧日等发达市场经济国家的市场经济将更加发达；走上社会主义市场经济道路的中国，将在21世纪成为市场经济发达国家；前苏联和东欧国家也将在市场经济的道路上继续发展；亚洲新兴工业化国家和地区以及亚非拉众多发展中国家也都会在市场经济的运行中求得新的发展。因此，21世纪将是市场经济在全世界进一步普及和深化的世纪，市场经济将会有新的时代特点和新的进步，比现在的市场经济又更加发达、更加完善。

名牌经济作为市场经济的精华和先进部分，在21世纪将得到更大的发展。有市场经济就会有名牌现象，21世纪更加发达的市场经济，必将出现更加发达的名牌经济。

在21世纪，名牌经济不仅更加集中体现市场经济的基本特征和功能，而且将与高新技术、知识经济、环境保护、社会发展和进步更加有机地结合起来，成为经济发展和社会进步的巨大推动力量。

1.3.2 名牌经济下的品牌战略与决策

“战略”（strategy）一词，原意是指军队的用兵艺术和科学，它是由古希腊术语

strategas 衍化而来。毛泽东在《中国革命战争的战略问题》这一名著中指出：战略问题是研究战争的全局的规律的东西。“只要有战争，就有战争的全局。世界可以是战争的一个全局，一国可以是战争的一个全局，一个独立的游击区、一个大的独立的作战方面，也可以是战争的一个全局。凡属带有要照顾各方面和各阶段的性质的，都是战争的全局。”“研究带全局性的战争指导规律，是战略学的任务。研究带局部性的战争指导规律，是战役学和战术学的任务。”①

后来，“战略”一词逐步推广到政治、经济、外交、文化等各个领域，出现了与军事战略相并列的政治战略、外交战略、经济战略、文化战略等等。在经济领域，战略又区分为不同的层次。随着市场经济的发展，经济的重要性日益突出，人们为了更深入地研究不同层次的经济全局，又出现了国家经济战略、地区经济战略、企业经济战略等不同层次的战略。

品牌的基础在企业，品牌战略一般来说是企业经济战略的一种。所谓**品牌战略**，就是指企业为了提高企业产品的竞争力而进行的，围绕着企业及其产品的品牌而展开的形象塑造活动。它是企业为了生存和发展而围绕品牌进行的全局性的谋划方略，是企业整体发展战略的重要内容。在当代，企业的经济发展越来越影响到地区经济的发展和国家经济的发展，在各级政府的参与下，又出现了地方品牌战略、国家品牌战略。地方的和国家的品牌战略都是间接性的，归根结底要通过企业的品牌战略来体现，来实施。

品牌战略的直接目标是创立和发展名牌。名牌往往是经济实力和竞争力的象征。一个企业、一个地区、一个国家名牌的多少、大小、强弱，往往反映该企业、该地区、该国家经济实力和竞争力的强弱和大小。尤其是在名牌发展的基础上是否形成了名牌经济以及名牌经济所占地位和所起作用的大小，往往是衡量一个地区、一个国家经济实力和竞争力的重要标志。因此，品牌战略归根到底，必然要形成名牌战略。或者说，品牌战略就实质来讲，就是名牌战略。美国、日本和欧洲一些发达市场经济国家，其经济实力强，很重要的一个方面是通过它们的名牌产品、名牌企业、名牌经济而体现出来的。

品牌战略的终极目的是发展经济，提高经济运行质量和运行效益，使经济强大起来。中国作为一个发展中大国，为了振兴经济，为了中国的富强，必须实施品牌战略和名牌战略。发展名牌经济，实施品牌战略、名牌战略，是中国振兴经济、走向富强的必由之路。

决策，按字义解释，是指决定策略和方法。具体来说，所谓决策，是指行为主体对未来活动确定实施目标和行动方案，并从两个以上的可行方案中进行论证和筛选，选择其中一个合理方案的分析判断过程和具体策略与方法。

品牌决策是指行为主体（主要是指企业）对是否实施品牌化以及如何确定具体的品牌策略的方法。企业根据各类产品的特点和情况，确定是否使产品品牌化。在实行品牌化的前提下，对品牌实施什么样的具体策略和方法，比如品牌命名决策、品牌

① 毛泽东．毛泽东选集：1卷［M］．2版．北京：人民出版社，1991：175.

质量决策、家族品牌决策、多品牌决策、品牌渠道决策、品牌广告决策、品牌定位决策、品牌差异决策等。

在市场经济日益发达并形成名牌经济的时代背景下，品牌决策是企业生存和发展必须注意的重要问题。名牌经济催化出了品牌竞争时代，进行品牌竞争不仅要有过硬的好产品，而且要有适应市场变化的品牌战略和品牌策略，并通过品牌营销去具体实现。

【实例1–3】

云烟：构建“清甜香”品类风格

随着今日市场格局的变化，不同品牌形成了独特的格调，云烟就是众多品牌中尤其注重品类构建的品牌之一。

一、打造差异化品牌价值

“真的有点甜!”这是很多行家在品享了“云烟”产品后说的第一句话，这也是云烟留给人们的第一印象。云烟以“清甜香”为主体风格特征：“清”突出烟草本香，代表大自然的清新；“甜”是舌尖回味的津甜，好的云南烟不仅清香还要甜；“香”的体验来自鼻腔，云烟从嗅到吸都纯香优雅，拥有着最质朴的幸福味道。在当前形势下，行业重点品牌发展方向更加清晰，竞争更加激烈。与此同时，新的压力和挑战也在不断增加。在风起云涌的中国烟草市场，众多烟草企业发展水平参差不齐，唯有打造独特的品牌价值和差异化的营销理念，才是制胜的关键。“清甜香”正是云烟打造的差异化价值，在人们心中构筑一道坚固的印象基石。

二、多维营销积极引导市场需求

在推广方面，云烟始终以消费为导向，系统开展组合营销。

一是开展多维营销。围绕“清香云烟有点甜”的体验营销，以宣传片、宣传册、媒体传播等形式扩大传播面。在商业公司的支持下，邀请客户经理参与“主题互动”，在终端开展“新商盟平台宣传”，面向消费者开展一对一、面对面的深度交流，打造云CLUB俱乐部、终端评吸等宣传平台，通过持续完善品类营销体系和有效传播“清甜香”品类风格特点和文化底蕴，拉近云烟与消费者的距离，让消费者在“清”中感知轻松，“甜”中感受舒适，“香”中感悟满足。部分消费者已开始用“清甜香”要素对云烟进行相对专业的交流与评判，“清甜香”也已成为一批高端消费者评价云烟内在品质的依据。

二是推动品类落地。在大力推广“清甜香”品类的同时，加大品类持续维护力度，使之成为云烟新的宣传“名片”和“清、香、甜、润”品牌DNA的最好代言。根据市场反馈，通过改进、提升产品品质，云烟（软珍品）、云烟（紫）等主导规格的“清、香、甜、润”特色更加凸显，市场规模不断扩大。特别是经典回归、获得广泛赞誉的云烟（大重九），正是“清甜香”品类优势得以体现的典范之作，其快速成长带动了云烟发展，强化了消费者对“清甜香”品类的认知。同时，云烟积极挖掘市场需求，精心打造云烟（清甜香）系列产品，实现了“清甜香”从品类符号到实物产品的落地，进一步塑造了“清甜香”品类的真实性和可识别性，很多消费者对“清甜香”已从过去的认知逐渐向认可、认同转变，推动了品类持续发展。

资料来源 紫凝．云烟：构建“清甜香”品类风格［J］．成功营销，2014（3）．

本章小结

品牌是一种名称、名词、标记、符号或设计，或是它们的组合运用。使用最普遍的是产品品牌，它一般是由品牌名称、品牌标记、商标所组成。在产品品牌的基础上，又出现了服务品牌、企业品牌。

人类社会最初只有产品，没有品牌，是市场经济的出现和发展孕育和形成了品牌。各地产生的著名土特产和手工艺品不是品牌，但在市场经济发展到一定程度以后，它将会为品牌的产生提供合适的土壤和条件。

在市场经济中，产品之间必然产生竞争。尤其是同一产品的多个品牌之间的竞争，优胜劣汰，必然产生出名牌。

名牌经济是以名牌产品和名牌服务为基础，以名牌企业为核心，以名牌企业之间的产业联系为纽带的以名牌为特色的经济。

名牌经济在经济生活中是一种客观存在，它具有普遍性、持续性、稳定性、联系性、先导性等特点。

名牌经济既是市场经济的产物，市场机制和市场竞争催生了名牌经济；名牌经济又是市场经济的精华，是市场经济的发展动力，是市场经济生命力和活力的集中体现。

21 世纪是知识经济的时代，也是市场经济更加深化发展和名牌经济的时代。在名牌经济更加发展的 21 世纪，品牌战略与品牌决策具有愈来愈重要的意义。品牌战略的直接目标是创立和发展名牌，名牌是一个国家或地区经济实力和竞争力的象征和标志。品牌决策是具体实施品牌策略和方法、对各种品牌方案进行分析判断的过程。在名牌经济条件下，品牌战略与品牌决策将更加广泛而深入地渗透到经济生活的各个领域。

到目前为止，名牌经济尚没有具体而精确的计算和统计，但是有许多近似地反映名牌经济发展状况的方法。随着市场经济的深化和名牌经济的发展，应该探索更科学的计算和衡量名牌经济和品牌价值的方法。名牌经济的发展，将赋予品牌战略与品牌决策以更新的内容。

关键概念

品牌　产品品牌　服务品牌　企业品牌　名牌　名牌经济　品牌战略　品牌决策

思考题

1.1　产品品牌应该包括哪些内容？

1.2 怎样理解市场经济孕育出品牌？为什么说品牌是市场经济的产物？

1.3 名牌是怎样产生的？

1.4 提出名牌经济这一理论概念是否符合客观事实？试举例说明之。

1.5 为什么说名牌经济是市场经济的精华？

1.6 什么是品牌战略？品牌战略的直接目标是什么？

1.7 什么是品牌决策？它包括哪些内容？

1.8 名牌经济格局下的品牌战略与决策通过何种途径去实现？

练习题

1.1 品牌形成的经济条件是什么？

1.2 中国的老字号在当代有的继续生存并得到发展，有的处境困难，有的已销声匿迹，其原因是什么？

1.3 品牌竞争为什么出名牌？名牌产品怎样发展成为名牌经济？

1.4 2011 年 5 月 19 日，雅虎宣布以 2 800 万美元收购互联网广告公司 5to1，以推动收入增长，此收购项目将使雅虎获得更多互联网广告资源，帮助雅虎进行品牌推广。这反映了品牌发展的什么趋势？

1.5 改革开放 30 余年来，原先工业并不发达的广东、山东出了许多名牌产品，如康佳、科龙、美的、格力、海尔、海信、双星等等，而原先工业基础相对雄厚的一些内地工业城市反而很少有名牌产品，其原因是什么？

1.6 提出名牌经济概念，强调名牌经济是市场经济的精华，有无现实意义？从世界名牌与中国名牌的对比中，发现我国有何差距？如何缩小这个差距？

1.7 为什么说品牌战略的基础在企业？怎样理解品牌战略是企业整体发展战略的重要内容？

1.8 北京的天客隆超市把它的第二十四家分店开到了莫斯科新阿尔巴特大街，这是中国连锁商业第一次走出国门，其出售的产品多是中国名牌商品，你怎样分析这一现象？

1.9 在经济全球化日益发展的当代，一个国家还应不应该有自己的民族品牌？怎样认识品牌的国际化与品牌创立国之间的关系？不少人呼吁要创出中国自己的世界名牌，你是否认同这种提法，为什么？

1.10 中国餐饮业有几千年的悠久历史，但中国快餐业至今仍未创出诸如“麦当劳”、“肯德基”那样的世界快餐名牌，其原因是什么？差距在哪里？中国的餐饮业尤其是快餐业怎样才能更好地走向世界？以此类推，其他产业应如何走向世界？

自测题

1.1 产品品牌、服务品牌、企业品牌有何联系和区别？

1.2 品牌现象与市场经济发达程度是一种什么关系？

1.3　品牌营运与资本营运是何关系？

1.4　名牌经济的客观性表现在哪些方面？

1.5　青岛的大企业经济是名牌经济的一种表现形式，那么是否大企业经济就一定是名牌经济？名牌经济是否排斥中小企业经济？

1.6　有人列举某年度最具影响力的十大中国品牌，你对此有何看法？

1.7　近几年，中国企业掀起一股收购国外品牌的高潮。比如联想并购 IBM 的 PC 部门，TCL 并购汤姆逊，吉利收购沃尔沃……这种现象和品牌竞争、名牌经济的发展有何内在联系？

1.8　在 21 世纪知识经济将蓬勃发展的时代，名牌产品和名牌经济还能否存在？还有没有发展空间？为什么？

案例分析

今麦郎：定位模糊的品牌之殇

方便面的市场现在真是不好吃，今麦郎从张卫健、葛优“砸”到现在的小 S，还是没有在方便面市场吃得一口香。明星用了，市场没作用，就认为产品有问题。产品不够吸引，就送完鸡蛋再送香肠。年轻人作为方便面消费主体，他们真喜欢这些东西吗？我们从今麦郎的饮料到方便面的广告里观察到，其实今麦郎根本不知道年轻人喜欢什么，这是今麦郎不受年轻消费者欢迎的原因。最新的香锅牛肉面更是牵强地叫卖“年轻人喜欢的味道”，典型的“说什么”其实就是“缺什么”。是产品不好吗？其实不是。在高度同质化的产品时代要以口感论英雄，难免有点片面。其实不好的是缺乏对年轻消费者的真正洞察和沟通。

年轻人是最不听教育的一群人，但是今麦郎总试图去教育他们。市场已经给了他们答案。方便面市场经历几年洗牌已经呈现了寡头垄断的市场结构。康师傅和统一的市场占有率达 70% 左右，这些领导品牌对几大主流口味的市场更是牢牢把握，红烧牛肉面与老坛酸菜面成为两家的宝剑。剩下的区域特色口味和加蛋送香肠成了二线品牌的救命草。这种类似促销教育的思维直接延续到品牌广告上面去，所以出现“什么比什么更好”这种广告诉求，没有差异化还极大地浪费了企业的资源。

别把方便面当正菜，调料包吃不成满汉全席！方便面广告中的产品体验在一定程度上还是落后的，其中不乏有把方便面当正菜来卖的营销思维。广告里丰盛的肉菜配搭，消费者却从来没有在方便面中尝到。在广告中一包调味料甚至给你满汉全席的享受，这可能吗？现在不是十几年前物质缺乏的时代，吃桶装方便面都是一种时髦。以前广告中这种大餐般的搭配能刺激到消费者，可十年过去了消费者的观念早已改变。方便面市场的萎缩除了更多其他品类的替代品之外，其广告的过度夸张体验也是导致品类沟通乏力的原因。消费者在吃方便面时总是无法体验到广告中说的味道，消费者还会相信这广告吗？只要其他品类的体验感稍微好点，消费者自然会抛弃这种不健康的方便面。

今麦郎和其他方便面品牌一样都存在这种广告观念，现在的新品香锅牛肉面更是诉求“一炒八香”。常人能说出的菜香估计不到四种，八种香混在一起变成了年轻人喜欢的味道，最终是什么味道广告里却没说清楚，我想今麦郎也不一定说得清楚。这样的广告说辞根本无法帮助到终端的销售人员，电视广告的力量自然没有起到真正的作用。而广告中的方便面调料包承载的任务仿佛成了主角，卖方便面变成卖调料了。但是有多少方便面品牌注意到有些消费者悄悄把调味包丢掉的行为，这难道不是提示一个品类需要警惕的方面吗？看似产品核心的东西似乎不是消费者最终想要的东西。还在把方便面当正菜来迷惑消费者的方便面行业需要严肃正视啊！这是加速品类萎缩的重要原因。

今麦郎提炼“金色炒勺”视觉符号、“当当当”清脆的敲锅声、“爆炒声效”的听觉符号及“喷香面品”的味觉符号等符号化记忆点来与消费者沟通，但这些都不是品牌真正的心智认知基础，对品牌没有任何联想，充其量就是影视广告中必需的美术道具范畴而已。

那么电视广告当下的沟通关键是什么呢？什么才是传播中的主角呢？体验！产品的体验是广告沟通的关键，十年前就已经成功的运营在王老吉的定位广告上。“怕上火喝王老吉”的广告，影像上尽是被提炼和放大的刺激生活场景，没有所谓天马行空的记忆点。与消费者站在同一阵线，不反对他们的不健康生活，随他们吃香喝辣、熬夜作乐，这就是年轻消费者想要的。如果他们对这种生活存在生理或心理上的担心，那么这时候他看到和听到的“怕上火喝王老吉”就成为他想要看的、想要听的。定位的力量就这样顺理成章地被引爆了，而且十年过去了加多宝和王老吉都还是保持这种沟通模式。

现在，苹果的广告也不再像 1984 年那样天马行空，也不是同行之间的夺人眼球，而是回归产品的体验。放眼全球，成功的品牌或多或少都有这样的电视广告。这种电视广告起到的作用却因为没有被广告行业创意评奖标准肯定而被忽略，导致很多品牌只学那些偶尔搞怪寻新鲜的阶段性广告，却没有学到真正的核心。电视广告回归体验才是未来的大趋势和主流，今麦郎要醒醒啦！

资料来源　林育强．今麦郎：定位模糊的品牌之殇［J］．销售与市场：管理版，2014（1）．

问题：

1. 今麦郎是如何进行市场定位的？这种品牌定位存在哪些弊端？

2. 今麦郎是如何对其产品进行营销宣传的？

3. 今麦郎的品牌之殇可以看出在在宣传品牌价值的过程中，应该如何有效地与消费者进行沟通？

4. 方便面市场的品牌战略存在哪些问题？对于市场领导者和市场追随者而言，应该如何发展资金的品牌战略？

补充阅读材料 @

1. 施琰博，等．百年品牌：企业永续经营的战略思维［M］．北京：电子工业出版社，2014：71-119.

2. 凯勒. 战略品牌管理［M］. 卢泰宏，等，译. 4版. 北京：中国人民大学出版社，2014：201-208.

3. 村尾隆介. 不打折照样卖翻天！［M］. 张印，译. 北京：新星出版社，2014：123-228.

4. 冈本久吉. 企业分离新战略——日本品牌企业多元化经营大变革［M］. 孔令杰，译. 北京：中信出版社，2014：41-120.

5. 张云，等. 著品类战略［M］. 北京：机械工业出版社，2014：78-239.

6. KAPFERER J N，BASTIEN V. 奢侈品战略：揭秘世界顶级奢侈品的品牌战略［M］. 谢绮红，译. 2版. 北京：机械工业出版社，2014：76-239.

7. 李光斗. 插位：颠覆竞争对手的品牌营销新战略（升级版）［M］. 北京：机械工业出版社，2013：20-99.

8. 祝合良. 战略品牌管理［M］. 北京：首都经济贸易大学出版社，2013：27-129.

9. 蒋廉雄. 中国自主品牌的基本战略［M］. 北京：中国社会科学出版社，2013：201-239.

10. 普林格，菲尔德. 品牌长青——打造卓越企业的品牌战略圣经［M］. 张雪，译. 北京：中国铁道出版社，2013：200-269.

第 2 章

品牌名称

学习目标

要求通过本章的学习，了解与掌握品牌名称的内涵、品牌命名的要点、品牌名称的设计方法，明确品牌命名在品牌战略与决策中的重要性。

本章导读

与上述学习目标相联系，本章以三节内容，分别考察品牌名称是品牌的代表与象征，品牌命名应注意的要点，品牌名称的设计与选择等问题，并通过品牌名称与品牌所代表的实体之间的联系，把品牌名称作为重要的资源进行开发。

本章对品牌名称的分析，是对品牌进行全方位系统分析的起点，是对品牌商标、品牌资产和品牌的一系列战略与决策的出发点。从这一点来说，本章带有入门的性质。

2.1 品牌名称——品牌的象征

2.1.1 凡品牌都有名称

正如每一个人都有姓名一样，每一个品牌也都有自己的名称，否则就无法进行称呼和交流。**品牌名称**是品牌构成中可以用文字表达并能用语言进行传递与交流的部分。

品牌名称不同于商品名称。**商品名称**是以其自然属性和功能来命名的。例如电视机、空调器、电冰箱、洗衣机、影碟机、苹果、梨、土豆、大米、食油、汽车、飞机等，都是商品（产品）的名称。不管是谁生产的、是用什么技术和方法生产的，只要是同一种自然属性和功能，都是用同一种名称称呼它。美国生产的汽车、德国生产的汽车、法国生产的汽车、日本生产的汽车，统统都叫汽车，中国生产的大米、泰国生产的大米、越南生产的大米，统统都叫大米。商品（或产品）的名称代表了它的自然属性和功能。

品牌名称则不同，它不是一种自然属性，而是一种社会属性、人文属性。在市场经济日益走向发达与成熟的条件下，品牌名称是一种经济属性、企业属性，是经济领域的一种文化现象。同一种商品（或产品）由不同的企业进行生产，就会有不同的品牌名称，以相区别。例如，同样是小汽车这种商品，就有美国的福特、凯迪拉克，德国的奔驰、宝马、大众，日本的丰田，法国的标致、雪铁龙、雷诺，中国的红旗等不同的品牌名称。即使同一个企业生产同一种商品，由于商品的某些特色不同，也可以用不同的品牌名称以示区别。例如宝洁公司在中国生产的洗发水这一种商品，就分别有海飞丝、飘柔、潘婷等多个品牌名称；该公司在中国生产的洗衣粉，又有汰渍、碧浪两个品牌名称。也有另一种情况，即同一企业生产的不同种类的商品，都采用同一品牌名称。例如，中国的海尔集团，它所生产的冰箱、空调、洗衣机、电视机及其他产品，都是用的海尔品牌名称：海尔冰箱、海尔空调、海尔洗衣机、海尔电视机。荷兰的飞利浦公司生产的各种不同类型的产品，如计算机、电视机、音响、灯泡、电咖啡壶、电动剃刀等，都用的是“飞利浦”这同一个品牌名称。由此可见，品牌名称的社会属性、经济属性，尤其是它的企业属性是非常清楚的，每一个品牌名称都与每一个特定的企业相关联。

2.1.2 品牌名称是品牌的代表和象征

品牌名称是品牌的代表，是品牌之魂。任何品牌都有一个名称，而且这个名称和它所代表的品牌有一种内在的联想和联系。品牌名称作为品牌之魂，体现了品牌的个性、特性和特色。不同企业所生产的同一种类型的产品，人们很难一下子把它区分开来，而品牌却很容易地将它们加以区分。因此，产品是实体，品牌及其名称则是象征，是灵魂。它使消费者有一种很具体、很独特的联想。一提到“奔驰”，人们就联想到德国产的小汽车；一提到“波音”，人们就在脑海中浮现出美国飞机的身影；一提到“雀巢”，就会使人联想到瑞士产的速溶咖啡。同样，一提到国内一些著名的品牌名称，也会令人们立刻联想到它所代表和象征的优秀产品和品牌。例如：长虹——彩电；格力——空调；小天鹅——洗衣机；海尔——冰箱（海尔品牌名称的象征已扩展到整个家用电器领域）；格兰仕——微波炉；雅戈尔——西服；王老吉——饮料；两面针——牙膏等。

品牌名称是品牌最重要的信息之一，它提供了该品牌最基本的核心要素。品牌名称所代表的品牌，给消费者以整体印象和基本评价。一提到某一品牌名称，人们很快对该品牌所代表的产品质量、技术、售后服务等有一个总的概念。因此，好的品牌是一笔巨大的无形资产，它会给企业带来丰厚的回报。劳斯莱斯、林肯代表了高贵、豪华的轿车；海尔、IBM 代表了优质的售后服务；摩托罗拉、诺基亚代表了先进的移动电话技术；英特尔、微软代表了电脑硬件与软件的技术前沿等。每一种品牌名称都给人们带来了有关的信息，而且长期影响人们的看法。因此，不能仅仅把品牌名称当做无关紧要的代号、符号，而应进一步挖掘品牌名称这一重要信息所代表和象征的丰富内涵。尤其是著名的品牌名称更是如此。

【小思考 2-1】

下列品牌名称代表和象征着什么内容？

（1）福特；（2）吉列；（3）百威；（4）麦当劳；（5）英特尔；（6）李维斯；（7）耐克；（8）固特异；（9）索尼；（10）万宝路；（11）红豆；（12）红旗；

(13) 燕京; (14) 康佳; (15) 美的; (16) 恒源祥; (17) 佳能; (18) 张裕; (19) 六必居; (20) 碧浪。

【答案】(1) 小汽车; (2) 刀片; (3) 啤酒; (4) 快餐; (5) 电脑 CPU; (6) 牛仔裤; (7) 运动鞋; (8) 轮胎; (9) 家用电器; (10) 香烟; (11) 衬衫和西服; (12) 小汽车; (13) 啤酒; (14) 电视机; (15) 空调; (16) 羊毛绒线; (17) 相机; (18) 葡萄酒; (19) 酱菜; (20) 洗衣粉。

2.1.3 品牌名称的民族性与国际化

品牌从某种意义上说，它是一种文化现象，是经济领域的文化因素。文化是有很强的民族性和国别性的，显出不同的民族、国家的特色和差异。品牌所反映的文化内涵也就必然带有不同民族和国家的文化色彩。品牌名称有其鲜明的民族性、国别性。一个民族或国家的语言文字、历史传统、风俗习惯、宗教信仰以及其他一些特点，都会在品牌名称上反映出来。

中华民族有五千年的文明史，形成了独具特色的方块汉字，因此汉民族生产的各种品牌，应该用方块汉字来命名，以表现汉文化的特色。例如：北大方正、清华同方、联想、四通、金山、双星、凤凰、鸳鸯、神龙、麒麟、永久、飞天、一枝花、九头鸟、红双喜、剑南春等，都体现了中国以汉族为代表的历史传统、地方风俗、民族特色，反映了汉民族独有的文化氛围。

欧美各国以拼音文字为特点，具体又可细分为英文、法文、俄文、德文、意大利文、西班牙文、葡萄牙文等各种不同的拼音文字，每一种拼音文字也都反映了欧美不同国家、不同民族的文化特色、民俗风情。如 Dell（戴尔）、Philips（飞利浦）、Nokia（诺基亚）、Siemens（西门子）、Nestle（雀巢）、Heinz（亨氏）、Dole（都乐）、Hennessy（轩尼诗）、Levi's（李维斯）等。欧美拼音文字所形成的品牌名称，也反映了欧美各国的历史传统和文化特色，有的也带有浓厚的民族色彩或地方色彩。

品牌作为市场经济的产物，它又是一种市场现象。市场就其本性来说，它是开放的，无边界的。市场没有地界、省界，也没有国界和民族界限。市场作为人们经济交流的方式，作为商品交换关系的总和，它总是要在发展中不断扩大其活动范围。因此，我们看到，不仅有一国内部地区与地区之间的市场交换，而且有日益发达的国家与国家、民族与民族之间的商品交换。在当今世界逐步走向经济全球化的过程中，国与国之间、民族与民族之间的贸易往来和经济交流更加频繁。因此，反映市场经济现象的品牌，也必然冲出国界，走向世界，品牌名称也越来越具有国际性。一种品牌要开拓国际市场，不仅要能通行于该品牌的形成地、起源国，而且必须适应世界各国的情况，在不同的国家都能够畅行无阻。

品牌名称的国际性，通常有两种情况：一种是该品牌名称可以直接通行于全世界，不会产生重复或歧义。如美国的 Coca-Cola（可口可乐）、Pepsi-Cola（百事可乐）、日本的 SONY（索尼）、中国的 Haier（海尔）等。另一种情况是，有的品牌名称在开拓国际市场时，则要根据不同国家或民族的具体情况，相应地加以改变。最典型的是，中国方块汉字的品牌名称，到国外市场上（主要是欧美市场上）都要改换成拼音文字（英文、俄文、法文、德文或其他拼音文字）。有的品牌名称不仅翻译的音不同，而且含义也要改变。例如，中国汉民族喜欢用“孔雀”、“大公鸡”、“菊花”等来命名品牌，以表示吉祥、典雅、美好的意思；而在某些欧洲国家，这些名称恰恰是不吉祥、不美好、不雅的称谓，因而必须改为该国、该地认为美好、雅致的其他名称才行。同样，某些欧美国家的品牌名称运用到中国来，也必须适合中国的国情，使洋品牌具有中国味。例如，德国的 Benz 汽车，起初直译为“本茨”，没有中国韵味，后来改译为“奔驰”就很传神了。其他如“可口可乐”（Coca-Cola）、“雅芳”（Avon）、“露华浓”（Revlon）、“潘婷”（Pantene）、“高露洁”（Colgate）等，都把洋品牌名称完全中国化了，从而大大有利于打开和迅速扩大中国市场。

【实例 2-1】

汽车音响的品牌名称

目前，国内汽车音响市场主要分整车配套、4S 店、后装改装店等 3 块。产品从 CD、DVD 主机到车载导航、车载信息系统等均有。除整车配套市场可以不考虑品牌外，其他两个市场对产品的质量、服务、渠道、利润等方面要求差异较大。于是，很多音响企业悄然启动多品牌策略，以应对不同的销售渠道。

据统计，汽车音响行业目前有 200 多个汽车音响品牌，绝大部分企业有 2 个以上品牌，见表 2-1。

表 2-1 **部分汽车音响品牌**

企业名称	品牌个数	品牌名称
华阳集团	3 个	ADAYO、FORYOU、PASSION
好帮手	3 个	CASK. A、KOGND、HBS
索凌	2 个	索莱特、DHD
凯越	4 个	路特仕、图音、现代、4S 店专供
路畅	2 个	IBOOK、畅新

资料来源 唐云森. 汽车音响的品牌营销策略 [J]. 销售与市场：管理版，2010（11）.

2.2 品牌命名要点与品牌名称设计

2.2.1 品牌命名要点

品牌名称既然如此重要，产品就要靠其品牌之“名”扩大市场、开展营销，“名”成了产品品牌的精神支柱，或品牌之“魂”。因此，品牌的命名也就显得非常重要了。一个好的产品是一条龙，而为它起一个好的品牌名字，就犹如画龙点睛，成为神来之笔，为产品品牌增添光彩，对提高产品品牌知名度、扩大产品品牌的市场份额，起着很重要的作用。

一般来说，品牌的命名应掌握以下要点：

1. 简短明了，易读易记

品牌名称是要让消费者掌握和熟悉的。只有消费者能很快地熟悉品牌名称，才能进一步产生联想和购买欲望。因此，品牌名称切忌复杂繁琐、难读难记，而应简单明了，易读易记，使消费者能很快识别和掌握。

以中国汉字来说，品牌名称一般以两个字或三个字为宜，这符合中国人的习惯，常见的有：红旗、东风、凤凰、麒麟、孔雀、长虹、春兰、格力、双星、茅台、张裕、长江、黄河、雪峰、冰川、菊花、牡丹、大中华、小天鹅、紫罗兰、五粮液、剑南春、金利来、娃哈哈、王老吉等。两三个字简短明了、易读易记。四个字或更多的字就不大符合中国人的习惯，用得较少，但也有少数具有特色的四字品牌也能为消费者接受，如黄金搭档、农夫山泉、北大方正、清华同方等。一个字的品牌名称也较少，一般在品牌名称后面加一个“牌”字以便发声，如“柒”牌，“雕”牌等。

品牌名称不但文字要简短，而且发音要顺畅，能朗朗上口。除上面列举的外，还有如：联想、美的、长城、海尔、科龙、彩虹、红塔山、杏花村、万家乐、东方红等。这些品牌名称的音韵协调，有的铿锵有力，有的柔和悦耳，为中国老百姓所喜闻乐见，因此容易记忆和流传。

一些外国品牌名称也讲究词语简短和发音响亮，英语品牌名称往往也只有二三个音节，且常以“K”、“P”、“C”、“B”、“D”、“G”等字母开头，如Kodak（柯达）、Kraft（卡夫）、Parker（派克）、Pepsi（百事可乐）、Philips（飞利浦）、Coca-Cola（可口可乐）、Crest（佳洁士）、Bass（巴斯）、Budweiser（百威）、Bacardi（百加得）、Dole（都乐）、Danone（达能）、Disney（迪士尼）、Guinness（吉尼斯）、Gatorade（佳得乐）、Gerber（嘉宝）等。这些外国品牌的音感、语感也符合外国人的习惯，容易识别辨认，也易读易记。

有些外国品牌原文较长，但往往采取简化办法用其简称，使之变短，并且这种简称能风行全世界。如IBM品牌，全称为International Business Machine（国际商用机器公司），它是该公司计算机产品品牌的名称；BMW品牌，全称为Bayerische Motoren Werke（巴伐利亚发动机公司），它是该公司汽车产品的品牌名称（中文译作“宝马”）；HP品牌，全称是Hewlett Packard，是计算机品牌的名称；NEC品牌，全称是Nippon Electric Company，是日本电气公司的电气产品品牌名称。

2. 暗喻功能，启发联想

品牌名称与产品功能虽然不是一回事，二者也不可能完全吻合。但是，在可能条件下，赋予品牌名称以其所代表的产品功能的某种寓意，或明示，或暗喻，启发人们丰富的想象力，使品牌名称与产品功能在意念上有所联系，启发联想，往往是一着高棋，对品牌营销和占领市场有很大的帮助。例如，中国的“春兰”品牌空调，就给人以美好温馨的联想，春天是温暖的，兰花是清香的，春天的兰花让人喜欢。其他如“娃哈哈”饮料寓意孩子们喝了笑哈哈；“杏花村”品牌汾酒以“借问酒家何处有，牧童遥指杏花村”的诗句比喻好酒；“轻骑”品牌摩托车寓意其功能好，给人以轻松愉快的联想；“美加净”品牌化妆品更是明示这种化妆品的美容与净化功能，等等。

中国文字富有深刻内涵和底蕴，一个好的品牌名称尽可能使其寓意含蓄而隽永，给人以丰富的联想，这对美化品牌形象、促进品牌市场营销大有益处。但是，在借喻品牌名称的联想功能时，也应顺其自然，适可而止，不宜牵强附会，过分夸张，否则不但不能为品牌增辉，反而给人以虚伪、浮夸的感觉，引起人们的反感。

外国品牌也很重视寓意和联想功能。例如，德国大众汽车公司生产的“桑塔纳”品牌的小汽车，其品牌名称是借喻山谷旋风般的快捷。“桑塔纳”是美国加利福尼亚州一座山谷的名称，山谷中还经常劲刮强大的旋风，这种旋风也叫“桑塔纳”，大众公司以“桑塔纳”命名其一种小汽车的品牌，使人们想象这种小汽车像旋风一样快速和强劲。瑞士雀巢品牌的奶粉和咖啡，比喻其“舒适”和“依偎”的寓意，像小鸟在鸟窝里一样安详和受到良好照顾一样。这样的品牌联想还有很多。

一些外国品牌翻译成中文时，把音译和意译结合起来，寓意其产品功能，是一种很有新意的再创造，其联想之妙也很独到。例如，美国的 Coca-Cola 饮料，原文并无特殊意义，但译成中文“可口可乐”以后，使这种饮料被赋予又可口又可乐的美称，令人拍案叫绝。其他如把德国 Benz 品牌小汽车译成“奔驰”，美国 Avon 品牌化妆品译为“雅芳”，法国 Guerlan 品牌香水译为“娇兰”等都是如此。外国品牌名称翻译的中国化，对这些品牌在中国市场上的开拓起着重要的作用。

3. 个性突出，风格独特

品牌名称贵在标新立异，不落俗套，有独特的个性与风格，不与其他品牌名称相混淆，这样才有利于发挥品牌名称独到的魅力，给消费者以鲜明的印象和感受，经久难忘。中国老字号“六必居”酱菜品牌，源于“六必居”酿酒，取其酿酒时六项必备的条件，以保证酒的质量。“六必”就是指黍稻必齐，曲糵必实，湛炽必洁，陶瓷必良，火候必得，水泉必香。后来“六必居”酱菜借鉴酿酒“六必”而实行酱菜“六必”的加工工艺，即原料必精选，腌制必精湛，酱味必浓郁，色泽必鲜亮，味道必清香，咸甜必适度。由于“六必居”品牌酱菜脆嫩可口，鲜甜香爽，是酱菜一绝，且“六必居”的品牌独具一格，因此名声大振，经久不衰。

突出个性和独到风格的方式很多，有采用人名作为品牌名称的，如“福特”牌汽车、“皮尔·卡丹”服装、“戴尔”电脑、“香奈尔”香水、“张小泉”剪刀等；有以企业（公司、商号）的名称作为品牌名称的，如“同仁堂”中药、“全聚德”烤鸭、“西门子”电器、“冠生园”糕点等；有运用数字的巧妙组合形成品牌名称的，如“999”胃泰、“555”牌香烟等；有的则以字母独特组合作为品牌名称，突出其个性，如 EXXON（埃克森）、SONY（索尼）、TCL、LG 等。凡是能独特表现品牌个性的都属于此列。

【小思考 2-2】

下列品牌名称，哪些简短明了，哪些属于联想，哪些个性突出，哪些兼而有之？

（1）茅台；（2）红塔山；（3）步步高；（4）张裕；（5）康师傅；（6）古越龙山；（7）金利来；（8）三星；（9）长虹；（10）康佳；（11）鄂尔多斯；（12）黄金搭档；（13）可口可乐；（14）娃哈哈；（15）红旗；（16）东风；（17）奔驰；

(18) 春兰；(19) 海尔；(20) 福临门。

【答案】全部20个品牌均属于简短明了，易读易记之列。其中 (1) (2) (4) (6) (11) (19) 兼具个性特色，(3) (5) (7) (10) (12) (13) (14) (17) (18) (20) 兼具联想的寓意。

2.2.2 品牌名称设计

品牌名称要符合上述要求，必须经过认真的思考、设计与选择。品牌名称的设计并不是一件轻而易举的事，往往要花费大量的心血和时间，同时需要有丰富的想象力、睿智和灵感。一个成功的品牌名称设计，会带来巨大的无形资产，而一个平庸的名称设计又会使品牌失去光彩。

品牌名称设计的类型，前文多已述及，主要包括：

(1) 人名命名类型。如王麻子、张小泉、麦当劳、波音、劳斯莱斯等。

(2) 地名命名类型。如茅台、青岛、燕京、天山、鄂尔多斯、桑塔纳等。

(3) 字首组合命名类型。多为拼音文字组成，如TCL、LG、IBM、3M、NEC、BMW、GE、HP等。

(4) 企业名称命名类型。以企业（公司、商号）的名称作为产品品牌的名称，如海尔、长虹、春兰、格力、三洋、联想、双星等。

(5) 数字命名类型。如“999”、“555”、“505”等。

(6) 寓意命名类型。如“步步高”、“光明”、“轻骑”、“金利来”、“娃哈哈”、“脑白金”等。

(7) 吉祥命名类型。如双喜、长寿、福临门、幸福、永久等。

(8) 民俗命名类型。这种命名是以各国、各民族的历史传统、文化特色、风俗习惯、人民喜好等典故、成语或精神、风貌等来设计的。如王老吉、健力宝、万家乐、大中华、六必居等。

还有一些命名则带有独特的个性或偶然因素，至于外国品牌翻译命名的设计也有许多讲究和学问，以音译、意译、音译加意译的多种方法进行多样化、多类型的命名。

品牌名称设计的方法也有多种情况，主要有以下几种：

(1) 企业自己设计。主要是由企业主要负责人个人或少数人进行思考和设计品牌名称。中国的老字号企业及其商品品牌名称，多数是由企业主要负责人（老板）自己设计的。日本的SONY品牌名称是由其公司主要负责人盛田昭夫和井深大设计的。“金利来”品牌名称是企业创办人曾宪梓自己设计的。

(2) 社会征集或招标设计。有的企业为了集思广益，往往向社会广泛征集意见或进行招标，对品牌名称进行设计，当然社会征集和招标以后，还须由企业筛选、比较和取舍。

(3) 聘请专家设计。由企业聘请一名或多名专家甚至咨询公司的专家集团来为品牌名称进行设计。例如，“娃哈哈”、“可口可乐”、“埃克森”等品牌名称，都是经过专家进行思考和设计的。

上述三种设计方法不是截然分开的，而是可以有机结合的，许多著名的品牌名称设计，往往是三者最佳结合而形成的。

【实例 2-2】

品牌命名为什么一定要搞出“洋味儿”？

中国人模仿国外的品牌无外乎三种：

第一种是纯粹的山寨；

第二种是注册在国外的中国品牌；

第三种是注册在国内的宣传自己是国外的国内品牌。

到底中国自己的品牌如何卖贵？

拿煎饼果子举例——黄太吉。拿化妆品举例——双妹。拿鞋子举例——回忆回力。拿服装举例——江南布衣。它们都是把一些很老土的本土东西，卖得很贵而且是成功的代表！

它们是怎样做到的？我们往往忽视了那些很好很好的东西。你有没有想过，一些养生的食材，为什么不可以做成时尚的零食？非得是老土老土的锦盒吗？你有没有想过，延安的一双老布鞋为什么鞋底不可以加个气垫？叶问哥哥轻功的秘密——延安气垫 AIRMAX 老布鞋。

哈根达斯的成功就是以新的组合形式来改造旧的元素，比如冰淇淋火锅，比如干冰月饼……这些本土的东西，我们比老外了解，却无法换一种组合形式去卖给国人。国人需要新鲜的东西，如果你把旧元素颠覆了，就是完全新鲜的东西。所以，记住这六个字——旧元素，新组合！

资料来源 苏然．为什么一定要搞出“洋味儿”？［J］．销售与市场：渠道版，2014（1）．

2.3 品牌名称传扬

2.3.1 品牌必须扬名

在高质量的基础上为企业或产品起一个好名字，为品牌发展创造了优越的条件，但是，好的品牌名称只有通过宣扬和传播，才能为广大受众知道，才能开拓市场，因此，品牌必须扬名。中国人早有扬名的传统。2000 多年前，孔子的学生子贡就为他的老师到处扬名。司马迁在《史记·货殖列传》中记载：“子贡结驷连骑，束帛之币以聘享诸侯，所至，国君无不分庭与之抗礼。夫使孔子名布扬于天下者，子贡先后之也。此所谓得势而益彰者乎？”子贡是春秋时代后期的著名大商人，又是孔子的得意门生。他在各诸侯国之间经商致富，所到之处宣扬孔子的学问道德，同时也树立了子贡本人的“儒商”好名声，为他经商理财创造了好条件。从这个意义上说，子贡是中国历史上最早的“公关”专家了。

在当代市场经济条件下，市场竞争已进入品牌竞争时代，品牌竞争是技术、质量、人才、营销等多方面的综合竞争的集中体现。而提高品牌的知名度、塑造品牌好形象，则是品牌竞争的关键。为此，企业就必须把品牌的信息首先是品牌名称的信息让广大消费者认知和熟悉。那种“酒香不怕巷子深”的小生产经济思想已经完全不适应现代市场经济的竞争形势了。当今世界，每一种商品都有几十甚至成百个品牌名称，在质量不相上下的情况下，哪种品牌知名度高，哪种产品就能被消费者认可和接受直至购买，这种产品就有市场，就能发展。如果不注意宣扬传播品牌名称，“藏在深闺人未识”，这样的品牌就不可能为大众所知晓，质量再好也不会有市场。

【实例2-3】

小米品牌

37小时售罄40万台手机；产品仅上市一周，就被摩根斯坦利评为第九大手机品牌、第一大国产品牌；2014年，销售手机6 112万台，销售额达743亿元……这就是小米。

小米公司正式成立于2010年4月，是一家专注于高端智能手机、互联网电视自主研发的创新型科技企业，主要由前谷歌、微软、摩托、金山等知名公司的顶尖人才组建。

小米公司创始人雷军这样介绍“小米”名字的由来：

小米的拼音是mi，首先是mobile internet，小米要做移动互联网公司；其次是mission impossible，小米要完成不能完成的任务。当然，我们希望用小米和步枪来征服世界。最后，我们希望“小米”这个亲切可爱的名字成为大家的朋友。另外，小米全新的LOGO倒过来是一个心字，少一个点，意味着让用户省一点心。

一个好的品牌最重要的不是自己能够自圆其说，而是要对受众具有意义。这个意义可以是实用性，也可以是号召力，或者是引发受众的想象。不需要太复杂，太有文化，太奇思妙想，只要真的是从受众的角度出发就行。

资料来源　整理自以下文献：杨鑫倢．雷军晒小米2014年业绩 出货6 112万台，销售额743亿［N］．东方早报，2015-01-05. 韩天宇．小米科技公司介绍［EB/OL］．［2014-12-27］. http://tech.hexun.com/2011-07-24/131712832.html. 孟韬．市场营销策划［M］. 2版．大连：东北财经大学出版社，2011：122-123.

2.3.2　品牌扬名的方法

品牌扬名的方法和途径可以多种多样，不拘一格。大体说来，主要有以下一些方法。

1. 广告扬名

品牌扬名最常见、最普遍采用、最有效的办法是广告。在现代社会，信息传播手段愈来愈多、愈来愈先进、愈来愈迅速，各种媒体都可以作为广告工具，把品牌的有关信息迅速传播出去。报纸、杂志、电台、电视、互联网以及其他广告媒体，每天都在播放或刊登大量广告，其中多半是品牌广告。广告要讲求真实性、形象性、艺术性、独创性。一些成功的品牌，都有一部成功的广告宣传故事。好的广告是品牌扬名的风帆，起到很独特的作用。可口可乐（Coca-Cola）饮料从1886年至今，年年做大量的广告，它用过的广告口号已达94条。可口可乐公司仅1993年一年的广告费用就高达6亿美元，其强劲而持久的广告攻势，对促成它全球第一饮料的地位立下了汗马功劳。值得一提的是，百事可乐（Pepsi-Cola）采取与可口可乐挑战的策略，广告宣传以争夺青年一代为主，宣称百事可乐是青年人的饮料，符合青年人的口味，并在广告活动中播放流行的欢快音乐，上演充满激情的舞蹈，在青年人中取得好感，从而占领了很大的市场，成为仅次于可口可乐的世界第二饮料。

但是，广告对品牌扬名的功能要运用得当，恰如其分。如果运用不当，就可能适得其反。其中最重要的是要注意两点：一是广告必须真实，不要做虚假广告。广告不真实迟早会受到消费者的唾弃。国内某些保健品品牌对其功能吹嘘过头，包医百病，华而不实，又不能兑现广告中的承诺，失信于消费者，因而很快就失去市场，直至销声匿迹。二是广告宣传是要支付费用的，做广告一定要考虑企业的经济承受能力，选择适当的广告形式进行适度的广告宣传，既宣传了品牌，又使企业经济上能够承受，并且广告所取得的经济效益大于广告的投入。否则，超越本企业经济承受能力，广告成本大大高于企业的经济规模和盈利能力，就会陷企业于困境，这是不划算的。

【小思考2-3】

山东临朐县秦池酒厂继1996年以6 666.666888万元的高价夺得中央电视台黄金时段广告“标王”之后，1997年又以3.212118亿元的天价再度夺得“标王”，使“秦池”名声大振，扬名天下。但随后不久，该企业经营就发生困难。真是成也广告，败也广告，你认为秦池酒厂广告失策的原因是下列哪一种：（1）虚假广告；（2）超越自身经济承受能力；（3）政府支持不够。

【答案】(2)。

2. 公关扬名

公共关系是企业经常运用的又一种营销方式。它主要是企业通过有效的手段，同社会公众进行沟通，使公众对企业的形象产生好感，并由大众媒体进行宣传报道（不同于广告形式），从而在社会上产生轰动效应。成功的公关活动，能很好地提高企业的知名度和美誉度。因此，通过良好的公共关系活动也是品牌扬名中的重要形式。20世纪50年代，法国白兰地通过公关而进军美国，是公关扬名的杰作。白兰地是法国名酒，但对如何打开美国市场却颇费思量。厂商请了几位公关专家进行研究。受聘专家经过调查，提出公关宣传的基点是法美人民的友谊，主题是“礼轻情义重，酒少情意浓”，选定时机是当时美国总统艾森豪威尔的67岁寿辰。在法国政府支持下，法国白兰地公司计划赠送两桶窖藏长达67年的白兰地酒作为祝寿贺礼，由专机送往美国。在艾森豪威尔寿辰一个月之前，这一信息就通过不同的媒体传播给美国公众知晓，一时间，法国白兰地成了新闻报道、街谈巷议的话题，声名鹊起。一个月后当两桶名贵的法国白兰地登陆美国时，美国公众群情欢腾，有的人还情不自禁地唱起了《马赛曲》。从此，白兰地以友谊佳酿的身份进入美国市场，频频出现在国家宴会、社团聚首和家庭餐桌上。

3. 借名扬名

品牌扬名还可借助名人、名典、名景、名作和其他名事扬名。如山东借孔子家乡之名推出“孔府家酒”、“孔府宴酒”；山西杏花村酒则借用唐诗“借问酒家何处有，牧童遥指杏花村”的名句扬名；江苏红豆集团的“红豆”品牌服装，则是借喻唐朝诗人王维《相思》诗“红豆生南国，春来发几枝？愿君多采撷，此物最相思”而扬名。还有的借政府要人、社会名流的访问或题词等扬名，有的则是借著名旅游胜地或景点而扬名。

4. 服务扬名

优质的服务可以给消费者以满意的享受，并且口碑良好，一传十，十传百地迅速树立起好形象。IBM 的优良服务成为它的一项获利源泉，海尔集团“真诚到永远”和全方位的售后服务有口皆碑，为海尔赢得了好名声。丰田公司也是把汽车销售与售后服务紧密结合，做好汽车出售后的修配和其他服务，通过售出后对买主的良好服务工作以树立信誉，提高品牌的知名度。

品牌扬名的方法还有很多，例如通过 CI 策划树立企业形象，通过营销组合打响企业牌子，通过与强者竞争提高知名度（富士与柯达竞争、百事可乐与可口可乐竞争等），通过资本营运以扩大规模、扩大市场来扬名等，都是可行的办法。还可以抓住某些偶然的机遇作文章以扬名。扬名的途径是多种多样的。

本章小结

每一件事物都有名称，品牌也有名称。品牌名称是品牌构成中可以用文字表达并能用语言进行传递与交流的部分。品牌名称不同于产品（或商品）名称。产品名称以其自然属性和功能来命名，如大米、食油、彩电、冰箱、汽车等。品牌名称是一种社会属性，人文属性，尤其是经济属性和企业属性，反映经济领域的文化现象。同一种类型的商品由不同的企业进行生产，就会有不同的品牌名称，如彩电有长虹、康佳等，空调有春兰、格力等。也有同一企业多种类型产品用同一品牌名称，如海尔冰箱、海尔洗衣机、海尔空调、海尔彩电。也有同一企业同一种类型的商品因不同特色而采用不同的品牌名称，如宝洁公司的洗发水就有海飞丝、飘柔、潘婷等多个品牌名称。

品牌名称是品牌的代表和象征，是品牌之魂。它往往能体现品牌的个性和特色，给消费者以整体印象和基本评价。劳斯莱斯、林肯象征着高贵、豪华的小汽车，佳能、尼康代表了高质量的相机，等等。

品牌名称作为一种文化现象，它有很强的民族性和国别性。不同的民族或国家，其语言文字、历史传统、文化特色、风俗习惯、宗教信仰，都会在品牌名称上反映出来。中国汉族的方块单音节文字与欧美拼音文字就有明显的区别。

品牌作为一种市场现象，它又是开放的，市场没有国界，品牌也没有国界，具有国际性的一面。品牌名称的国际性，一是该品牌名称可以直接通行于全世界而不发生歧义，如 Coca-Cola，Sony，Haier 等；二是在开拓国际市场时，应根据不同国家和民族的情况而相应地改变品牌名称。

品牌名称十分重要，因而品牌命名应引起高度重视，品牌命名应掌握如下要点：(1) 简短明了，易读易记；(2) 暗喻功能，启发联想；(3) 个性突出，风格独特。

为此，品牌名称设计必须认真，除企业自己设计外，还可以通过社会征集或招标、聘请专家等方式进行设计。品牌名称设计的类型可以多种多样，如以人名命名、地名命名、字首组合命名、企业名称命名、数字命名、寓意命名、吉祥命名、民俗命名等。

品牌名称既然是品牌的象征，它就必然以其个性和特色闯入市场，在市场竞争激烈的当代，品牌必须扬名。质量优良固然是品牌打开市场的基础，但“藏在深闺人未识”也难以为人们所了解和接受。

品牌扬名的方法可以多种多样，百花齐放。常见的有：通过广告扬名；进行公关扬名；借助名人名事扬名；开展优质服务扬名等。品牌扬名一定要实事求是，名副其实，虚假或过头的扬名，将会身败名裂，走向反面。

关键概念

品牌名称　商品名称

思考题

2.1　品牌名称与商品名称有何区别？

2.2　为什么说品牌名称是品牌的代表和象征？

2.3　品牌名称的民族性是由什么因素决定的？

2.4　品牌名称的国际性有几种情况？其深层原因是什么？

2.5　品牌命名应掌握哪些要点？

2.6　SONY 和 EXXON 的品牌名称设计有何共同点？

2.7　品牌扬名的目的是什么？怎样才能更好地扬名？

练习题

2.1　为什么任何品牌都要有品牌名称？

2.2　品牌名称的重要信息如何体现出来？

2.3　中国品牌走向国际化，在品牌名称上是否需要有所改变，为什么？

2.4　在信息化时代，英文品牌有何优势？

2.5　怎样理解品牌名称既是一种文化现象，又是一种市场现象？

2.6　“可口可乐”的原文（英文）取名，由有实际意义的“Cock-Cold”（冷的公鸡）改为无任何意义的“Coca-Cola”，却获得了意想不到的巨大成功，这是为什么？

2.7 联合利华（Unilever）公司创立的世界名牌“LUX”香皂是以意取胜的品牌命名（LUX是由LUXE一词演变而来，具有“上等”、“精华”的含义），又为什么能获得成功？

2.8 “娃哈哈”作为儿童营养液的品牌名称，符合品牌命名的哪些要求？

2.9 国外一些简写字母品牌，如IBM、HP、NEC、BMW等，为什么能风行全世界？

2.10 品牌必须扬名，但扬名是否一定能造就名牌？为什么？

自测题

2.1 为什么说品牌名称是经济领域的一种文化现象？

2.2 品牌名称为什么能给人以某种联想？

2.3 中国品牌名称的民族性（以汉族为例）反映了哪些特点？

2.4 欧美以英语表示的品牌名称有没有音感和语感特色？

2.5 “六必居”品牌有何文化内涵？

2.6 品牌名称设计采取何种方法为好？

2.7 “金利来”品牌设计的过程对我们有何启迪？

2.8 “今年过节不收礼，收礼只收脑白金”的广告词广受争议，被称为最恶毒的广告词，但是脑白金的销量却一直保持高度增长。你认为脑白金广告的“生命力”表现在哪些方面？

案例分析

加多宝：拿走品牌名称依旧做回自我

在2012年5月至11月短短6个月间，加多宝成功完成一个超级品牌的转换，终于做回自我——“加多宝”。这不仅仅是完整拿回自己应得的品牌资产，更重要的是，加多宝将一个正宗的凉茶品牌牢牢树立在全国百万分销商和亿万消费者心里。

事实上，加多宝最关心的始终是：消费者是否认可这个产品？截止到2012年9月，加多宝就完成了2012年的全年销售目标，甚至比2011年同期增长50%。10月，零点调研公司的全国调研数据显示，消费者对加多宝凉茶的知晓度高达99.6%。而国家统计局公布的数据显示，2012年前三季度，加多宝凉茶市场份额达72.96%，遥遥领先于第二名，牢牢稳居凉茶行业第一的位置。在罐装饮料方面，加多宝市场销售份额近12%，继续稳居罐装饮料销量第一名。

在品牌名称这个核心元素被突然抽走的巨大打击面前，加多宝是如何做到的？

拿走品牌名称，几乎等于将所有以前的心血拿走，加多宝还剩下什么？加多宝还要不要做这个产品？但在加多宝决策人那里，“根本没有纠结到底还要不要做这个产品”，而是“马上决策开始生产加多宝凉茶”。一场震撼整个市场、媒体和公众领域的品牌转换战役自此而始。

“我们首先明确了，这个产品没有任何变化。”加多宝集团品牌管理部副总经理王月贵说，“确实，从包装到内容，这款产品什么都没有变，只是变了一个名称。”当时有人还举了一个例子，说加多宝凉茶只是换了一件衣服。但加多宝纠正他们：“其实衣服都没换，只是换了几个纽扣而已——我们还是原来的配方，还是原来的产品，还是原来的红罐子，只是把原来的三个字换成了加多宝，仅此而已。”

加多宝也承认，尽管产品的内涵和包装变化不大，但哪怕是微小的变化，对产品的生产来说依然是巨大的挑战。但加多宝用广告这种最简单的方式使最全面的信息深入人心。消费者到加多宝的每个终端都可以看到这张简单的海报，他们心目中的所有疑虑，都可以通过这张海报得到答案——确实，这张海报浓缩了加多宝品牌转换所有的传播精髓。海报上的文字很简单，全部内容包括：“全国销量领先的红罐凉茶改名加多宝——还是原来的配方，还是熟悉的味道——怕上火喝加多宝。”

除了终端、交通站、商业区的海报“地面推广”，电视方面的“空军力量”也要跟上，做到无缝隙传播，将初步的品牌转换信息置入人心。而在6月旺季，电视广告必须要上了，但对于新的电视广告来说，重新制作、送审、投放都不可能来得及。然而在6月，你的确看到了加多宝的更名广告，这是怎么回事？

原来，这支广告是加多宝制作团队在原来广告片的基础上，改变配音、添加字幕后紧急推出的。而同期，全新的加多宝电视广告紧锣密鼓地进行制作，并于7月新鲜面世，与《中国好声音》传播活动完美地交织在一起。决定与《中国好声音》合作，加多宝只用了不超过5天时间。这就是一个百亿单品品牌的营销速度。这里面不仅体现着思路、经验，还有沟通、判断，更有一份担当。

很多人会问，经过这次罕有的品牌转换，加多宝是不是建立了一整套应急机制？的确，这次品牌转换帮助加多宝磨练出很多新的市场经验。这个体系并不复杂，但难就难在各方面的沟通和投入，因为面对品牌转换这样的大事，必然要求各部门之间沟通的频次更高，节奏更快。这种配合要求的投入，对于加多宝整个团队来说却没什么难度，“应急机制中，原来一个星期碰一次，现在两天就要碰一次；原来一个月开一次会，现在变成一个星期开一次会”。心态上的投入，才有内心镇定、气势连贯和行动一致，才有高效准确的判断和决策。

“我们毕竟被市场‘训练’了太长时间。正常情况下，有些事可能我们要花两三个月时间来做；遇到特殊情况，一个月搞定，这也可以做到。”王月贵说。正如加多宝人自己说的：“大难兴邦，大难也兴品牌。”

资料来源 改编自张斌，孙朝玲．加多宝：6个月完成超级品牌的“回向”［J］．销售与市场：评论版，2013（2）．

问题：

1. 加多宝被抽走品牌名称后，遇到的最大挑战是什么？

2. 加多宝是如何完成品牌转换的？

3. 你如何理解加多宝在此次品牌转换过程中所采取的应急机制的快速性和整合性？

4. 试分析加多宝在未来的发展过程中应该如何继续发展其品牌的知名度。

补充阅读材料 @

1. 瑞夫金．品牌命名：世界知名品牌背后的故事［M］．林海，译．2 版．北京：企业管理出版社，2011：91-153.

2. 周绍贤．商品命名 36 技［M］．北京：机械工业出版社，2012：34-99.

3. 德拉诺．命名强力品牌［M］．陈永辉，译．上海：上海人民出版社，2003：61-99.

4. 湛广．品牌源动力：6C 定位与战略执行［M］．北京：中国发展出版社，2013：201-239.

5. 倪思思．从目的论的角度看品牌名称的翻译［J］．魅力中国，2014（11）：61-99.

6. 冯傲寒．功能主义目的论视域下的外来品牌名称汉译——以糖果品牌为例［J］．海外英语（上），2014（6）：61-99.

7. 王蕾．品牌仅仅是一个名称？——从王老吉与加多宝的商标之争说起［J］．经营与管理，2014（3）：12-13.

8. 秦雪．中国服装品牌名称的文化语言学探究［J］．北方文学（下旬刊），2014（2）：5-6.

9. 周丹，等．基于服饰品牌名称的文化特征分析及翻译［J］．英语广场：学术研究，2014（2）：41-42.

第 3 章

品牌商标

学习目标

要求通过本章学习，理解和掌握商标的种类与功能、商标的设计要求与选择、商标注册与商标专用权、驰名商标及其认定，从而对商标是品牌的集中体现有深刻的认识，树立品牌商标意识。

本章导读

与上述学习目标相适应，本章共分 4 节，分别考察品牌商标内涵、品牌商标设计、品牌商标注册、驰名商标等内容，以求对品牌商标有关知识有较为系统的了解。

本章对品牌商标的分析，目的在于通过对品牌商标基本知识的了解，深刻理解现代市场经济条件下品牌商标的巨大作用，从战略与决策的高度来审视和提高品牌商标的地位。

3.1 品牌商标内涵

3.1.1 商标释义

什么是商标？从字面解释，商标是商品的标记或标志。但这样解释太简单，太直观。为什么商品要做标记？是为了以示区别。为什么要区别？是因为有不同的市场主体（企业）对自己所生产或经营的商品在市场上能被人们所认识和接受。因此，**商标**是市场经济发展到一定阶段的产物，是产权主体明晰化和市场竞争明朗化的产物。

商品生产的最初阶段并没有商标。当商品生产发展到一定阶段，同一种商品出现了众多的生产者和经营者，为了表明自己生产和经营的商品质量优良和独具特色，有的生产者和经营者就在自己生产或经营的商品上作出记号，刻印标志，以示与其他生产者或经营者的同类商品相区别。这可以说是商标的雏形。在中国和世界其他地区，这种商标的雏形都可以追溯到几百年以前甚至几千年以前。

工业革命使机器大工业代替了手工生产，对商品标记的法律规范提到议事日程，加上市场竞争的激烈化，是商标规范化、制度化的条件，也是现代意义上商标的真正起点。其标志是商标制度的建立。19 世纪初，法国出现了世界上最早的有关商标的法律条文，19 世纪中叶法国出现了最早的专门成文的商标法，即 1857 年制定的《关于以使用原则和不审查原则为内容的制造标记和商标的法律》。随后，在 19 世纪

60～70年代，英国、美国、德国、日本也相继颁布了各自的商标法。1883 年的《保护工业产权巴黎公约》和 1891 年的《商标国际注册马德里协定》，使商标制度步入国际化轨道。19 世纪末到 20 世纪，商标制度已风行全世界。

中国自 1904 年（清光绪三十年）颁布第一部商标法以来，后经北洋政府、国民党政府又制定过若干部商标法。1949 年中华人民共和国成立以后，1950 年颁布了《商标注册暂行条例》，1963 年公布了《商标管理条例》和实施细则，1982 年全国人大常委会通过了《中华人民共和国商标法》，并于 1993 年、2001 年、2013 年三次进行修订并重新公布，2002 年 9 月 15 日起施行《中华人民共和国商标法实施条例》，并于 2014 年进行修订并重新公布，2003 年 6 月 1 日起施行《驰名商标认定和保护规定》，从而使商标制度在中国逐步建立并走上正轨。

商标一般采用文字、图形或者文图组合等形式作为其显著特征，以便识别与相互区分。现代商标一般都要求进行注册，以取得法律认可和保护。商标俗称“牌子”，是品牌的具体表现形式，从这个意义上说，品牌就是商标。最初只是商品有商标，后来发展到服务项目也有商标。由此可见，商标是市场经济发展到一定阶段的产物，是指由文字、图形或者二者的组合所构成，用以区别不同的生产经营者所提供的不同商品或服务项目的显著标记。在现代商标制度下，商标一般都应按一定法定程序进行注册，成为注册商标。

3.1.2　商标分类

商标可以按照不同的特点或要求进行分类。

1. 按商标使用对象不同进行分类

（1）商品商标。**商品商标**是使用于商品上的商标，它是商品生产者对其制造的商品所采用的以区别于其他生产者同类商品的标志。这是最常见、最普遍、最主要的商标。商品种类繁多，全世界有几十万种甚至上百万种商品，每种商品又有众多生产者进行生产与制造，同一种商品可以有许多个不同的商标，因此商品商标成千上万。国际分类将商品商标分成三十四个类型。但是，商品是由企业生产的，企业对其生产的不同的商品既可以用不同的商标，也可以用同一商标。这样，商品商标就呈现出多样化的复杂局面。

（2）服务商标。**服务商标**是使用于服务上的商标。它是提供服务的经营者为其所提供的服务与其他经营者提供的服务加以区别而使用的标志。例如旅游服务、邮电服务、广告服务、金融保险服务、餐饮服务、修理安装服务等。国际分类中将服务商标分成八个类别。

2. 按商标表现方式分类

（1）文字商标。文字商标是以文字表现的商标，包括中文文字商标和外文文字商标。中文文字商标以汉字为代表，可以写成正楷、隶书、草书、变形文字、美术字体。文字商标不论采用何种字体，都应使人易于辨认。外文文字商标以使用英文者居多，其他各国文字也可形成文字商标。外文文字商标也往往采用不同字体使之美化、艺术化。文字商标虽然有不同字体的表现形式，有视觉效果，但作为语言文字，则都可以用声音表达出来。

（2）图形商标。图形商标是以图形表示的商标。它不采用语言文字，因此不能用声音表达出来，只能凭视觉来辨认。从早期的商标来看，多以图形表示。现代商标也有专门以图形表示的类型。图形商标可以采用天文、地理、风景、名胜、人物、动物、植物、器具、抽象图案等各种图形来显示。

（3）文字与图形组合商标。这是把文字商标与图形商标结合在一起的商标，既有文字，又有图形。例如，小天鹅洗衣机商标，既有汉字"小天鹅"、英文"Little Swan"，又有小天鹅的图案；报喜鸟服装商标，既有汉字"报喜鸟"，又有英文"SAINT ANGELO"，还有一只鸟的图案。这样的例子还有很多。由于组合商标既有文字，又有图形，可以多方面、多角度地表达商标的意境，因而越来越受到人们的喜爱，使用者也越来越多。

3. 按商标是否具有法律保护的专用权分类

（1）注册商标。按照法定程序申请，经法定机关核准注册，注册人享有商标专用权的商标是**注册商标**。一般情况下，对商标使用人是否需要取得商标专用权采取自愿注册的原则，但有例外，人用药品和烟草制品必须使用注册商标，对其采取强制注册的原则。注册商标受到法律的保护，任何其他人不得擅自在同类商品上使用与注册商标相同或相近似的商标；否则，就构成侵权行为，要受到法律的追究。注册商标是一种无形资产。

（2）未注册商标，即不经过法定程序申报审核的商标。注册人对未注册商标不享有商标专用权。如果其他人将未注册的商标进行注册并被核准后，原使用人就不得再使用该商标，否则，原使用人反而构成侵权行为。非注册商标不是无形资产。

此外，商标还可按其他一些标志进行分类，如按商标注册所有人的多少，可分为集体商标和独占商标；按商标的知名度高低，可分为驰名商标和一般商标；按商标使用范围和目的不同，可分为统一商标和分商标；按提供商标的主体不同，可分为证明商标（专门组织提供）和普通商标（企业提供）；按商标申请人国籍不同，可分为本国商标和外国商标等。

3.1.3 商标功能

商标作为品牌的形象和集中体现，具有多方面的功能。

1. 识别功能

商标作为商品或服务的具体标记或标志，是为了使人们易于辨认它、识别它，使之在市场上具有显著性和特色性，便于商品或服务的营销。这种识别功能主要表现在两方面：一是商标所有人识别，即揭示商标所体现的商品或服务的来源，提供这一商标所体现的商品或服务的生产者和经营者。例如，长虹彩电的商标，来源于长虹集团，春兰空调商标来源于春兰集团，南航服务商标来源于南方航空公司，麦当劳服务商标来源于麦当劳公司等。二是消费者识别。一般消费者除对极少数特别有影响的大名牌企业及其产品或服务商标有联系起来的总的认识外，对多数产品或服务则只知商标，而不知其来源（商标所有人），尤其是当商标名称与商标所有人（企业）名称不一致时更是如此。因此，商标是消费者区分与识别商品或服务的生产者或经营者的最有效手段，为消费者认牌购货，挑选商品和服务，提供了最重要的条件。识别商品与服务，是商标的最基本功能。商标对消费具有引导作用。

2. 广告功能

商标既然对商品和服务具有明显的标记，易于识别，因此它就便于从事广告宣传。商标是最直接、最有效的广告工具和手段，也可以说，商标本身就是一种最好的广告方式。广告宣传可以丰富多彩，各种艺术化、拟人化、明显化、形象化的方式均可以采用，但广告宣传的核心内容应该是商标。通过多种广告形式和方法，让消费者认识商标，区别商标、熟悉商标、喜爱商标、把商标与它所体现和代表的商品或服务联系起来，不断提高商标及其所代表的商品与服务的知名度和美誉度，启示和激发消费者的购买欲望直至形成购买行为。因此，商标被称为“无声的推销员”。根据企业经济承受能力和发展战略，合理地、经常地运用商标的广告功能，对增加商品与服务的营业额，扩大其所占市场份额，具有明显的推动与促进作用。国内国外一些名牌商标无一例外都是充分运用了商标的广告功能而使其誉满中国、誉满全球的，当然这要以该商标所代表的商品或服务的高质量为基础。商标对商品与服务的广告宣传功能往往能提高企业形象，制造可口可乐饮料的特拉华公司，由于其“Coca-Cola”商标饮誉全球，人们也就把该公司称为可口可乐公司，该公司后来也改称可口可乐公司了。

3. 评质功能

商标本身不是质量，但是商标作为市场经济的现象，它总是与商品与服务的质量有着内在的联系。一是标志质量，即商标可以标志某种商品和服务的质量。一般来说，知名度、美誉度高的大名牌，往往标志着高质量，标志着高质量的商品或高质量的服务。二是评价质量，即消费者对商标所体现和代表的商品或服务进行经验评价。商品和服务的质量如何，价格如何，质价是否相称，消费者通过群体经验都会有一个大体相同的认识。俗话说，众人心里一杆秤，又说，群众的眼睛是雪亮的。消费者对商品和服务质量的评价，也是通过商标表达出来的，某某牌子质量好，某某牌子质量差，某某牌子质量退步了，某某牌子质量改进了，消费者都心中有数。任何生产者和经营者企图通过降低质量来赚取不当利润，都只能是自毁前程的“自杀”行为，自取灭亡之路。此外，社会各界、政府机构和职能部门还可以通过商标，对商品和服务的质量进行监督和检查。

4. 激励功能

商标对企业的进步有重要的激励和促进作用。一是激励和促进企业的技术进步和质量提高。牌子要打响，商标要吃香，做好广告固然非常重要。但根本的还在于企业技术的不断进步，产品质量的不断提高，从而取得消费者的信赖，提高企业的信誉，使其商标在消费者心目中树立起良好的形象，提高商标的“含金量”，直至形成驰名商标。促进企业技术进步和质量提高是商标具有的重要功能。二是激励和促进企业全方位地开拓市场。一个好的商标，集中体现了商品或服务的高质量、高技术、高知名度、高美誉度，因而能成为开拓市场的先锋。在高质量、高技术的基础上通过商标的广告宣传和营销活动，在激烈的市场竞争中抢占市场阵地，扩大市场份额，提高市场占有率，不断开拓国内外市场。为此，就必须努力把商标做“硬”、做“强”，成为过硬的、强势的品牌商标，努力在众多商标的竞争中，把自己本身的商标做成名牌商标、驰名商标。

【小思考 3-1】

商标和品牌是不是一回事？下列三种观点你赞同哪一种？

(1) 商标俗称“牌子”。因此商标就是品牌。

(2) 品牌是名称，商标是形象，因此品牌与商标不是一回事。

(3) 商标是由文字、图形或其组合构成，用以区别不同商品和服务的标记，是品牌的重要组成部分和集中体现。

【答案】(3)。

【实例 3-1】

“微信”商标异议

2010 年 11 月 12 日，创博亚太科技（山东）有限公司（以下简称“山东创博公司”）分别在第 38 类“通讯服务”（类似群为 3802）以及第 42 类“网站服务”（类似群为 4209、4220）上向商标局提出了“微信”商标申请。两个商标经初审公告后，在法定异议期内，张新河向商标局提出异议。异议的主要理由为：(1)“微信”是一个即时通讯的应用程序，已经成为该类型通讯服务的“通用名称”。(2)“微信”商标在“信息传送，电话通讯，电子邮件，语音邮件服务”等相关服务上申请注册，易使相关公众对服务的功能特点发生误认。2013 年 3 月 19 日，商标局对此异议作出裁定：被异议人将“微信”商标注册并使用在第 38 类上，容易使消费者产生误认，并导致不良社会影响，不予核准注册。山东创博公司不服商标局作出的裁定，向商标评审委员会提出了异议复审请求，本案目前正处于商标异议复审阶段。那么“微信”能否成为第 38 类及第 42 类通讯产品或服务的“通用名称”？

判断一个商标是否为通用名称需要考察其是否为“法定的”和“约定俗成的”两种情形。首先，“微信”不属于法律规定或者国家标准、行业标准认定的通用名称，所以排除其为“法定的”通用名称情形。那么，它是否属于“约定俗成的”通用名称呢？“微信”在相关公众的认知中仅特指腾讯公司的一款即时通讯产品，而未扩大泛指其他类似产品，也非此类即时通讯产品的通称。基于“微信”在移动互联网产品市场上具有显著知名度，相关公众对其普遍熟知，并能通过名称将其与同类产品区分开来，我们认为应当将“微信”认定为知名商品的特有名称。

资料来源 王琦．“微信”商标异议案评述［J］．中华商标，2014（3）．

3.2 品牌商标设计

3.2.1 商标设计要求

商标设计不同于商品装潢设计，它必须有利于商标注册，为防止因商标雷同或违反法律禁用等情况而不得注册，在商标设计之前，应进行商标查询并熟悉有关商标法律知识。在此前提下，商标设计应给人以强烈的标记感、艺术感和象征感，并符合以下要求：

1. 单纯、明快

商标设计首要的要求是单纯、明快，突出商标的显著性特征。商标的显著性是商标应具有鲜明的特色，使人们一望而知它是标明商品或服务的标记，这就必须做到单纯、明快、易于辨别而不致混淆。只有用简洁、明了、新颖、独特的文字和图形作为商标，其标记感才特别强烈，就能给消费者以单纯、明快的感觉，留下深刻的印象，能迅速吸引人们的视线，使商标起到识别不同企业的商品或服务的作用。例如，麦当劳（McDonald’s）快餐店设计出一个金黄拱门形状的“M”作为麦当劳的商标，是单纯、明快的杰作，给人以强烈的标记感，视觉印象特别醒目。相反，越是复杂、繁琐、晦涩的商标，人们越难以识别和记忆，不能留下深刻的印象，这样的商标就很难深入人心。

2. 便于广告宣传

商标的设计是为了让商标为广大消费者所认知和熟悉，提高其知名度，这就必须使商标在单纯明快的基础上，便于进行广告宣传。在现代市场经济条件下，市场竞争日趋激烈，任何商品和服务要扩大其市场份额，都必须借助于广告宣传使其深入人心。为此，就应使商标适合任何广告媒体，以充分发挥商标的广告宣传作用。在广告宣传中，应突出商标，把商标设计在显著的位置。我国家电业著名品牌海尔、长虹、康佳、春兰、格力、格兰仕等，其商标设计都突出显示其个性，便于广告宣传，取得了明显的广告效果。但是，有些商标却设计在很不显眼的位置，往往被眼花缭乱的商品包装和装潢所淹没，消费者很难找到商标，这样商标就失去了广告宣传的作用，喧宾夺主而不利于突出商标。

3. 适合商品特点

商标的设计应尽可能与商品的特点和形状相吻合，或明示，或暗喻，根据商品的特点，巧妙地建立起商标与商品的内在联系，使消费者一看到商标就联想到它所代表的商品性能和特征，给人们一种艺术美感的想象空间，这对促进商品销售可以起到好的作用。例如，饮料用“王老吉”商标、“可口可乐”商标，小汽车用“奔驰”商标，摩托车用“轻骑”商标，乐器用“百灵”商标，船用内燃机用“破浪”商标等。而且，柔性的商品应给人以柔的感觉，硬性的商品应给人以刚的感觉，而不能相反。若在床单上用钢铁牌商标、取暖器上用冰川牌商标，饮料用洁牙（去污）商标，就会让消费者产生不愉快的联想，不利于商品的销售。但是，商标设计适合商品特点的要求，应顺其自然，不能牵强附会，弄巧成拙。

4. 符合消费者心理

商标设计应有利于激发消费者的购买欲，符合消费者心理和风俗习惯，表达和反映消费者的向往、志趣和其他心理需求。消费者有各种不同的群体，他们的消费心理是很不一样的，有不同的性别、年龄、文化素质、职业特点、地区、民族、国别，因此，商标的设计也应有明显的区别。“红旗”牌小汽车俏销神州大地，因为它是中国人自己的汽车品牌，符合中国人民的民族自豪感；小动物商标用于儿童消费商品，适合孩子们喜欢小动物的天性；美加净商标适合人们对护肤品的心理需求，等等。商标必须适合消费者心理，不能含有消费者忌讳、反感或引起不快的各种文字、图案、数字、谐音、形状，尤其是要尊重不同地区、民族、国家的风俗习惯，不得与有关国家、民族地区的民情习俗、宗教信仰相抵触，不得违反各地特有的禁忌，否则就难以开拓市场，造成不可挽回的损失。如伊斯兰国家和民族忌讳猪，澳洲人忌讳兔，北非人忌讳狗，欧美国家避讳“13”和“星期五”，印度人避讳“1、3、7”等单数，拉丁美洲人视“菊花”为妖花等。在对外贸易中，针对不同国家、民族地区，应在调查研究的基础上，对商标作出适当调整和改变，采用适合该国该民族地区的商标，以利于扩大国际贸易交流和合作。

3.2.2 商标设计类别

商标与品牌二者在概念上极易混淆，人们往往把商标等同于品牌，但二者确有区别，品牌的内涵要比商标的内涵更丰富、更广泛。其中一个重要区别是，品牌有名称，并且能用语言表达出来，因此有品牌名称设计的内容。而商标是没有名称的，商标法中没有商标名称这一概念，因为商标本身只是由文字、图形及其组合而成的用于区别商品与服务的标记。文字其实也是一种图形，即文字形体或称文字性图形。所以，商标就其实际意义来说，就是用于商品和服务上的图形（包括文字图形和非文字图形）。就这个意义上说，商标设计没有商标名称设计，只有商标图形设计。按图形的类型不同，商标设计可分为如下三类：

1. 商标文字设计

商标文字设计就是商标的文字形体设计。商标文字设计是品牌名称设计的艺术化和形象化。品牌名称可以用语言表达，用声音传递。商标文字设计则是把品牌名称用文字艺术形象表达出来，用视觉传递。

商标文字设计类型，包括单一语种的文字设计和不同语种的文字组合设计。前者如单一中文（汉字）的文字设计，如“六必居”、“冠生园”、“剑南春”等商标；单一的拼音文字（英文，或其他语种的拼音文字）设计，如“SONY”、“Coca-Cola”、“SANYO”、“LG”等商标。后者如“美的 Midea”、“美加净 MAXAM”、“LUX 力士”等。此外，还有专门以数字组合为商标的，如 555、505、414、916、999 等，以及文字与数字结合组成的文字商标，如“7-ELEVEN”、“21 世纪”等。

文字商标设计举例如图 3-1、图 3-2、图 3-3、图 3-4、图 3-5、图 3-6、图 3-7 所示。

图 3-1 “东方红”商标

图 3-2 “美的”商标

图 3-3　“TCL”商标　　　　图 3-4　“海信”商标

图 3-5　“7-ELEVEN”商标

图 3-6　“京东”商标

图 3-7　“周大福”商标

2. 商标图形设计

商标图形设计就是以各种不同的图案作为商标形象的设计。单纯的商标图形设计只有图形，没有文字。图形商标的设计更应显示出其个性，标志明显，易于辨识，且应具有艺术美感，赏心悦目。商标图形设计的题材非常广泛，比如历史文化、名胜古迹、神话故事、民间传说、奇花异草、飞禽走兽、象征图案等等均可选作商标图案。关键是要显示出特色和美感。常见的用作商标图案的植物有：牡丹、菊花、梅花、兰花、松柏、竹叶等；动物有龙、虎、麒麟、大象、凤凰、孔雀、狮、豹、狗、猫、金鱼、鲤鱼等；名胜古迹有塔、楼、山、水，景观如黄鹤楼、宝塔山、双塔、天坛等。用作商标的神话故事、民间传说则丰富多彩，举不胜举，如飞天图案、奔月图案、寿星图案等，有些还带有地方色彩，如广州的五羊图案，武汉市的白云黄鹤楼图案，海南岛的鹿回头图案，杭州的西湖、苏州的园林图案，扬州的 24 桥图案等。有些商标图形设计则采用一些几何图形或抽象线条以示其特色，如三角形、圆形、半圆形、多边形、五角形、菱形、波浪形线条以及其他几何图形等等。不论采用什么图形进行商标设计，均应突出其个性特色，以其与众不同、易于识别和具有艺术美感而给消费者以强烈印象并乐于接受。图形商标设计举例如图 3-8、图 3-9 所示。

图 3-8　“奔驰”商标

图 3-9　“张裕”商标

3. 商标文字与图形组合设计

商标文字与图形组合设计就是把文字设计与图形设计结合起来，形成既有文字又有图案的组合商标设计。如今，这种文字与图形组合的商标设计愈来愈流行，成为最主要的一种商标设计类型。它兼有文字商标和图形商标的优点，又避免了二者的缺点。这种组合设计，图文并茂，标志醒目，商标名称也清楚，很符合人们的欣赏习惯。例如，蒙牛商标以厚实飘逸的一抹横笔，象征内蒙古广袤肥沃的土地，独特的区域优势表明企业的发展条件尽得天时、地利；弯角坚挺如峰，表明牛的坚韧、勤劳，象征积极向上、稳健、奋进的企业理念；整个标志以白色、绿色构成，远离污染的主题，突出追求天然；同时由“蒙牛”及其拼音组合而成，简洁、明快、醒目。又如李宁商标的含义整体设计由汉语拼音“LI”和“NING”的第一个大写字母“L”和“N”的变形构成，也是抽象了李宁本人原创的“李宁交叉”动作，以“人”字形来诠释运动价值观，鼓励每个人透过运动表达自我、实现自我，整个商标体现了李宁与体育运动的血脉关系。再如方正商标是在对角白色斜形方框之中嵌入黑色正方形图案，右书中文“方正集团”，与拼音文字 FOUNDER 组合而成，Fourder 是“奠基者、创立者、缔造者”的意思，发音却为“方的”，与“方正”音意相吻合。文字与图形组合商标举例如图 3–10、图 3–11、图 3–12 所示。

图 3–10 “耐克”商标

图 3–11 “小天鹅”商标

图 3–12 “农夫山泉”商标

此外，根据《中华人民共和国商标法》（以下简称《商标法》）的规定，有些文字和图形是禁止在商标上使用的，例如，同中华人民共和国和外国的国家名称、国旗、国徽、军旗相同或近似的，本商品的通用名称和图形，带有民族歧视性的，有害于社会主义道德风尚的等。

【小思考 3–2】

我国某些商标设计中，喜爱用“长城”、“长江”、“黄河”、“东海”等中国人民熟悉的图案和名称，这样设计有何利弊？

（1）开发想象力，熟悉中国地理。

（2）优点是中国化，缺点是容易雷同。

（3）气势磅礴，使人眼界开阔，无缺点可言。

【答案】（2）。

【实例 3–2】

库尔勒香梨：“母子商标”助力产业发展

近年来，新疆维吾尔自治区库尔勒市工商局紧紧围绕加快转变经济发展方式，积极响应市委、市政府“商标兴市”的号召，发挥职能作用，推进商标战略实施，“母子商标”流行使用，使库尔勒香梨名牌效应突显，“母子商标”使用团队也不断壮大，走出了一条农产品品牌可持续发展之路。

1996年巴音郭楞蒙古自治州（下称巴州）库尔勒香梨协会在巴州人民政府、巴州工商局的指导下，注册了地理标志证明商标“库尔勒香梨”，其代表的是孔雀河流域内的香梨品质与形象。多年来，巴州工商局会同相关单位，针对特级香梨、一级香梨的包装，要求香梨纸箱（包装）厂提高质量，印制文字要整齐划一，突出母商标的使用即突出库尔勒香梨地理标志和驰名商标字样，产地必须标注“中国新疆库尔勒”字样；与此同时，积极组织相关单位参加关注度较高的各类商品推介会、展销会、博览会，使“库尔勒香梨”名牌的知名度和美誉度不断提升。新疆众力农产品有限责任公司采用“公司（合作社）+农户+基地+商标（母商标+子商标）”的生产经营模式，目前已建成出口注册果园4 000亩，确保了5 000吨优质库尔勒香梨的出口原料供应，建有12 000亩优质库尔勒香梨基地，直接出资创建了三个农民专业合作社，带动农户1 800余户，签约农户每年每户增收6 800元左右。

1996年库尔勒能用在水果上的注册商标只有“沙依东”、“沙海”、“塔里木”、“皇后”等4件，目前，在库尔勒香梨上企业还注册了“冠农”、“拓普”、“艾丽曼”、“盛”、“鑫众力”等商标达50多件，涌现出冠农果茸公司、拓普公司、金丰利公司等10多家企业为龙头的香梨产业集群，其大都使用“母子”商标。库尔勒香梨在国内市场已拓展到100个大中城市，并出口到五大洲的10多个国家和地区。据统计，2007—2012年香梨出口累计达到6万多吨，创汇7 000多万美元。2010年以来，大批库尔勒香梨进驻沃尔玛，实现全国各大城市“从果园到餐桌”对接，2010年通过农超对接项目签约的香梨订货量达到16 200吨，是当地经济的重要增长点。“库尔勒香梨”地理标志商标于2006年10月被国家工商总局认定为中国驰名商标后，2009年在第三届中国商标节上，“库尔勒香梨”地理标志商标获得全国“60件最具市场竞争力的地理标志”称号，入选100个2011年消费者最喜爱的绿色商标，2014年又被评为消费者最喜爱的中国农产品区域公用品牌。

资料来源 郑忠文．“母子商标”助力库尔勒香梨产业发展［J］．中华商标，2014（3）．

3.3 品牌商标注册

3.3.1 商标注册与注册商标

在现代市场经济条件下，商标只有通过注册才能取得法律认可和法律保护。我国《商标法》实行自愿注册与强制注册相结合的原则，它是对某些产品实行强制注册，如药品、烟草等产品必须强制注册；对多数产品实行自愿注册即是否注册由商标所有人或使用人自行决定。

商标注册是商标所有人对其所设计的商标向法律规定的机构提出申请，经过一定的法定程序审批认可、获得商标权的过程。因此，商标注册既是一种法律行为，也是一个法制运行过程。商标只有经过注册，成为注册商标，才能得到法律的保护。

注册商标就是经过法定程序、取得商标专用权的商标。注册商标作为一种法律认可的商标，可以依法排除其他企业在相同或类似商品上使用与该注册商标相同或近似的商标，也可以依法进行转让或者使用许可。注册商标有利于消费者认牌购货，也有利于企业创名牌、保名牌。因此，注册商标是实施品牌战略与决策的重要武器或工具。

注册商标与未注册商标的主要区别是：(1) 是否受法律保护。注册商标受到法律保护，未注册商标不受法律保护。(2) 是否易创信誉。注册商标享有商标专用权，可以在商标上加上“注册商标”字样或“®”标记，从而使消费者有一种信赖感，易于创出商标的信誉。未注册商标则难以取得这种信誉。(3) 是否便于宣传。注册商标有利于通过大众传播媒体进行广告宣传，提高商标知名度。未注册商标则不便进行广告宣传。在法律允许的情况下，一切有志于创名牌的企业，均应实施商标注册从而形成注册商标以取得法律保护。

【小思考 3-3】

中国实行商标注册的原则是什么？

(1) 全面注册原则或强制注册原则。

(2) 自愿注册原则。

(3) 自动注册原则。

(4) 自愿注册与强制注册相结合原则。

【答案】(4)。

3.3.2 商标注册申请

商标注册申请，是商标所有人向法定的商标主管机关表示要求取得商标专用权意愿的法律手续。在我国，国家工商行政管理总局下设的国家商标局是法定商标主管机关。凡需要在自己生产、制造、加工、拣选或者经销的商品上及服务项目上取得商标专用权的自然人、法人或其他组织，应当按照《商标法》及其实施条例的有关规定，填写“商标注册申请书”向商标局申报，附送商标图样和有关文件，并交纳规定的费用，这一程序就是商标注册申请。

商品注册申请涉及商标注册申请人、商标注册申请原则、商标注册申请手续等内容。

1. 商标注册申请人

《商标法》及其实施条例修改之后扩大了商标权的主体范围，赋予了国内自然人申请商标注册的权利，取消了过去对经营范围及药品、烟草、报纸杂志商标所需特殊要求的限制，同时允许共有商标注册申请。在我国申请商标注册的申请人按所属国可以分为两种：国内申请人与外国申请人。

国内申请人包括：(1) 自然人。中华人民共和国公民都有权利申请商标注册，当然法律另有规定的除外。(2) 法人，包括企业法人，机关、事业单位和社会团体法人。(3)其他组织，指不具有法人资格的企业、事业单位和社会团体等组织。

根据《商标法》第十七条、十八条的规定，外国人或者外国企业按照其所属国和我国签订的协议或者共同参加的国际条约，或者按对等原则，可以在我国申请商标注册。对于在中国有经常居所或者营业所的外国人或者外国企业，办理申请手续时视同国内申请人，但在中国没有经常居所或者营业所的外国人或者外国企业，则应当委托国家认可的具有商标代理资格的组织代理。

除了单一申请人外，根据《商标法》第五条的规定，两个以上的自然人、法人或者其他组织可以共同向商标局申请注册同一商标，共同享有和行使该商标专用权。共同申请人中可以全部是国内申请人或全部为国外申请人，也可以既有国内申请人，也有国外申请人。

实践中，在我国商标局申请注册商标和办理其他相关事项，办理手续时，港澳地区以及台湾地区的申请人是参照“外国申请人”办理的。

2. 商标注册申请原则

(1)一件商标一项申请的原则。在一份申请中只能请求注册一件商标，实施一项申请行为，不得在一份申请中申请两件或两件以上商标。

(2)一件商标一类商品的原则。同一申请人申请同一商标只限于一类商品上，不能在一份申请中将同一商标使用于不同类别的商品上。在不同类别的商品上使用同一商标，应按商品分类表提出申请。

(3)扩大商品使用范围另行申请的原则。注册商标的商品专用范围以原核定的使用范围为限，如果要在该注册商标原核定使用的商品以外的同类商品上扩大商品使用范围，应另行申请。

(4)改变文字图形须重新申请的原则。注册商标以原已核定的文字、图形为准。改变其文字或图形，应重新申请注册，否则不受法律保护。

(5)优先权原则。商标注册申请人自其商标在外国第一次提出商标注册申请之日起六个月内，又在中国就相同商品以同一商标提出商标注册申请的，依照该外国同中国签订的协议或者共同参加的国际条约，或者按照相互承认优先权的原则，可以享有优先权。商标在中国政府主办的或者承认的国际展览会展出的商品上首次使用的，自该商品展出之日起六个月内，该商标的注册申请人可以享有优先权。要求优先权的，应当在提出商标注册申请的时候提出书面声明，并且在三个月内提交证明文件。

3. 商标注册申请手续

商标注册申请人须履行如下申请手续：

(1)领取、填写和提交商标注册申请书。商标注册申请书由国家规定统一书式，申请人不得自制，应向商标局或商标代理机构领取。申请人领取商标注册申请书后，应按规定要求如实填写，及时申报。

(2)提交商标图样。申请人应当向商标主管部门提交一式多份商标图样，供有关方面进行审核和鉴定。

(3)提交证明文件。自然人为申请人的，需提交身份证复印件；企业、团体、组织为申请人的，需提交企业法人营业执照复印件；直接到商标局办理的，应提交经办人本人的身份证复印件；委托商标代理机构办理的，应提交委托商标代理机构办理商标注册事宜的授权委托书。

（4）申请费用。申请人必须按规定交纳有关费用，例如注册费、评审费、证明费及其他费用等。

【实例 3-3】

“澳门豆捞”商标注册纪实

一、“澳门豆捞”商标注册简介

浙江凯旋门澳门豆捞控股集团有限公司（以下简称申请人）成立于 1998 年，2004 年开始使用“澳门豆捞”字号与商标，并于 2005 年 3 月 18 日申请注册第 43 类“捞豆门澳”、“澳门豆捞”两件商标，但两商标注册申请均被商标局予以驳回。

2009 年 11 月 3 日，申请人再次向商标局申请注册第 43 类“澳门豆捞”商标，申请号为 7807426。2010 年 11 月 10 日商标局对申请人该注册申请予以驳回，其后申请人向商标评审委员会提起驳回复审申请。2012 年 3 月 2 日，商标评审委员会作出裁定，该商标注册申请予以初步审定，并在 2012 年 4 月 6 日获得初审公告。2012 年 5 月 10 日，河南零叁柒壹澳门豆捞餐饮有限公司对该商标提起异议，历经一年多的审理，商标局于 2013 年 9 月 26 日作出异议裁定，核准“澳门豆捞”商标注册。异议人河南零叁柒壹澳门豆捞餐饮有限公司未向商标评审委员会申请异议复审，商标局的异议裁定生效，申请人终于成功拿到第 43 类“澳门豆捞”商标注册证。此外，申请人于 2010 年 12 月 5 日申请注册的另一第 43 类“澳门豆捞 MACAODOULAO”商标，申请号为 8956088，也已通过商标局的审查，于 2013 年 12 月 20 日初审公告。“澳门豆捞”文字注册商标从申请到驳回、申请驳回复审成功到被异议，最后取得异议成功，自 2005 年至 2013 年前后历时近 9 年。

二、“澳门豆捞”商标注册分析

我国现行《商标法》第十条第二款规定：“县级以上行政区划的地名或者公众知晓的外国地名，不得作为商标。但是，地名具有其他含义或者作为集体商标、证明商标组成部分的除外。”从此条文内容可知，县级以上地名可作为商标注册的情况有三种：（1）有其他含义；（2）作为集体商标的组成部分；（3）作为证明商标的组成部分。

国家工商总局商标局、商标评审委员会制定的《商标审查及审理标准》亦有规定：“商标由县级以上行政区划的地名构成，或者含有县级以上行政区划的地名，判定为与我国县级以上行政区划的地名相同。但商标由地名和其他文字构成而在整体上具有显著特征，不会使公众发生商品产地误认的除外。”

“澳门”为我国“澳门特别行政区”的行政区划名称，包含这一特区区划名称的“澳门豆捞”商标既非集体商标，亦非证明商标。但在申请人的使用与宣传下，其已取得了极强的显著特征，具备了商标应有的区分商品或服务来源的功能。

（一）“澳门豆捞”作为一个整体，经申请人的广泛使用与宣传已取得了较强的显著特征。

申请人成立于1998年，2004年开始使用“澳门豆捞”字号与商标，集团公司下辖诸暨市凯旋门澳门豆捞餐饮有限公司、无锡新世界澳门豆捞有限公司、桐庐凯旋门澳门豆捞餐饮有限公司等子公司，截至目前澳门豆捞品牌已在全国设立298家连锁分店，其中在浙江省内设下82家分店，遍及浙江所有经济繁华地带；此外在北京、天津等地的澳门豆捞分店遍地开花；“澳门豆捞”商标产品销售区域覆盖全国24个省；2008年开首家海外分店——阿联酋迪拜分店；2008—2010年累计产值36.04亿元。

申请人在其饭店用品、菜单、宣传单上均突出使用了“澳门豆捞”商标。此外，申请人还通过报刊、电视等媒体对其商标及产品进行了全方位的广告宣传，极大地提升了“澳门豆捞”商标在中国乃至全球的知名度和美誉度。2004年，申请人被评为“浙江省消费者满意示范单位”、“浙江省重质量创品牌优秀单位”、“浙江省连锁加盟十佳企业”；2009年，被评为“浙江省知名商号”、“2009年度中国餐饮百强企业”等。

(二)“澳门豆捞”经申请人的广泛使用与宣传，具有了商标应有的标识商品或服务来源的功能。

经过十年来的宣传与经营，“澳门豆捞”得到了相关行业以及相关公众的广泛认可，荣获诸多荣誉。在餐饮市场以及相关公众中，“澳门豆捞”与申请人已建立起唯一的一一对应关系，承载了申请人十年来积攒下的良好声誉，具有标识商品或服务来源的功能。

因此，“澳门豆捞”商标注册，不仅不会引起消费者认知的混淆，相反更有利于区分服务来源，维护消费者利益。

资料来源 徐德法．“澳门豆捞”商标注册纪实［J］．中华商标，2014（4）．

3.3.3 商标注册审查

商标注册申请人提出商标注册申请后，要经过法定的程序进行审查与核准。

1. 商标注册申请的审查

（1）商标注册申请的审查原则。各国对商标注册申请的审查，通常采取两种不同的原则：

①申请在先原则。它是指有两个或两个以上的申请人，在相同（或类似）的商品上，以相同（或类似）的商标，提出注册申请时，谁先提出申请，谁就获准注册。先申请的先审查，后申请的后审查。申请日期以商标局收到申请注册的书件的日期为准。申请在先原则有利于申请人及时进行商标注册申请，也有利于商标管理。其弊病是可能出现大量申请备用而并不实际使用的注册商标，从而妨碍另一些申请者对该商标取得注册，闲置和浪费了商标这一宝贵的资源。

②使用在先原则。它是指在两个或两个以上相同（或类似）的商品上，有相同（或类似）的商标时，谁先使用这一商标，谁就获得商标注册。使用在先原则有利于保护最先使用该商标的人，避免了商标注册申请备而不用的现象，但其最大弊端和难度，就是究竟谁最先使用该商标，在许多情况下难以确认，最先使用的可靠证据难以搜集，因此极易发生纠纷，审理的难度也很大，注册权利处于不稳定状态。

我国对商标注册一贯采用申请在先原则。《商标法》实行申请在先原则为主，辅以使用在先原则的办法。因此，申请日期和申请手续齐备非常重要。商标注册的申请日期以商标局收到申请书件的日期为准。申请手续齐备并按照规定填写申请书件的，编定申请号；申请手续不齐备或未按规定填写申请书件的，予以退回，申请日期不予保留。申请在先的商标不论其实际使用与否，优先审查，优先注册，申请在后的商标无条件地予以驳回。但是，如果申请日期为同一天的，则实行使用在先原则。申请人必须提供使用该商标最早日期的证明，比如商品包装、广告、产品说明书、销售发票、参加展览（均注明确切日期）等证据。同日使用或均未使用的，由申请人之间协商解决，超过30天达不成协议的由商标局裁定。

（2）商标注册申请的审查制度。世界各地对商标注册申请，主要有两种审查制度：

①形式审查制度，也称为不审查制度。商标主管机关对商标注册申请，只要手续齐备，符合要求，即予以注册。因此，商标注册申请很容易通过。法国、瑞士等10多个国家都采用形式审查制度。

②实质审查制度。它是在形式审查的基础上，在注册之前对商标权利是否生效进行实质性审查，内容主要包括：是否违反禁用条款；是否与已注册商标在同一商品（或类似商品）上相同或相似；是否有损公共道德和公共秩序；政治上是否会产生不良影响；商标是否具备显著性；商标注册申请填写情况是否过宽，需要详细说明商标名称等。世界上绝大多数国家采用实质审查制度。

我国对商标注册的审查，一直采用形式审查与实质审查相结合的审查制度。

（3）商标注册审查程序。商标审查是商标注册主管机关对商标注册申请是否符合商标法律规定所进行的检查、资料检索、分析、对比、调查研究并决定给予初步审定或驳回申请等一系列活动。我国商标注册审查的程序按具体内容不同而有所区别：

①形式审查程序。包括以下主要内容：审查申请人资格，是否具有商标申请的权利；审查商标注册申请的书件，是否符合商标法律规定的完备手续；审查“商标注册申请书”填写是否清楚；审查商品分类是否准确；审查商标申请是否经核转机关核转或委托代理是否符合规定要求；审查商标申请规费是否缴纳。

②实质审查程序。形式审查程序均符合要求的，可进入实质审查程序。实质审查是商标局对商标合法性所进行的审查。审查内容主要包括：商标是否符合法定构成要素；商标是否具备显著性；商标是否符合社会主义道德和公共秩序的要求；商标是否与他人已经注册或者审定公告的商标相同或者近似。

③驳回申请程序。在商标实质审查过程中，商标局认为提出申请注册的商标存在问题可驳回申请。驳回申请的原因主要有：商标使用的文字、图案或者其组合，缺乏应有的显著性，不易识别；商标使用了禁用的文字、图形或违反有关规定的；申请注册的商标同他人在同一种商品（或类似商品）上已经注册的或者初步审定的商标相同或者近似。商标局批驳注册申请的商标，须退还申请人。已经驳回的“商标注册申请书”不得重新申请。

④驳回复审程序。当申请人对商标局驳回申请的理由不服时，可以在规定的时限

内向商标评审委员会提出复审。对驳回申请提出复审须符合以下要求：要遵守法定时限，须在收到商标局“商标驳回通知书”15天内（以邮戳日期为准），向商标评审委员会申请复审；按规定书式填写“驳回商标复审申请书”；附送原“商标驳回通知书”、“商标注册申请书”、商标图样10份和黑白墨稿1份；按规定缴纳评审费。驳回申请商标的复审，只能是被驳回的原商标，其商标的文字、图形及指定商品均不得改变。如有改变，不能作为驳回商标复审，而应作为新商标重新办理手续申请注册。

2. 商标注册申请的核准

商标注册申请的核准一般有下述两个环节：

（1）初步审定并予公告。初步审定是指申请注册的商标经商标局审查，认为符合商标法规定，准备予以核准注册，但能否核准注册，尚须通过其他法律程序后正式核准。初步审定的商标，因未正式核准，不享有商标专用权，但要进行第一次公告。商标初步审定公告的内容包括商标注册申请人名义、地址、商标名称、商标图样、使用商品类别及指定商品名称、申请日期和审定编号等。

（2）核准商标注册。按照我国《商标法》规定，对初步审定的商标，自公告之日起3个月内，无人提出异议的，或虽有人提出异议，但经商标局审查，裁定异议不能成立的，商标局均应予以注册，并予以公告。复审申请经商标评审委员会受理认为申请人理由成立，应更正商标局驳回申请的决定，准予注册并予公告。核准商标注册是承认一个商标在法律上取得专用权的根据，经商标局核准注册的商标就是注册商标，商标局应向商标注册人颁发“商标注册证”，它是商标注册人享有商标专用权的法律凭证，受法律保护。商标注册人取得“商标注册证”后，即可使用带有“注册商标”或注册标记（“㊟”或者“®”）的商标了。

【实例3-4】

美国暴雪公司商标注册的艰难之路

美国暴雪公司向我国工商总局申请，将《星际争霸》新作——STARCRAFT：GHOST——注册为电子竞技服务等项目的商标，结果被驳回，其提出行政复议，又被驳回，理由是，“STARCRAFT：GHOST”属于易产生不良影响的词汇，有“占星术”和“幽灵”的含义，属于有违社会主义道德风尚的封建迷信。为此，暴雪公司又提起了行政诉讼，暴雪公司认为，其注册该商标是为了在战网上提供相关信息和游戏服务，与迷信无关，不会产生不良影响。而且该公司已经在第9类商品“计算机游戏软件”上注册了“STARCRAFT：GHOST”商标，说明该商标具有注册性，并提交了大量从百度、谷歌搜索到的网页，用以证明“STARCRAFT：GHOST”翻译为“星际争霸：幽灵”，只是游戏名称，和封建迷信无关。

资料来源　游云庭．从三个商标案例看企业商标管理技巧［EB/OL］．［2014-12-26］．http：//www.legaldaily.com.cn/zmbm/content/2009-03/19/content_1056156.htm.

3.3.4　商标注册续展

商标注册后，注册商标权人享有商标专用权，简称商标权。**商标专用权**是指注册商标权人对经过商标主管机关核准注册的商标所享有的专有权。其内容包括专有的使用权、禁止权、转让权、许可使用权等。商标专用权是一种财产权，属于知识产权范畴，是工业产权的一个重要组成部分。商标专用权具有独占性、时间性、地域性等特征。这里只从商标注册保护时间来分析商标专用权的时间性和商标续展两个问题。

1. 商标专用权的时间性

商标专用权是工业产权的一个组成部分，而工业产权是有保护期限的，期限一到，就丧失效力，不再受法律保护。商标专用权也一样规定有时间效力，即商标注册的有效期。各国商标法规定的有效期长短不一，最长的为 20 年，最短的为 5 年，一般为 10 ~ 20 年之间。我国现行《商标法》规定，商标注册有效期为 10 年。

2. 商标注册续展

为了延长商标专用权的有效期限，各国商标法都有商标注册可以续展的规定。所谓**商标注册续展**，就是继续延长商标权有效期限的法律程序。商标注册续展对实施品牌战略与决策具有重大作用，尤其是对创名牌、保名牌有着至关重要的作用。我国现行《商标法》规定，商标注册有效期为 10 年。商标注册有效期届满前 6 个月内可以申请续展，每次续展有效期仍为 10 年。续展的次数没有限制，即可以连续续展，从而可以保持注册商标的永久有效，商标专用权就可以成为一种永久的权利。从理论上说，创出一个名牌，只要长期认真细心经营，名牌就可以长期甚至永久存在下去。一些长达百年以上的长寿名牌，就得益于注册商标的连续续展。但是，如果不按期续展，商标专用权就会自行丧失。我国《商标法》规定，注册商标在期满前 6 个月内未能提出申请的，可以给予 6 个月的宽展期。宽展期仍未提出申请的，注销其注册商标。这个规定是很宽容的。如果一个企业对其到期的注册商标，在续展期和宽展期共计长达 1 年期限内仍不提出申请，说明这一企业缺乏市场观念和品牌意识，注销其商标也是题中应有之义了。一个决心创名牌保名牌的企业，决不能出现忘记注册商标续展这样的重大失误。

3.3.5 涉外商标与商标国际注册

市场无国界，品牌也无国界，商标不仅在一国之内可以注册，而且可以在国外注册，这就出现了涉外商标和商标的国际注册。

1. 涉外商标

在市场国际化的今天，商品与服务在国家间的流通与转移是极为普遍的事。我国《商标法》规定，允许外国人或外国企业在中国申请商标注册，我国出口的商品或服务也可以而且应该到外国申请注册。这种互相到别的国家申请注册的商标，就是**涉外商标**。到国外注册商标同样是为了求得所在国的承认和受到法律保护。外国企业的商品和服务在中国申请商标注册和中国企业的商品和服务在外国申请商标注册，统统称为涉外商标注册。

（1）外国商标在中国注册。我国对外国商标在中国申请注册的问题，有一个变化过程。中华人民共和国成立初期，1950 年颁布的《商标注册暂行条例》规定，已与我国建立外交关系或订立商约的国家的商民，可依本条例申请注册。换句话说，如无外交关系或未订立商约之国家，其商民则不能在我国申请商标注册。1963 年颁布的《商标管理条例》，根据和平共处五项原则的精神，外国申请人的所属国须与中国达成商标注册互惠协议方能在中国申请注册。20 世纪 50—70 年代，外国商标在中国注册的很少。改革开放以后，我国对外国商标在中国注册采取了灵活态度，对商标注册实行双方按同等条件办理对方商标的对等原则。外国商标在中国注册逐年增多。1982 年 8 月颁布《商标法》，规定外国商标在中国申请注册，应按其所属国与中华人民共和国签订的协议或者共同参加的国际条约办理，或者按对等原则办理。根据我国现行《商标法》的规定，在中国没有经常居所或者营业所的外国人或者外国企业在中国申请注册商标，应委托国家认可的组织代理。指定的代理组织有：中国国际贸易促进委员会专利商标事务所、中国专利代理（香港）有限公司、中国商标事务所、永新专利商标代理有限公司、上海专利商标事务所等。代理组织应根据外国委托人的申请，为其代理商标注册申请、转让注册和续展注册、注册商标争议的解决等事宜。

（2）中国商标在国外注册。为了在世界市场上争得一席之地，保护企业在国外的合法权益，防止别国商人对我国商标的抢先注册，提高我国商标在国外知名度和竞争力，我国商标也应在国外申请注册。为了更好地实现我国商标在国外注册，首先，应做好商标国外注册的准备工作，比如：了解注册国家的商标法；了解注册国有关不能注册为商标的标识，防止违反注册国的规定；对国外商标注册进行申请前的查询；聘请代理人和选择国外商标注册的代理机构。其次，要认真办理商标在国外注册申请的有关手续，比如：提供申请书、委托书、本国注册证件和国籍证明书等主要文件；按注册国要求，提交商标图样；缴纳规定的申请注册费，以及申请优先权等。最后，通过商标在国外注册申请的审查和批准，在国外获准注册，取得在注册国的商标专用权，并领取商标注册证书。

2. 商标国际注册

商标国际注册，又称马德里商标国际注册。它是依据《商标国际注册马德里协定》及其实施细则建立的马德里联盟成员国间的注册体系，通过国家商标局申请商标国际注册，并通过国际局延伸到各成员国的注册方式。1891 年，由法国、比利时、西班牙、瑞士、突尼斯等国发起，在西班牙的马德里签订了《商标国际注册马德里协定》（简称《马德里协定》），于 1892 年生效。以后经过 6 次修改，最后一次是 1967 年 7 月在斯德哥尔摩进行的。

按照《马德里协定》，协定成员国国民和在成员国内有住所或有实际营业场所的非成员国国民，只要在其所属国办理了某一商标注册后，该商标就可以向世界知识产权组织国际局申请国际注册。商标国际注册的申请人只需使用法文按照统一格式填写“国际注册申请案”，并交一次申请费就可取得在两个以上国家的商标注册。中国于 1989 年 10 月正式成为《马德里协定》成员国，并开始办理商标国际注册。

马德里商标注册具有省时、省力、省钱的优点，商标注册提交一次申请，使用一种语言即法语，交一次费用，一年之内完成。申请人指定保护的国家的商标主管机关如果在一年内不作出驳回的声明，该商标即可在该国受到法律保护。在国际局通过审查之日起，商标的国际注册即发生法律效力。商标国际注册，为在国外注册商标开辟了新的途径，通过国家商标局申请商标国际注册，即可由国际局延伸到各有关国家。

但是，《马德里协定》成员国并没有覆盖全世界，到2010年9月1日共有85个成员。一些发达国家如加拿大、新西兰等并不是《马德里协定》成员国。因此，商标国际注册仍然有其局限性，不可能在世界各国都受到保护。

【小思考3-4】

涉外商标与商标国际注册是不是一回事？

（1）是一回事。涉外商标就是商标国际注册。

（2）不是一回事。涉外商标是指国与国之间互相到他国申请注册商标，没有国际协定的约定。商标国际注册是特指《马德里协定》成员国按协定要求办理的商标国际注册，非成员国则不受此约定。

【答案】（2）。

3.4 驰名商标

3.4.1 驰名商标含义

驰名商标是在国际上通行的概念，但并没有一个明确的定义。各国对驰名商标的解释可能不尽相同，但知名度高、信誉高是驰名商标必备的条件。中国于2003年4月发布、2014年7月经修改并重新公布的《驰名商标认定和保护规定》中，提出**驰名商标**是在中国为相关公众所熟知的商标。

驰名商标是一个法律概念，需要取得法定认可。在中国，驰名商标与消费者心目中的名牌并不完全一致。驰名商标必须是名牌，有很高的知名度，但不是任何名牌都可以成为驰名商标。

驰名商标的信誉是建立在该商标所代表的商品或服务的优异质量及其长期稳定性、高技术含量、适应消费者心理的市场需求的基础上的。某一驰名商标如果失去了“优”（质量）、“高”（技术）、“稳”（质量长期稳定）、“适”（消费者满意、适应市场需求）这些必备要件，该驰名商标就会被消费者抛弃，被市场淘汰。因此，驰名商标也必须随着经济的发展、科技的进步、时代的前进而不断更新和提高其品位，为消费者所长期信赖，以葆其青春活力，否则就要落伍。驰名商标也会在实践中不断更新和发展。

驰名商标一经法定机构依照法定程序认定以后，可以受到比一般商标更多的法律保护。

3.4.2 驰名商标认定的必要条件

驰名商标是经济领域所反映的法律现象和文化现象。驰名商标的经济基础是该商标所代表的高质量、高技术、优质服务、良好的企业形象，从法律上它得到了权威的法律确认，从文化上它体现了企业文化与消费者文化（尤其是消费者心理亲和力）

的完美结合，是企业对消费者高度责任感、关切度和消费者对企业信赖、对其产品喜爱的文化亲和。驰名商标的认定必须是经济、法律、文化三者的优化组合。市场经济的高度发展、技术的迅速进步、法律制度的逐步完善、文化品位和形象的不断提升，是驰名商标得以形成和认定的决定因素和社会环境。

驰名商标的认定，除了必须符合商标注册的一般条件外，还必须具备以下必要条件：

1. 享有良好的商品质量信誉

一般商标作为商品的标记并不规定质量标准。但是，驰名商标则不同，它之所以驰名，就是因为它在消费者心目中具有很高的品位和信任度。这种高信任度是建立在高质量基础上的。商品的质量信誉，是驰名商标的根本前提。因此，驰名商标所标示和代表的商品，必须是品质特别优异、符合法定要求和规格，且优异质量能保持长期稳定而享有崇高信誉的商品。驰名商标的核心就是高质量信誉。驰名商标首先必须是优质商品的标志。质量不过硬或质量不稳定的商品商标，都不能成为驰名商标。

2. 知名度高，为公众所熟知

驰名商标必须有好名声，广为人知，是享有重大声望的商标，为广大消费者所普遍知晓的著名商标。一般来说，要树立高信誉的好名声，为公众所熟知，这种商标应该是有较长的营运历史，在消费者中间有长期消费经历，至少在某一特定消费群中有稳定的销售市场，有较高的市场占有率，该商标所标示的商品其销售量和销售额具有较大规模，在同类商品中占的份额较大。消费者不仅熟知该商标，而且喜欢使用和消费该商标所代表的商品。要做到这一点，高质量仍然是根本，而恰如其分、实事求是的广告宣传也很重要。

3. 在相当广泛的地域范围享有盛誉

驰名商标的知名度必须突破地区范围，而在相当广阔的地域甚至在国外享有较大声誉。只在生产当地享有盛誉的商标，其影响地区范围太狭小，不能成为驰名商标。真正的驰名商标，除在本国广大地域范围内享有较大声誉外，还应在国外享有盛誉，至少在几个国家地域范围内享有盛誉。从规范要求来说，中国驰名商标也应不仅在国内驰名而且在国外享有盛誉，但由于种种原因，从实际情况来说，中国在这个问题上略有变通，某些商标主要是在中国地域范围内享有盛誉但也作为驰名商标认定了。

4. 经过特定的权威机构予以确认

驰名商标的确认与一般商标注册不同。一般的注册商标只要商标使用人申请，经商标局核准即可。驰名商标则必须在消费者公认和专家认可的基础上，由特定的权威机构确认，并向社会公告。中国驰名商标的认定，遵循公开、公正的原则，征询有关部门和专家的意见，依照规定的条件和要求，由国家工商局所属的商标局认定。其他一些国家对驰名商标的认定也都通过一定的权威机构进行，如：法国是在符合驰名商标确定标准的前提下，由法官宣判；日本是在社会调查的基础上由政府不定期发布；美国和德国认定驰名商标则采用民意测验方式，但这种民意测验也必须由权威机构来组织和实施。

我国自 1985 年 3 月开展驰名商标的认定和保护工作以来，至 2014 年在商标管理、商标异议、商标异议复审、商标争议案件中通过认定驰名商标给予过法律保护的商标共计 2 889 件。

3.4.3 中国驰名商标认定

中国驰名商标的认定，经历了一个从试点到逐步展开，由不规范到逐步规范，由个别认定到成批认定的过程。其中，以 1996 年 8 月发布并实施的《驰名商标认定和管理暂行规定》为标志，中国驰名商标的认定逐步走上规范化和规模化的轨道，后于 2003 年 6 月 1 日起施行《驰名商标认定和保护规定》，并于 2014 年 7 月通过修改重新公布。从 1989 年到 1995 年，中国驰名商标一共只认定 19 个，而 1999 年 1 月一次就认定 45 个。2000 年 1 月初，一次认定 66 个。2013 年国家商标局又一次宣布认定了驰名商标 330 件，对"路易 · 威登 LOUIS VUITTON"、"保时捷 PORSCHE"、"万宝路 MARLBORO" 等 147 件以往认定的驰名商标予以了重复认定，及时进行了跨类保护。

《驰名商标认定和保护规定》，明确了认定和保护驰名商标的宗旨、定义、必备条件、认定标准和认定程序，为规范和加快我国驰名商标认定工作起到了积极的推动作用。

根据《驰名商标认定和保护规定》，我国驰名商标认定的程序、方式和要求是：(1) 统一规定由国家商标局负责认定驰名商标，其他任何组织或个人都不得认定或变相认定；(2) 由商标所有人提出认定驰名商标申请；(3) 规定了申请认定驰名商标若干条件和要求；(4) 认定时公开、公正并征询各方面意见；(5) 认定结果应予公布。根据我国驰名商标认定的规定办法，驰名商标必须是为全国范围的广大消费者所熟知的商标，各省市和地区评出的"名牌"不能称为驰名商标；驰名商标必须以优质商品作为认定的基础；认定驰名商标要以注册商标为前提，所以对驰名商标的认定实际上是对该商标的第二次认定，当然要求更高、更严格了；驰名商标的认定必须以该商标在国外注册为重要认定条件；驰名商标必须由权威机构主持和认定。从严要求，与国际惯例接轨，保证驰名商标认定的公开、公正和符合规定要求，是中国驰名商标认定的基本出发点。

【实例 3-5】

商标退化成通用名称经典案例

商标名称	退化的结果
Aspirin（阿司匹林）	原来拜耳（Bayer）公司的止痛药品牌，如今泛指任何止痛药（但是在德国还是注册商标）
Band-Aid（OK 绷）	原是 Johnson & Johnson 附消毒纱布的胶布的品牌，如今已取代 plastic bandages 一词，成为 OK 绷的通称
Chapstick	原为惠氏（Wyeth）生产的护唇膏品牌，如今已取代 lip balm 一词，成为护唇膏的通称
Escalator	原为奥的斯电梯公司（Otis Elevator Company）的电扶梯品牌，现在成为电扶梯的通称

续表

商标名称	退化的结果
Gore-Tex	原为 Gore 公司所开发的防水快干材料，如今成登山健行户外服装的代名词
Jell-O	原为 Krafe 食品公司的果冻品牌，现泛指一般果冻甜点
Lycra（莱卡）	原为杜邦（DuPont）公司的品牌，现泛指具有弹性的人造纤维
Post-it	原为 3M 公司的品牌，现泛指任何便利贴
Velcro（魔鬼黏）	原为 Velcro 工业公司品牌，现泛指所有一端有许多尼龙小钩，可钩住另一端的尼龙粘扣带
Walkman	原是索尼（Sony）公司的随身听商标，现指任何随身听
Xerox	原是施乐（Xerox）公司的商标，现已成为静电复印的代名词
Filofax	原是记事本（personal organizer，appointment book，meno book）品牌名称，现已变成记事本的替代字
Scotch tape	思高牌胶带，是 3M 公司生产的透明胶带，现在一般透明胶带多称为 Scotch tape
ZIPPER	拉链，源自 1920—1925 年美国所生产的一个厂牌名
Nylon	尼龙，原是杜邦（DuPont）公司的商标，现已成为尼龙产品的通用名称
富强	我国 20 世纪 50 年代的商标，现在成为面粉通用名称
雪花	原是内蒙古杭锦后旗金穗公司的商标，现在“雪花”粉已渐渐成为一种面粉的通用名称
优盘	原是深圳朗科公司的商标，现在成为一种电子储存器的通用名称

资料来源　佚名．商标退化成通用名称经典案例［EB/OL］．［2014-12-26］．http：//club. 1688. com/article/9593582. html.

3.4.4　驰名商标战略

品牌战略集中体现在创名牌上，而创驰名商标则是创名牌的核心。实施驰名商标战略是品牌战略和名牌战略的集中体现。

1. 驰名商标创牌战略

中国要创驰名商标，有两个前提、三个要点。

创驰名商标的两个前提是：(1）必须是注册商标，不是注册商标不能申请驰名商标；(2）必须是名牌。名牌不一定是驰名商标，但驰名商标必须是名牌。

创驰名商标的三个要点是：

(1）永远把质量信誉放在首位。创驰名商标，最重要的还是质量过硬。驰名商标之所以声名远播，关键还是它所标示的商品或服务具有高质量，消费者满意，有很好的信誉。如果不顾质量，只顾扬“名”，最后失去信誉，其“名”也会丧失。只有始终把质量信誉放在首位，才能为创驰名商标打下坚实的基础，开辟广阔的道路。

(2）持续开展实事求是而又打动人心的广告宣传。质量信誉是基础，是核心，是创驰名商标的根基，这是毫无疑义的。但是，不可忽视广告宣传在创驰名商标中的巨大作用。各类商标都成千上万种，消费者不可能一一知晓，而广告则是迅速而广泛地宣传商标的有效手段。在质量相同或近似的条件下，是否做广告和如何做广告，其效果也大不一样。争创驰名商标必须做广告，成了驰名商标仍然要继续做广告。广告宣传一要实事求是，不能夸张，不能做虚假广告；二要有针对性，有艺术性，能打动消费者，使消费者有良好的印象；三要持之以恒，长期持续开展广告活动。如果中断广告宣传，则会很快削弱驰名商标的影响力，降低知名度，减少市场销售份额和效益。

(3）把扩大销售、提高市场占有率作为长期的中心工作任务来抓。驰名商标不是一种空洞的名声，它必须以市场销售的不断扩大为其支撑。一个驰名商标及其所代表的商品或服务，不仅要占领和扩大在国内的市场份额，在国内市场上有很高的市场占有率，而且必须在国外打开销路，在国外某些地域范围有稳定的销路和良好的信誉。因此，有效的市场营销、不断扩大国内外市场销售并提高市场占有率，是创驰名商标的中心环节。驰名商标是一笔巨大的无形资产（建立在有形资产的基础上），创出了驰名商标的牌子，在消费者心目中树立了信誉，就成为扩大市场销售的强大力量。实施驰名商标的创牌战略是企业总体发展战略中的重要战略。

2. 驰名商标保护战略

驰名商标具有巨大的价值，代表了巨额的财富，拥有了驰名商标，财富就滚滚而来。侵害驰名商标、假冒驰名商标也会给驰名商标带来巨大损失。因此，驰名商标不仅要实施创牌战略，而且要实施保护战略，保护驰名商标的利益不受侵害。

(1）驰名商标的国际保护。驰名商标的国际保护主要是通过参加世界知识产权组织中与商标的国际保护有关的条约或协定及其实施来进行的。其中包括：①《保护工业产权巴黎公约》，简称《巴黎公约》。巴黎公约对驰名商标的保护，是对参与公约的各成员国，其国内法律都应禁止注册与本公约保护的自然人或法人所有的驰名商标相同或相似的标记，并禁止使用这种标记。这种保护的范围还包括未注册的驰名商标，这是对驰名商标的特别保护。也就是说，一个驰名商标，其所有人有权要求公约有关成员国的商标主管机关拒绝或取消与该驰名商标相同或近似的商标的注册。②《商标国际注册马德里协定》，简称《马德里协定》。协定成员国国民和在成员国内有住所或有实际营业场所的非成员国国民，只要在其所属国办理了某一商标注册后，该商标就可以向世界知识产权组织国际局申请国际注册。国际局通过审查之日起，商标的国际注册即发生法律效力。经国际局注册的商标，有效期规定为20年。③商标注册条约。参加该条约的国家必须是《巴黎公约》成员国。申请人按规定直接向国际局提出申请，国际局审查后通知各指定国主管部门该商标已经过国际注册簿注册，各指定国在规定时间内未提出拒绝保护声明的，视为指定国同意接受该注册商标。④《商标注册用商品和服务国际分类尼斯协定》，简称《尼斯协定》。协定成员国必须采用《尼斯协定》共同的商品和服务分类办理商标国际注册。⑤《商标图形要素国际分类维也纳协定》，简称《维也纳协定》。该协定编定有商标图形要素国际分类，所有商标（文字商标、图形商标或其组合）均视为图形。⑥《保护原产地名称及其国际注册里斯本协定》，简称《里斯本协定》。国际局办理原产地名称的国际注册，经有关缔约国向国际局提出申请，申请指定其他成员国予以保护，有关其他成员国须在一年内声明不予保护，超过一年则自动受到指定国家的保护。企业应充分运用有关国际公约的协定寻求驰名商标的国际保护。

（2）驰名商标的国内保护。根据《巴黎公约》和其他有关协定的规定，结合中国实际，对驰名商标也进行特别保护。我国《驰名商标认定和保护规定》的有关条文，规定了对驰名商标的特别保护。例如，工商行政管理部门在商标管理工作中收到保护驰名商标的申请后，应当对案件是否属于《商标法》第十三条规定的下列情形进行审查：①他人在相同或者类似商品上擅自使用与当事人未在中国注册的驰名商标相同或者近似的商标，容易导致混淆的；②他人在不相同或者不类似的商品上擅自使用与当事人已经在中国注册的驰名商标相同或者近似的商标，容易误导公众，致使该驰名商标注册人的利益可能受到损害的。又如，当事人认为他人将其驰名商标作为企业名称登记，可能欺骗公众或者对公众造成误解的，可以向企业名称登记主管机关申请撤销该企业名称登记，企业名称登记主管机关应当依照《企业名称登记管理规定》处理。再如，各级工商行政管理部门应当对驰名商标加强保护，对涉嫌假冒商标犯罪的案件，应当及时向有关部门移送。

企业实施驰名商标保护战略，主要是运用法律手段，依靠国际、国内专门机构和专门条约、协定规定的对驰名商标的保护条款进行保护。同时，企业要密切关注市场动态，对损害或有可能损害驰名商标的种种非法行为予以搜集和鉴别，将有关信息及时提供给执法部门以寻求保护。付出必要的保护成本以保住企业发展的长远利益，是非常必要的。

本章小结

商标俗称“牌子”，是品牌的具体表现形式。它是指由文字、图形或其组合所构成，用以区别不同的生产经营者所提供的不同商品服务项目的显著标记。商标是市场经济发展到一定阶段的产物，是产权主体明晰化和市场竞争明朗化的产物。

商标可以按不同的特点或要求进行分类：按商标使用对象不同，可分为商品商标、服务商标；按商标表现方式不同，可分为文字商标、图形商标、文字与图形组合商标；按商标是否具有法律保护的专用权，可分为注册商标、未注册商标；按商标的知名度高低，可分为驰名商标和一般商标，等等。

商标作为品牌的形象及其集中体现，具有识别功能、广告功能、质量评价功能、激励促进功能。

品牌商标的设计，应具有标记感、艺术感和象征感，并应符合以下要求：(1) 单纯、明快；(2) 便于广告宣传；(3) 适合商品特点；(4) 符合消费者心理。根据不同的性别、年龄、文化素质、职业特点，尤其是宗教信仰、地区、民族、国别的不同，商标设计也应有明显的区别。要尊重不同国家、民族、地区的民情习俗、宗教信仰等差异，设计出不同的商标，不得与其禁忌相抵触。商标设计可按文字、图形、文字与图形组合等不同类型的要求分别进行设计。

在现代市场经济条件下，品牌商标只有通过注册才能得到法律认可和保护。商标注册是商标所有人对其所设计的商标向法律规定的机构提出申请，经过一定的法定程序审批认可而获得商标权的过程。

商标经过法定程序注册后，就成为注册商标。注册商标就是经过法定程序取得商标专用权的商标。注册商标可以受到法律保护，有利于创立商标信誉，有利于企业创名牌和保名牌，也有利于消费者认牌购货。因此，注册商标是实施品牌战略与决策的重要工具。

商标注册必须经过申请和认定的过程。商标注册申请是商标所有人向法定的商标主管机关表示要求取得商标专用权意愿的法律手续。在中国，国家工商行政管理总局商标局（简称“国家商标局”）是法定的商标主管机关。商标注册申请涉及商标注册申请人、商标注册申请原则、商标注册申请手续等内容。

商标注册审核是对商标注册申请按照法定的程序进行审查与核准。各国对商标注册申请的审查，通常采用申请在先原则或者使用在先原则。我国实行申请在先原则为主，辅以使用在先原则的办法。商标注册申请主要有两种审查制度，即形式审查制度和实质审查制度。我国采用形式审查与实质审查相结合的制度。商标注册申请的核准，包括初步审定并予公告、核准商标注册两个环节。经商标局核准注册的商标就是注册商标，商标局应向商标注册人颁发《商标注册证》，它是商标注册人享有商标专用权的法律凭证，受法律保护。

商标专用权规定有一定时间期限，即商标注册的有效期。各国商标法规定的商标有效期不尽相同，长的 20 年，短的 5 年。我国《商标法》规定商标注册有效期为 10 年。为了延长商标专用权的有效期限，各国商标法均规定商标注册可以续展。它是继续延长商标权有效期的法律程序。我国《商标法》规定，在商标注册有效期届满前 6 个月内可以申请续展，每次续展有效期仍为 10 年，续展的次数没有限制，即可以连续续展，这对创名牌、创驰名商标非常有利。

商标不仅可以在国内注册，而且可以在国外注册。涉外商标就是互相到别国申请注册的商标。

外国商标在中国注册，应按其所属国与中华人民共和国签订的协议或者共同参加的国际条约办理，或者按对等原则办理。

中国商标在国外注册，应了解注册国家的商标法和有关规定，认真办理商标在国外注册申请的有关手续，通过审核获准注册以取得在注册国的商标专用权，并领取商标注册证书。

商标的国际注册，又称马德里商标国际注册。它是依据《马德里协定》建立的成员国间的注册体系，通过国家商标局申请商标国际注册，并通过国际局延伸到各成员国家的注册方式。商标国际注册具有省时、省力、省钱的优点，但它也有局限性。

驰名商标是国际通行的概念。中国驰名商标是指在中国为相关公众广为知晓并享有较高声誉的商标。驰名商标是一个法律概念，要取得法定认可。中国驰名商标须经国家商标局依照法定程序予以认定。驰名商标必须是名牌，但消费者心目中的名牌不一定都是驰名商标。驰名商标的信誉是建立在该商标所标示和代表的商品或服务的优异质量、高质量的长期稳定性、高技术含量、符合消费者心理和市场需求的基础上的。

驰名商标的认定应该是经济、法律、文化三者的优化组合。驰名商标的认定必须符合商标注册的一般条件，并必须符合以下必要条件：（1）享有良好的商品质量信誉；（2）知名度高，为公众所熟知；（3）在相当广泛的地域范围享有盛誉，除在本国广大地域范围享有较大声誉外，还应在国外享有盛誉；（4）经过特定的权威机构予以确认。

驰名商标战略包括创牌战略和保护战略。中国驰名商标创牌战略的两个前提是：必须是注册商标；必须是名牌。创中国驰名商标的三个要点是：永远把质量信誉放在首位；持续开展广告宣传，广告应实事求是又打动人心；把扩大销售、提高市场占有率作为中心环节，不仅要占领和扩大国内市场，而且要开拓国际市场。驰名商标保护战略，包括两方面内容：一是驰名商标的国际保护，主要是通过参加世界知识产权组织中的与商标国际保护有关的条约或协定（如《巴黎公约》、《马德里协定》等）来实施的；二是驰名商标的国内保护，主要是依据中国现行的《驰名商标认定和保护规定》有关条文来进行的。保护驰名商标是企业长远利益所在。

关键概念

商标　商品商标　服务商标　注册商标　商标注册　商标注册申请　商标专用权　商标注册续展　涉外商标　商标国际注册　驰名商标

思考题

3.1　商标的表现形式与它反映的内容有何联系和区别？

3.2　商标为什么有多种分类？这些分类有何作用？

3.3　商标本身不是质量，但它为什么总是与商品和服务的质量有着内在的联系？

3.4　商标与品牌是不是同一概念的两种表述？为什么？

3.5　商标的设计为什么要符合消费者心理？

3.6　商标注册与注册商标是否是一回事？商标注册的标志是什么？

3.7 商标为什么要续展？续展对立志创名牌的企业有何特殊意义？

3.8 涉外商标与商标的国际注册是否是一回事？

3.9 驰名商标应具备哪些条件？创驰名商标与保护驰名商标应如何做到有机结合？

练习题

3.1 世界上最早的专门成文的商标法何时何地出现？其名称是什么？

3.2 为什么说注册商标是一种无形资产？

3.3 商标对消费者认牌购货有何作用？

3.4 什么是统一商标和分商标？二者的关系如何？

3.5 何谓联合商标、备用商标、防御商标？它们的目的是什么？

3.6 麦当劳快餐店设计出金黄色拱形门状的“M”字母作为它的商标，该商标体现了什么特点？

3.7 注册商标转让是什么行为？注册商标转让有哪些形式？

3.8 什么是商标争议？简述商标争议的裁定手续和裁定方式。

3.9 湖南娄底兴华运动衫厂生产的有五环图案的劲旅商标教练服，被撤销其商标，其原因是什么？

3.10 驰名商标与名牌是不是同一概念？为什么？

自测题

3.1 中国第一部商标法是何时颁布的？试述中华人民共和国成立以后对商标法规的制定和完善的简要情况。

3.2 何谓商品商标？商品商标按国际分类有何优点？

3.3 何谓服务商标？服务商标与企业名称有何联系和区别？

3.4 商标按表现形式的类型不同，有哪些设计方式？

3.5 与商标注册有关的自愿注册、强制注册、不得注册、未注册等概念各作何解释？

3.6 注册商标必须具备显著性特征，而在法律上是如何判定其显著性的？

3.7 什么是商标注册续展？我国《商标法》对商标续展有何规定？

3.8 试述马德里商标国际注册的优点及其局限性。

3.9 中国驰名商标是怎样认定的？截至目前，中国驰名商标认定的进展如何？

3.10 中国对驰名商标的认定和保护有哪些主要内容？创驰名商标与实施名牌战略有何内在的联系？

案例分析

商标纠纷又起：汇源忽悠了卡瓦格博？

因为一年前的一纸加盟合作协议，汇源果汁与云南香格里拉卡瓦格博之间闹得沸沸扬扬，到了对簿公堂的境地。一家是全国知名的果汁饮料生产企业，一家是远在云南的小型饮用水厂商，看似不沾边的它们，却由于一场商标纠纷牵扯在了一起。

2012 年 8 月 9 日，原本是这场纠葛了数月的加盟纠纷双方对簿公堂的日子，却突发变故，卡瓦格博方提出管辖权异议，致使汇源纠纷案推迟。

此次纠纷的矛盾双方，一方是中国最大的果汁生产商，另一方是急切想要打开销路的饮用水生产商，而这场官司的起因源于一年前的一份加盟协议。公开资料显示，成立于 2008 年 1 月 2 日的卡瓦格博，注册资本为 128.45 万美元，属于外商独资企业，号称是中国目前为止唯一一家生产天然小分子弱碱性瓶装高端水的企业。双方在 2011 年 7 月 15 日签订合作协议，协议中商定卡瓦格博的云南工厂及另外在全国的 3 个工厂可以用汇源品牌生产、销售饮用水系列产品，包括瓶装水、桶装水等产品。为了拓展汇源饮用水的国内市场，北京汇源饮用水有限公司经考察同意授权卡瓦格博公司加盟汇源饮用水事业，双方的合作时间是 2011 年 7 月 15 日至 2014 年 12 月 31 日。北京汇源饮用水有限公司一次性收取加盟费和技术服务费 200 万元整，合作期内一次付清，不予退还。此外，北京汇源饮用水有限公司还要向卡瓦格博收取 50 万元的质量保证金，新增一家工厂再收取 50 万元的保证金。

在这次汇源加盟商纠纷中，300 万元资金去向成为争议点。祝强表示，对方要求一次性支付加盟费 300 万元，其中的 100 万元，按照王树平的说法，是给朱胜彪个人的，不能开发票，要由王树平转交现金。于是，祝强于 2011 年 8 月 15 日用招商银行个人网上银行汇向朱胜彪个人账号汇入 200 万元，向王树平个人账号汇如 100 万元。

令人不解的是，当初为何没有把款项打到北京汇源饮用水公司的账号上，而是汇给了朱胜彪的个人账号？对此，祝强解释称：“他（朱胜彪）要求打到个人账号，不入公司账就可以不交税了，当时虽然有点怀疑，但是在生意场上，这种事情也很正常。”对祝强的说法，朱胜彪予以否认，他透露：“由于汇源饮用水公司是我在全面经营，虽然打到了我个人的账号，也是用于公司经营的，当初之所以没有打入公司账号，是祝强嫌麻烦，并不是我主动要求的，对于中间人 100 万元回扣的事情，我本人并不知道。”

汇源集团于 2012 年 8 月 1 日发布公告，就与卡瓦格博公司争议作出澄清，驳斥对方指控。公告称，尽管合作协议列明双方共同发展汇源品牌的饮用水业务，公司并未就任何汇源商标的特许使用权达成协议。同时，卡瓦格博并未按合作协议履行若干付款责任，因此，汇源饮用水公司有权终止协议而无须对云南卡瓦格博作出任何赔偿。根据公司法律顾问的意见，汇源饮用水公司因卡瓦格博违反合约而向人民法院提出诉讼，要求终止合作协议。尽管公告称不会影响财务及经营状况，但受商标欺诈影响，在香港上市的汇源果汁遭遇股票大跌。

与卡瓦格博签订合作协议的甲方汇源饮用水公司法定代表人为王瑜南，股东是北京汇源食品饮料有限公司。而国家工商总局资料显示，“汇源”商标的商标注册人就是汇源饮用水的唯一股东——汇源饮料。汇源饮料的法定代表人就是与祝强进行沟通洽谈的朱胜彪。而汇源集团在其公告中又明确“汇源饮用水系其全资附属公司”。

由此可以看出，汇源集团、汇源饮用水与汇源饮料是投资与被投资的关联公司。如果合同的内容如卡瓦格博所说的，是有关“汇源”商标许可使用的内容，那么因汇源饮用水公司并不是“汇源”商标注册人，而汇源饮料作为商标注册人不认可该商标许可使用约定的，该合同也就成了无效合同。

那么，汇源饮用水公司在明知自己并非商标注册人，无权签订此商标许可合同的情况下，仍然与他人签订合同，应当承担签订无效合同的法律责任。在这个基础上，汇源就会面临对卡瓦格博的经济损失承担赔偿责任的法律风险。但卡瓦格博也明显并非窦娥。根据相关媒体的报道，祝强在签订合同时也是明知汇源饮用水公司不是商标注册人的。即使抛开潜在的法律责任不说，卡瓦格博此次与汇源的合作也充满了浓烈的投机气味。

本来，小公司想快速发展，自己又没有品牌，通过为其他大品牌进行贴牌生产是一个非常通行、基本的做法。但是双方要规避商标纠纷的风险，就要遵守游戏规则。

资料来源　杨艳秋．从盟友到敌人——商标纠纷又起，汇源“忽悠”了卡瓦格博？[J]．中国品牌，2012（9）．

问题：

1. 在汇源与卡瓦格博的此次商标纠纷中，汇源集团的责任有哪些？

2. 卡瓦格博与汇源的合作，存在哪些问题？

3. 汇源与卡瓦格博的商标纠纷，对那些想要快速发展而又没有自己品牌的小公司有什么启示？

补充阅读材料

1. 魏文斌，等．苏州本土品牌企业发展报告：驰名商标卷［M］．苏州：苏州大学出版社，2014：56-103.

2. 陈铁水，等．云南省实施商标品牌战略研究［M］．昆明：云南大学出版社，2011：51-83.

3. 袁真富，等．商标战略管理——公司品牌的法务支持［M］．北京：知识产权出版社，2007：11-63.

4. 王瑜．从普通商标到驰名品牌：企业商标全程法律策划［M］．北京：法律出版社，2007：40-123.

5. 林平．汽车童话：汽车品牌与商标［M］．北京：电子工业出版社，2006：31-145.

6. 龚艳萍，等．品牌价值评估的理论演进与实践探索［J］．求索，2014（3）：24-30.

7. 朱智慧．浅析商丘文化旅游开发策略［J］．漯河职业技术学报，2011（3）：

52-54.

8. 林丹蔚，等．文化差异对品牌商标翻译的影响探析——霍夫斯坦特之“共同心理程序”［J］．价值工程，2014（9）：328-328.

9. 王光，等．浅谈设计符号在工业产品外观设计中的价值［J］．河北交通职业技术学院学报，2013（1）：78-80.

10. 陈婧．论共用形手法在企业标志设计中的应用［J］．艺术科技，2014（4）：244-244.

第 4 章

品牌资产

学习目标

本章是第 3 章品牌商标的姊妹章。要求通过本章学习，理解和掌握有形资产与无形资产的概念、品牌作为一种无形资产的重要意义，了解品牌忠诚、品牌认知、品牌知名度、品牌联想等品牌资产的具体组成内容，品牌资产的价值及其评估，品牌资产对企业生存和发展的密切关系。

本章导读

与上述学习目标相适应，本章以 3 节内容分别考察品牌与无形资产、品牌资产组成、品牌价值及其评估。

本章对品牌资产的分析，对认识市场经济条件下品牌作为一种无形资产在市场竞争和企业发展中的重要地位，为企业创立强势品牌和进行资产营运提供理论支撑，对实施品牌战略和决策有重要的启示。

4.1 品牌与无形资产

4.1.1 有形资产与无形资产

资产是指一定主体即所有者（企业或个人）拥有或能够控制的、可以用货币计量、能为所有者主体（企业或个人）获得效益的经济资源。

资产按其存在方式可以分为有形资产和无形资产。

有形资产是以物化形式（包括实物和货币等形式）存在的资产。它主要包括固定资产、流动资产、长期投资和专项资产。

（1）固定资产是企业经济活动中单位价值较高、使用年限较长，并在使用过程中基本保持原有物质形态的资产。它是企业生产经营的基本物质手段，其数量、功能和技术状况决定着企业的生产经营规模和竞争能力。这在工业企业中更为明显。固定资产的范围很广，主要包括机器设备、工具仪器、生产用具、房地产、基础设施、运输工具、储藏工具等。

（2）流动资产是企业经济活动中经常变换其实物形态的各种劳动对象、商品物资和货币资金等项资产。它是在一定生产经营周期内可以变现或耗用的资产。流动资产按其形态可分为存货性资产和货币性资产。存货性资产属于定额流动资产，它又可分为储备性资产、生产性资产、成品性资产三大类资产。存货性资产主要包括原材料、低值易耗品、在产品、半成品、产成品、包装物等。货币性资产主要包括现金、各种存款、应收及预付款项等。

(3) 长期投资是企业以获取投资利益为目的，在较长时期内放弃对资产的实际直接控制的资产。它主要是企业向其他单位投入的一年以上的资本和持有在一年以上不准备变现的各种有价证券，如债券、股票、提供实物等。

(4) 专项资产是在企业正常的固定资产、流动资产、长期投资之外的，按特定资金来源具有专门用途的资产。它主要包括专款专用的专项存款，在建的各种未完工程，为专项工程准备的专用材料、专用设备等专用物资，专项应收款等资产。专项资产与固定资产、流动资产、长期投资一样，都是有形资产的一部分。

无形资产是由特定主体控制的、不具有物化形态或独立实体，对生产经营与服务能持续发挥作用并能带来经济利益的一切经济资源。它是可以被企业长期使用，以某种特有权利和技术等无形资源形态存在并能为企业带来超过同行业一般收益能力的资产。从财务会计制度上说，我国《企业会计准则第 6 号——无形资产》第三条规定："无形资产，是指企业拥有或者控制的没有实物形态的可辨认非货币性资产。"

无形资产的存在形式是多种多样的，其内容和范围在各个国家或地区也不尽一致。例如土地使用权在美国列为无形资产，而中国香港地区虽然地产业相当发达，但未将土地使用权作为无形资产。但大体上说，无形资产有一个相对确定的范围和内容，例如各国一般都把专利、非专利技术、商标、著作权、租赁权、特许权、土地使用权等列入无形资产。

无形资产可以按不同的标准进行分类：

(1) 按是否具有确定的法律保护形态可以分为有确定法律保护形态的无形资产，如商标权、专利权、著作权等；无确定的法律保护形态的无形资产，如非专利技术、商业秘密等。

(2) 按技术特征可分为技术型无形资产，如专利技术、非专利技术、计算机软件与集成电路布图设计等；非技术型无形资产，如商标、许可权等。

(3) 按价格构成特点可分为可确指的无形资产和不可确指的无形资产。可确指的无形资产是指该项无形资产可以独立存在并且其价格一般可以通过外购费用或有关研制开发费用及一定利润而比较确定地计算出来，如专利权、商标权；不可确定的无形资产，往往与可独立存在的其他无形资产或有形资产有不可分割的相关性，难以明确计算出来，如商业秘密。

(4) 按取得方式可分为原始取得的无形资产，它是国家、企业、事业单位、个人通过研究开发取得技术成果的专利申请权、专利权、工业版权等；继受取得的无形资产，它是受体从国家各级国有资产法人和有相应行政管辖权的人或企业、个人所授予、受让或继承取得的。

(5) 按行业经营特点可分为促销型无形资产、制造型无形资产、金融型无形资产。美国评估公司就是按此分类的。

(6) 按评估对象构成要素的显著特征可分为知识型无形资产和权利型无形资产。

知识型无形资产的构成要素主要是密集的知识、智力、技术和技巧及其可能带来的高附加值，如专利技术、专有技术、驰名商标、计算机软件和集成电路布图设计等工业版权。权利型无形资产的构成要素主要是依靠特许权和可获盈利条件的关系，所指的特许权主要是对物产权（物权）和行为权利，如土地使用权、矿产开采权、租赁权、特许经营权、优惠融资条件、进出口许可证、生产许可证、专门技术行为许可证、代理销售关系、原材料零部件供应关系等。

4.1.2　无形资产的主要特点

无形资产与有形资产相比，有一些不同的特点。这些特点主要有：

1. 非实体性，即无形性

无形资产本身没有物质实体，它自身是无形的，不占有空间，不能用实物尺度进行衡量。这是无形资产的首要特征。知识、技巧、专利、权利、关系等无形因素都是不能直接用实物尺度来衡量的非实体性东西，但它们却是客观存在的事物，即非实体性的客观存在，并非虚无缥缈的幻景。

2. 依附性

无形资产本身虽无实体，但它对物质实体具有依附性，必须通过一定的直接与间接的物质载体来表现。这有点像影子与形体的关系。影子不是实体，但它是形体实体的一种反映。无形资产的直接载体是一些象征性的标志或证明资料，如专利权通过专利证书、图纸表现出来，商标权通过注册商标和商标注册证表现出来。无形资产的间接载体则是通过与该无形资产项目相关的有形资产以及其他无形资产的内容和价格表现出来的，例如商业秘密这种无形资产，就是通过企业的管理方法、产销策略、客户名单、货源情报等经营信息，生产配方、工艺流程、技术诀窍、设计图纸等技术信息体现出来的。商业秘密是无形的，但它的物质载体则是有形的。因此，无形资产离不开有形资产，离不开物质实体。皮之不存，毛将焉附？

3. 效益性

不是任何无形的事物都称为无形资产，只有在使用中能为所有者取得持续经济效益的无形资源才是无形资产。而在使用中不能给拥有者带来经济效益和经济利益的无形资源就不能构成无形资产。无形资产的价值在更多的情况下是由它所带来的未来的收益确定的，特别是能带来超额利润才能真正体现无形资产的价值。

4. 专有性

无形资产对其拥有者来说，具有明显的排他的专有性。这种专有性受到法律的保护。也受到拥有者自己的严格保护。对专有性的保护方式很多，有的通过企业自身保密和反不正当竞争法来保护，如营业秘密、专有技术等；有的通过适当公开其内容作为代价以取得广泛而普遍的法律保护，如专利权、著作权等；有的在转让合同中约定保密条款来保护；有的可直接通过法律予以保护，如注册商标等。

5. 不确定性

无形资产由于其无形性和依附性，难以实际度量，因而具有极大的不确定性。无形资产的收益均不易确定。无形资产的潜在价值的伸缩性很大，有时它可能有很高的附加值，有时又可能迅速贬值，这种不确定性也同时具有很大的风险性。因此，无形资产的真正生命在于企业的未来发展前景趋好和战略与决策的正确，使企业保持强劲而持续的发展势头。强势企业的无形资产可以很大，甚至可以大大高于其有形资产；而弱势企业的无形资产就很小，亏困企业的无形资产甚至趋于零。

还应指出的是，无形资产大都是高智力劳动的成果，主要是由复杂的脑力劳动创造的。因此，无形资产价值的货币表现，其数值相对较高，其计量也比有形资产的计量复杂得多，因而具有测量的不准确性和不确定性。

【小思考4-1】

下列项目中，哪些是知识型无形资产？

（1）土地使用权；（2）特许经营权；（3）专利技术；（4）专有技术；（5）进出口许可证；（6）生产许可证；（7）驰名商标；（8）计算机软件；（9）集成电路布图设计；（10）租赁权；（11）购销合同；（12）优惠融资条件。

【答案】（3）（4）（7）（8）（9）。

4.1.3 品牌是一种重要的无形资产

品牌的内涵比商标更广、更丰富，但商标是品牌的核心和集中体现。因此，品牌资产是以商标的价值为表现形式的。所谓**品牌资产**，就是一种超越生产、商品、一切有形资产以外的价值。这种价值集中体现在商标所代表的价值上，它是企业从事生产经营活动而投资在商标上的各种资产的总和。

品牌资产超越一般资产价值，它奠基于品牌对消费者的动员力。消费者喜爱的品牌，知名度高的品牌，消费者愿意付出更高一些的价钱。从这个意义上说，品牌资产也可视为将商品或服务冠上某种品牌后，所产生的额外收益。

品牌是一种重要的无形资产。品牌资产越来越受到企业管理人员的重视，并把它反映在企业财务之中，以无形资产形式出现在企业的会计账上。在企业兼并、并购、合资、资产重组、核算企业资产的种种活动中，品牌资产更成为企业关注的重要无形资产。品牌作为重要无形资产要进行资产评估和作价。中国在改革开放初期，缺乏品牌资产观念，在企业资产重组尤其是在与外商合资过程中，往往不计算品牌及其他无形资产的价值，而使企业蒙受重大经济损失。进入20世纪90年代以后，中国一些企业尤其是有一定知名度的企业，对品牌资产逐步重视，并在资产重组尤其是在与外商合资过程中，把品牌作为重要的无形资产计算进去，有的甚至变无形资产为有形资产运作，使品牌等无形资产成为壮大企业经济实力的强大后盾。进入21企业，中国企业面临的一个竞争问题是如何建立和管理企业的品牌资产。正如著名美国广告研究专家拉里·莱特（Larry Light）所言：“未来的营销是品牌的战争——品牌互争长短的竞争。商界与投资者将认清品牌是公司最珍贵的资产。”

【实例4-1】

“炸鸡和啤酒”的品牌力

近来，随着火爆韩剧《来自星星的你》中扮演女主角“千颂伊”的全智贤时不时把“炸鸡和啤酒”挂在嘴上，带动了“炸鸡和啤酒”的消费热潮，不少粉丝纷纷模仿女主角吃着炸鸡喝着啤酒，甚至连杨幂、高圆圆等知名女星也纷纷“沦陷”其中，据说，还有情侣竟然因此将自己送进了医院，甚至更让人们忘记了H7N9禽流感病毒存在的可能。剧中扮演都敏俊的金秀贤阅读的一本书也在加印；女主角穿着的服装品牌也霎时成为各大电商争先推出的产品。该剧在韩国播出时最高收视率达28.1%，网络最高收视率达72.1%，均位居韩国2013年度迷你剧第一位，在我国网站点击量超过20亿，同时红遍整个亚洲地区。

说到这儿，不禁让人对韩国在品牌战略方面的推进和取得的成果心生崇敬并意犹未尽，同时，略有所失之感亦油然而生。相比韩国这样的品牌文化，我国有着巨大的上升空间，理由是我们在品牌和软实力塑造方面仍处于初级起步阶段。文化彰显软实力，是品牌的象征，品牌亦是文化的重要体现。当文化形成一种品牌化的输出甚至是侵略，这个国家的品牌形象和发展能量无疑已是强大的，这即是我们常说的品牌文化。

在这方面，韩国显然已经做到并走在世界前列了。从《冬季恋歌》到《大长今》再到《来自星星的你》，一波波韩剧粉墨登场；继《Nobody》之后，又有《江南Style》，一股股“韩流”肆袭全球；韩国的跆拳道进了奥运会；面对消费电子品牌三星和LG，就连日本老牌企业松下和索尼也甘拜下风；现代汽车攻城略地，先已跻身世界十大车企，2013年度在中国市场独占鳌头，甚至让一度在我国市场“春风得意”的德国大众不敢小觑……

除了这些，韩国在动漫、游戏、化妆品、时尚服饰、食品以及能源等众多领域里，都屹立着一个个支撑产业强有力发展的品牌企业，并且这些企业不只是在规模、资源、资本等硬实力方面出众，在品牌、文化、技术和管理等软实力方面也具有领先性。以汽车品牌为例，韩国90%年销量来自本土的五大品牌，这很容易让大家归结为韩国民众“身土不二”的民族凝聚力，实则其质量、技术、服务、品牌、文化、价格等高性价比优势才是赢得民众消费的原因。

一个企业、一个国家、一个组织，乃至一个人，都可以成为品牌塑造的对象。内外兼修、名（虚）实相副、软硬兼施，都是在品牌塑造过程中需要时刻坚守的强有力准则。一个国家的发达，需要有形资源和环境的硬实力，更需要品牌和文化的软实力，韩国即是一个不断追求并已具备软、硬实力均衡的国家。2008年以来，韩国政府就一直强调要建立与其经济状况相适应的软实力，并且还创建了永久政府委员会来“建立国家品牌”。我想这应该就是韩国国家文化甚至是民族文化里所具有的品牌意识基因，正是这份“基因”，才造就了今天乃至明天的各领域里灿若繁星的韩国品牌。当文化形成一种品牌化的输出甚至是侵略，这个国家的品牌形象和发展能量无疑已是强大的。

资料来源　改编自李祝义．“炸鸡和啤酒”的品牌力［J］．中国品牌，2014（3）．

4.2 品牌资产构成要素

品牌资产确实存在。从财务概念看，品牌资产是品牌所赋予的价值。由消费面来看，可将品牌资产视为由品牌形象所驱动的资产。由于品牌是一种无形资产，因此品牌资产也不可能由有形的实物资产来表示，而必须借助于别的因素。品牌资产的形成，关键在于消费者看待品牌的方式而产生出来的消费行为。而要使消费者对品牌所标示的商品和服务进行购买和消费，则需要投资于品牌形象，使消费者取得认同和亲近，从而接受这一品牌，消费这一品牌。这种投资并不形成实物资产，而是形成无形资产。品牌资产的构成要素，主要包括品牌认知、品牌体现的质量、品牌联想、品牌忠诚和其他品牌资产。

4.2.1 品牌认知

品牌认知是消费者认出、识别和记忆某品牌是某一产品类别的能力，从而在观念中建立起品牌与产品类别间的联系。品牌认知有一个由浅入深的变化过程。品牌认知的不同程度可由品牌认知金字塔来表示，如图4-1所示。

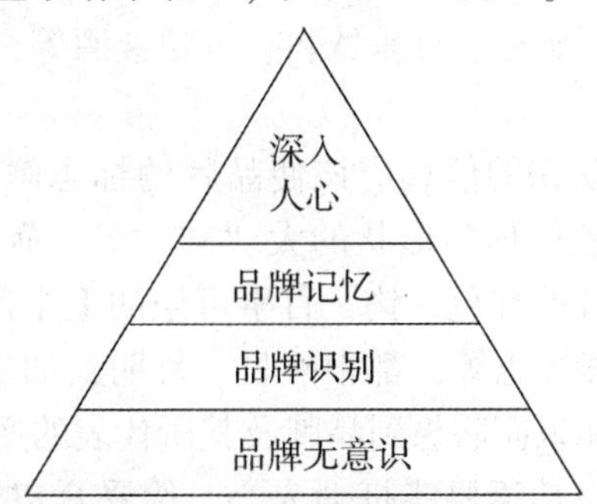

图4-1 品牌认知金字塔

图4-1中，最底下一层是“品牌无意识”，即对某品牌无任何了解，处于完全不认知状态。这一项可排除在品牌认知之外。就对品牌有所认知的程度而言，分成三个层次。

(1) 品牌识别。它是品牌认知的最低程度，在图4-1中处于“品牌无意识”的上面一层。在测试中，给被测试者某一产品类别的一系列品牌名称，要求将产品类别与品牌联系起来，但不必十分强烈。它是一种有提示的需要帮助的记忆和识别。有无品牌识别对消费者选择品牌相当重要。在品牌竞争时代，如果没有品牌识别，几乎不会有任何购买决定的产生，更不会发生购买行为。

(2) 品牌记忆。它比品牌识别要高一个层次，在图4-1中处于“品牌识别”之上。它是建立在消费者自主记忆的基础上的。被测试者得不到一系列品牌名称的提示，是一种得不到帮助的记忆，即自我记忆或自主记忆。因此，品牌记忆是比品牌识别更高一个层次的品牌认知。能够明晰地存在于消费者记忆中的品牌具有更强大的品牌位置，品牌记忆是消费者很熟悉的品牌。

(3) 深入人心。品牌深入人心是品牌认知的最高程度，在图4-1中处于金字塔的顶端。深入人心的品牌应是消费者最熟悉、最认同甚至最喜爱的品牌。它是被测试者在无任何提示的情况下，脱口而出所回答出的第一个品牌。这种品牌在消费者心目中印象最深、影响最大，因而能不假思索地第一个说出来。深入人心的品牌无疑在消费者心目中处于一种特殊的位置，经久难忘。

消费者在购买商品或服务时，面对着众多的品牌，他们往往选择自己最熟悉、最喜欢的品牌。因此，能被人们记住的品牌，尤其是深入人心的品牌，在消费者进行购买决策中，起着至关重要的作用。

品牌认知必须在商品或服务具有稳定质量的前提下，通过广告媒体和公共关系活动进行宣传和传播，使之为广大消费者所知晓。因此，要提高品牌认知程度，需要进行资金投入，并且要研究如何提高宣传效果，以较少的费用获得较大的认知程度。这需要运用心理学和广告学的知识进行开拓。为此，要努力做到以下几点：

（1）引起注意。品牌认知的信息应该独具一格，与众不同，能引起人们的特别注意、使人难忘，切忌趋同化。并且这种注意要与品牌所代表的商品或服务项目联系起来，不致发生混乱或混淆。例如，“娃哈哈”品牌就很独特，一经广告宣传就令人难忘，并且很容易与儿童果奶这一产品联系起来。奔驰汽车、佳能相机、长虹彩电、春兰空调、海尔电器、伊利奶粉、可乐饮料、五粮液酒等，都是很快就能引起消费者注意，使人难忘的品牌。

（2）突出标识。品牌认识的信息应该使品牌的标志鲜明、醒目，给消费者以强烈的印象。如麦当劳的黄色拱形门形状的大“M”字，苹果电子产品的“被咬了一口的苹果”标志，耐克品牌的红色一钩，百事可乐的上半部分红色、下半部分蓝色、中间一根白色的飘带的圆球标志等，都很醒目、鲜明，加之在广告宣传上加大力度，使人加深识别印象，认知标识而联想到品牌及其所代表的产品。

（3）出语不凡。广告宣传语要能打动人心，给受众以亲和力和认同感。王老吉凉茶的广告词“怕上火，喝王老吉”，丰田汽车广告词“车到山前必有路，有路必有丰田车”，都给人以深刻的印象。

（4）重复宣传。对品牌认知由识别到记忆直至深入人心，需要多次重复，长期宣传。学习和记住一个外语单词需要重复 10 多遍甚至更多，品牌认知更是如此。识别需要重复，记忆需要重复，深入人心更需要重复。只有反复宣传，才能为人们所熟悉，以至牢记不忘。有些百年以上的长寿品牌，至今仍在大做广告，重复宣传，就是运用了重复是记忆的必要条件这个道理。此外，提高品牌认知程度还可以通过开展赞助活动、直接宣传、品牌延伸、美化包装、举办展览、专项推销等多种形式来扩大品牌的影响范围，提高其认知度。

【小思考 4–2】

在一次品牌认知度测试调查中，出现了下列测试结果，它们各属于何种品牌认知度？

（1）在给被测试者提供的一种产品类 10 种品牌中，有 4 种品牌没有任何反映。

（2）在提供给被测试者另一产品类 20 个品牌中，有 12 种能引起被测试者联想，并把产品类别与品牌联系起来。

(3) 在对被测试者不提供任何信息的情况下，彩电品牌第一个提到的是“长虹”，微波炉品牌第一个提到的是“格兰仕”，电冰箱品牌第一个提到的是“海尔”，味精品牌第一个提到的是“莲花”，这是什么认知程度？

【答】(1) 属于品牌无意识。(2) 属于品牌识别。(3) 属于深入人心的品牌。

4.2.2　品牌体现的质量

1. 品牌体现的质量不等于品牌本身的质量

品牌体现的质量与品牌本身的质量既有联系又有区别。品牌体现的质量离不开品牌本身的质量，品牌本身的质量是品牌商品或服务的质量，它是一种客观存在，可以实际测量或评价的。品牌体现的质量虽然以品牌本身的质量为基础，但它却是一种主观意识，是消费者的一种感觉，不是客观上可以测度的。

品牌体现的质量是消费者的一种判断，它是消费者对于品牌所标示的商品或服务全面质量或优势的感性认识，是对品牌的无形的、全面的感知。消费者对品牌体现的质量因人而异，因不同消费者的目的、意图不同而具有选择性。由于品牌体现的质量是一种感性认识，不同的消费者对同一品牌既可以作出相同或相似的判断，也可能作出不同的判断，甚至完全相反的判断。这就涉及什么因素是对消费者最重要这一点，会出现不同的判断。消费者是千差万别的，他们的个性、偏爱和需要都是明显不同的，因此他们的选择也是不一样的。但是，当一种品牌体现的质量被多数消费者看好时，即消费者感觉或感性认识很好时，这个品牌就会走俏、吃香。而当一种品牌体现的质量在消费者感性认识中处于不佳状态时，这个品牌就没有希望甚至会走向没落，即使努力改进产品质量也无济于事，无法影响或改变消费者已形成的感觉。

2. 品牌体现的质量形成品牌价值

品牌体现的质量是形成品牌资产的重要组成部分。品牌体现的质量怎样形成品牌资产的价值？有以下几个方面：

(1) 购买动因。品牌体现的质量可以形成关键性的购买原因，它可以直接影响到哪一个品牌被消费者选中或被排除。因此，品牌体现的质量直接影响到该品牌在市场上的销售和市场份额。

(2) 心理区位。各种品牌体现的质量，在消费者心目中有相当大的区别和不同的地位，在消费者感觉中体现的质量高的品牌，具有重要的心理区位，受到消费者青睐，因而在同行业中具有竞争力。相反，如果品牌体现的质量在消费者中不占有重要心理区位，甚至没有任何心理区位，这种品牌就缺乏竞争力。

(3) 溢价效应。品牌体现的质量具有优势就可以产生溢价效应，它产生额外的价值，提供给消费者一个更高的竞争价格并为消费者所接受，从而具有更高的品牌可信度和更大的消费者市场，更加扩大它的销售规模。因此，溢价能增加利润，并能提供对品牌进行再投资的财力和物力，进一步加强品牌体现的质量，使消费者感到价格虽高，但物有所值，心理上得到平衡和满足。

(4) 销售人员的表现。销售人员的形象或表现，对于品牌体现的质量也很重要。

零售商、分销商以及其他渠道的销售人员，他们的表现和形象直接影响到销售数量。他们表现欠佳将使某品牌体现的质量受损，而他们表现良好时，就可以以一个吸引人的价格提供高水准的品牌体现的质量，销售人员乐于出售大家公认的受消费者青睐的品牌，使品牌体现的质量受益，从而增加品牌资产。

（5）品牌扩展。品牌体现的质量可以用来推出扩展的品牌，利用品牌名字的良好信誉来扩展到新的产品种类，品牌名字体现的质量是品牌扩展估价的重要预测器。对于一个相对较弱的品牌来说，体现质量的品牌应该能够进一步地扩展和发展更大的成功机会。品牌体现的质量更高，它就可以通过品牌扩张由小到大，由弱变强，许多新品牌的成功就是利用品牌体现的质量优势进行品牌扩张而取得成功的。品牌体现的质量更高，就更有竞争优势，在消费者心目中就能获得高质量的感性认识或感觉，它是企业长期经营的成功之道，是重要的品牌资产。

3. 影响品牌体现的质量的因素

影响品牌体现的质量有如下主要因素：

（1）产品环境。消费者认为某品牌质量是高还是低，对产品质量作出评价和判断，其基础在于环境。品牌体现的质量只有在一定的产品环境中得以体现。它包括产品基本的运行特征对消费者的适用性，产品特征是否更能迎合消费者的需要，产品的零缺陷和可靠性，产品耐用性和保养维修能力，适当和完美的外观等。

（2）保证高质量。要使消费者相信品牌体现的高质量，首先必须提高保证高质量水准的能力。如果质量不高而试图说服消费者相信产品是高质量的，只是白费工夫。因此，品牌代表的产品本身的高质量始终是品牌体现的高质量的前提和基础。为此，必须使品牌体现的质量与真实的质量相匹配，相一致。

（3）高质量的信号。产品本身的高质量并不是品牌体现的高质量，真正的质量必须转化为品牌“体现”的质量。这种判断是很难的，它要有一定的信号或指示器来影响消费者的判断，还需要抓住品牌的产品特征的信息，包括品牌联想、产品外观、品牌名字、价格、广告数据等。例如，在超级市场，产品的新鲜度意味着总体质量；清洁剂易起泡意味着清洗更有效。品牌名称具有显著独特性也能影响到其体现的质量；广告支持一个品牌的次数也暗示着它是一个优质产品，尤其是新产品体现的质量更加受到广告的影响。

（4）价格暗示。价格往往是一种重要的质量暗示。一般来说，价格与质量成正比例相关，价格层次高意味着质量高。但价格作为质量暗示的作用，因产品种类不同而有异。越是难以确切评价的产品种类，就越是更可能将价格作为质量暗示。例如酒、香料、西服和耐用品等的价格往往暗示质量。而消费者凭经验就可以评价的产品种类，价格就难以起到质量暗示的作用。一些初级产品或只有粗加工的产品，不宜用提高价格层次来暗示其质量。

4.2.3 品牌联想

1. 品牌联想的含义

品牌联想是指人们的记忆中与品牌相连的各种事物。一个品牌可以同一种事物相联系，也可能同许多种事物相联系。与品牌相联系的各种事物，都对品牌产生联想作用，从而加深品牌在消费者心中的印象。一个品牌的联想愈多，其影响愈大；联想愈少，影响就愈小。一些著名品牌往往有很多的联想和想象，通过品牌联想和想象形成一系列的联系。这种联想和想象通过一些有意义的方式组织而成。例如，麦当劳品牌有20个主要的联想和30个次要的联想。这些联想被组成有意义的组群，从而加深品牌形象。一提到麦当劳，消费者尤其是孩子们的内心中就会出现金拱门、牛肉汉堡、炸薯条、麦香鸡、罗纳德·麦当劳形象，还有麦当劳玩具、麦当劳娱乐场、麦当劳竞赛、麦当劳生日聚会等。一提到海尔，人们心中的图像在意识中就会出现两个小孩的商标标志，优良的家电产品质量、周到迅捷的星级服务、以人为本的企业形象和企业文化等。品牌联想虽然是反映在人们的意识中，但它却是客观存在的，并具有一定的作用力，它给消费者提供联想的信息，造成消费者对品牌特定的感觉，有利于品牌定位与品牌发展。

2. 品牌联想方式

品牌联想可以创造价值，联想的集合具有明显的资产价值，因为联想能提供购买的基础，强化品牌形象，提高品牌忠诚度。品牌联想创造价值的方式有：

（1）帮助得到信息。一个品牌联想，对于消费者来说，可以创造一个简洁的信息，可以总结出一系列的事实和规范，还可以影响到信息的回忆。品牌联想帮助消费者获得有关的信息，对他购物选择提供方便，否则消费者购物会因缺乏信息而变得十分困难。

（2）区别品牌。品牌联想有助于把一个品牌与其他品牌区别开来，因为联想能提供这种区别的重要基础。一些产品如酒、香水、化妆品、时装等，其众多的品牌对于消费者来说是难以区别的，而品牌联想却能在区别品牌中担当极其重要的角色。例如同是白酒，茅台品牌的联想就是高贵的国酒，五粮液是高雅的优质酒，二锅头是普通老百姓（尤其是北京地区范围内的普通居民）爱喝的好味道酒。

（3）影响购买行为。品牌联想往往涉及产品特征，这就能为消费者购买某一品牌提供一个特别的原因。中华牙膏以使牙齿洁白而享有盛誉，冷酸灵牙膏则以防治龋齿、减轻牙痛病而受到青睐。品牌联想还通过在品牌中表现出信誉和自信来影响购买的决定因素，著名人物用过的品牌往往能很快风靡开来。例如著名影星或著名球星穿过的服装品牌、鞋类品牌、球类品牌，用过的化妆品品牌、香水品牌等，往往能走俏一时。

（4）创造积极的态度与感觉。一些品牌联想能在宣传和使用过程中创造出积极的态度和感觉，使人们喜爱它并能积累传递到品牌上，把联想和感觉与品牌联系起来。长虹牌电视以军转民高科技形象和以产业报国为已任的爱国形象，使消费者积累起对这一品牌的喜欢和厚爱。海尔牌家用电器（冰箱、空调、洗衣机等）以圆满周到的服务赢得了广大消费者的心，使人们的感觉积累形成“用海尔品牌放心”的思维定势。此外，品牌联想还为品牌扩展提供基础，通过品牌联想与新产品之间创造一种合适的感觉，从而使消费者乐于购买扩展的新产品。

4.2.4 品牌忠诚

1. 品牌忠诚金字塔

品牌忠诚是消费者对品牌感情深浅的程度。消费者对品牌忠诚度高，是该品牌的一个重要资产，甚至是品牌资产的核心。作为消费者对品牌感情的量度，品牌忠诚反映出一个消费者转向另一品牌的可能程度。品牌忠诚度越低，消费者转向另一品牌的可能性就越大；品牌忠诚度越高，消费者转向另一品牌的可能性就越小。品牌的高忠诚度是企业的一笔财富，它可以留住老顾客，吸引新顾客，从而扩大未来的销售和利润。

消费者对品牌的忠诚度有不同的层次或等级，可以用品牌忠诚度金字塔来表示，如图 4-2 所示。

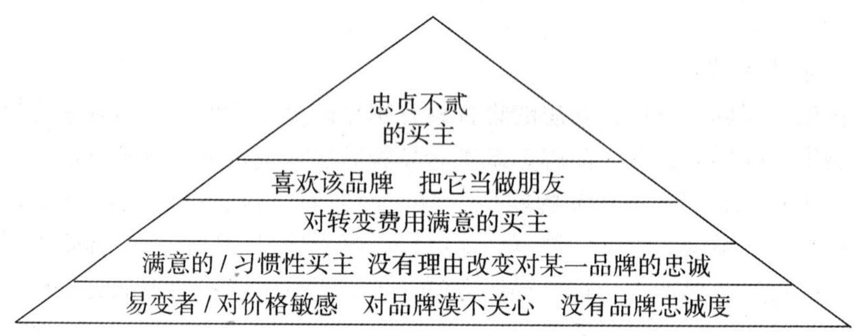

图 4-2 品牌忠诚金字塔

图 4-2 中品牌忠诚金字塔体现出不同的品牌忠诚程度。

(1) 对品牌不忠诚，即金字塔最底下一格所表示的。这部分消费者对品牌漠不关心，只对价格敏感。

(2) 习惯性买主。这部分消费者对产品满意或至少不反感。他们对某一品牌习惯性购买，有一定程度的忠诚。

(3) 品牌满意的买主。这部分消费者对品牌有较高的忠诚度。他们是对转变费用满意的买主。

(4) 对品牌喜欢的买主。这部分消费者对品牌有更高的忠诚度。他们可以被称作品牌的朋友，对品牌有一种感情依托。

(5) 忠贞不贰的买主。这部分消费者对品牌的忠诚度最高，是最忠诚的消费者。他们是坚定购买该品牌的消费者，为成为这一品牌的使用者而自豪，并乐于向其他人推荐该品牌。拥有相当数量消费者及最忠诚消费者的品牌是最有魅力的品牌。

2. 品牌忠诚的测量

对品牌忠诚的测量只能是相对的、近似的。其主要包括以下方面：

(1) 行为的测量。从购买的习惯性行为进行测量。可用的几种测量是：①再次购买率。买同一品牌的顾客回头购买比例是多少？②购买百分比。在一个消费者最近的五次购买中，购买各种品牌所占的百分比是多少？③品牌购买的数量。同一种产品有多种品牌，其中只买一种品牌的顾客占多大百分比？买两种和买三种品牌的顾客又各占多大比例。

（2）转变费用的分析。消费者转变品牌是要付出代价或费用的，甚至要有一定的风险。要分析转变费用能多大程度地为品牌忠诚提供基础。品牌经营者应重视它所享有的转变成本，加强消费者对其产品及售后服务的依赖性。消费者转变品牌的关键是对现用品牌的不满意、失意甚至愤恨。避免转变的关键前提是提高消费者对现用品牌的满意度，并消除一切令消费者不满意的因素。

（3）对品牌喜爱的测量。对品牌的喜爱可分为：①喜欢；②尊敬；③友好；④信任。消费者是否喜爱某一品牌是一种情感因素，不完全取决于对品牌特性的认识。同类商品中，质量不相上下的若干品牌，有的消费者喜欢某一品牌，有的消费者则喜欢另一品牌，这并没有多少理由可讲，它只是消费者对品牌偏爱的一种心理倾向。对品牌喜爱的测量反映在附加价值上，附加价值是消费者为获得他们所喜爱的品牌而愿意付出的价格。它体现了消费者对该品牌的忠诚。

（4）兑现许诺的检测。对消费者的许诺必须兑现，兑现程度越高，品牌忠诚就越高。大量许诺是否完全及时兑现，很容易进行检测，尤其是品牌服务项目，如售后服务，上门安装调试，及时或定期保养维修等。许诺的圆满兑现就可以拥有大批最忠诚的消费者，而且消费者还会向其他人推荐该品牌，购买该品牌，提高该品牌的市场占有率，使该品牌成为具有极高资产的品牌，最强劲的品牌。海尔品牌的星级售后服务许诺能及时兑现，因而有口皆碑，大大提高了消费者对海尔品牌的忠诚度。

3. 品牌忠诚的战略价值

品牌忠诚是一种战略资产，对企业的生存发展具有长期的潜在利益，开发品牌忠诚的价值潜力是企业管理的一项战略任务。其重要作用表现在：

（1）有利于降低营销成本。保持现有消费者比获得新消费者所付出的代价要小得多，拥有一大批对品牌忠诚的消费者的企业，就可以大大降低营销成本。为此，企业要尽最大努力留住老顾客，让现有消费者高兴和满意。保持现有的顾客，花费的营销成本很低，因而可以获取更多的利润，为提高品牌忠诚可以再投资。

（2）有利于发挥贸易杠杆的作用。品牌忠诚会影响商店的选择决策，商店会把消费者喜爱的、忠诚度高的品牌优先安排在醒目而良好的货架空间上，以利于消费者对该品牌的购买。商店的贸易杠杆作用也充分显示了品牌忠诚的巨大无形资产价值。

（3）有利于吸引新消费者。品牌忠诚强调留住老顾客，但并不排斥吸引新顾客。在优先考虑保持和稳住品牌忠诚的老顾客的同时，也应该吸引新的消费者，扩大消费者范围。一方面通过广告或其他形式对新的未来的消费者提供信息和影响，使之产生品牌认识，另一方面可利用现有老顾客向新顾客宣传品牌，推销产品。

（4）有利于缓解竞争对手的威胁。品牌忠诚给企业提供了缓解竞争对手威胁的时间，增加了响应时间和喘息时间。当竞争对手开发了更好更新的产品之后，品牌忠诚的消费者往往会期待他所忠诚的品牌奋力赶上或超过之，而给该品牌企业提供必要的时间用于改进产品以至胜过竞争产品。品牌忠诚的这种巨大战略价值必须重视和爱惜，一定要奋力拼搏，在尽可能短的时间内迎头赶上和超过竞争对手，而不要贻误战机，错过喘息时间和空间，不思改进而最终失去品牌忠诚的消费者，因为品牌忠诚消费者的期待和等待终究是有限度的。

除了上述四大项品牌资产构成要素外，品牌资产的其他内容也非常重要，例如专利、商标、分销渠道与购销网络等，由于这些都是非常专门的重要内容，在其他专业书中有详细论述，这里从略。

【实例4-2】

美大：以环保成就品质

一、健康厨房理念

美大集成灶开创了下排油烟技术，属世界首创，是真正拥有自主知识产权的中国品牌。美大集成灶，运用微空气动力学原理、流体包络面等专利技术，将油烟“往上走”改为“向下排”，把油烟与环境双向隔离，实现吸排距离最小化，油烟吸除率可达99.6%以上，从根本上解决了厨房油烟弥漫问题。

环保，现在也是国家在倡导并积极实施的发展战略，雾霾等空气污染问题也愈来愈严重。美大集成灶大大降低了燃烧废气的排放，排出室外的废气几乎为零。不仅如此，美大还推出复合式集成水槽、“鼎橱”橱柜，在设计上造型美观，优化厨房空间，赋予了厨房时尚之美，满足了现代厨房环保、健康、美观的需求。

二、优质服务树品牌

美大一开始就很注重服务网络的搭建，每一个经销网点必须配备足够的营销和售后服务人员，对他们的培训、管理、考核，都有严格的制度把控，以保证消费者购买产品之后，可以得到满意的售后服务。这在美大品牌建设方面是一块很重要的内容。

三、与人为善造福社会

美大每年都在做很多社会公益活动，美大每年投入百万支持政府慈善基金，用于扶持贫困家庭、贫困学生，以及支助边远地区建设；投资海宁体育馆建造、钱塘江潮护栏建造等利民工程；建造群众活动广场，周边公路铺建和绿化建设；在汶川地震、玉树地震时，动员公司全体员工和全国所有经销网点进行赈灾捐款；在美大工业园区，就有200多名残障人士，做一些力所能及的工作。这些星星点点的善事，自美大建厂至今，已经坚持了30余年。2013年，美大集团获得嘉兴市和海宁市政府颁发的“慈善特别贡献奖”。正是因为在行业里榜样式的发展，美大获得了社会大众的良好口碑，更为美大品牌创造了附加值。

资料来源 尹燕新．美大：以环保背书品牌［J］．中国品牌，2014（5）．

4.3 品牌资产价值评估

4.3.1 品牌资产含义

品牌资产作为一种无形资产，它不像有形资产那样可以直接通过实际的物质存在形式来表示，例如厂房、机器、设备、商场、银行营业厅、现金、存款等具体体现，而只是以无形的方式存在，上面提到的品牌认知、品牌体现的质量、品牌联想、品牌忠诚度以及其他品牌资产，都不可能在实物存在形式上直接体现，但它又是确实存在的。

品牌资产既然存在，就有一个价值核算问题。尤其是在企业购并、资产重组、资本营运过程中，计算品牌资产价值成为人们普遍认同的共识，在实际经济工作中越来越广泛地被人们接受和运用。

品牌资产价值亦即品牌价值，它是指品牌这种无形资产的货币表现，即用一定的具体货币金额表示的品牌资产价值。

2014 年度 BrandZ 全球最具价值品牌百强排行榜中，谷歌超过此前连续三年排名第一的苹果，成为全球年度最具价值品牌。自 2013 年以来，谷歌的品牌价值增长了 40%，达到 1 590 亿美元。苹果则下跌 20% 至 1 480 亿美元，排名第二。中国有 11 个品牌登上百强品牌榜单，除了腾讯、百度外，工商银行、中国石油、中国平安等也上榜。其中，腾讯品牌价值几乎翻倍，以 540 亿美元的品牌价值超越中国移动成为亚洲最具价值品牌。

品牌的含义比商标的含义要广泛，但是商标集中体现了品牌的基本要素，因此在某些情况下，商标是品牌的同义语。在品牌资产价值及其评估的问题上，就是以商标等同于品牌来评价的。在这里，商标价值就是品牌资产价值。上面举例的可口可乐等品牌资产价值，就是用商标价值来表示的。以商标价值表示的品牌资产价值是无形资产价值的一个重要组成部分，是无形资产价值的一项重要内容。

需要指出的是，商标价值不是（或主要不是）制作商标所需的成本费用，这个成本费用是极小的。商标代表的品牌所能带来的价值增值才是商标所集中体现的无形资产价值的总和。这个无形资产价值总和是相当大的，尤其是名牌产品、驰名商标，其价值往往大大超过其有形资产总价值。

【小思考 4-3】

品牌资产价值是由下列哪种资产价值表现出来的：（1）全部有形资产价值；（2）全部无形资产价值；（3）商标价值；（4）品牌名称价值。

【答】（3）。

4.3.2　品牌资产价值评估特点

品牌资产价值作为无形资产价值的一项内容，它与有形资产评估有着很大的不同。其主要特点是：

1. 相对性

品牌这种无形资产的形成不同于有形资产，它具有不确切性、虚幻性和可变动性，因而其主观色彩较浓厚。不同的评估者往往掌握或运用的评估方法不同，分寸不同，对同一品牌资产进行评估，往往得出很不相同的结论，因此评估只具有相对的意义，也不可能精确计算。品牌资产价值只能进行相对的、近似的计算，而不可能进行绝对的、完全准确的计算。人们为此进行了多方面的努力，但直到目前为止，还没有一个确切或完全一致的计算口径和办法。因此，各个不同的品牌估价机构在对品牌资产价值进行评估时，虽然大致可以得出相对近似的结果，但具体估价数字或顺序也是很不相同的。

2. 市场性

品牌资产价值的评估要以市场为基础，要在市场条件下对它的价格进行评估和确认，并且其评估结果也要直接受到市场的检验。尤其在资产重组、资本营运过程中，品牌资产价值应该作为无形资产进行评估和成交（或作价入股）。这种市场交易成交的价格也是依据无形资产价值为基础，充分考虑市场供求关系的状况来确定的。在品牌资产价值一定时，其价格受品牌资产供求双方的实力和讨价还价的具体操作情况而定。一般来说，供给方（卖方）实力强，在讨价还价中处于优势地位，品牌资产价格会高于其价值，因为卖方总是千方百计想抬高其价格；需求方（买方）实力强，品牌资产价格就会低于其价值，因为买方总是想尽量压低其价格。即使不进行市场成交，品牌资产也可参照市场因素评估其价值。只有在计划经济体制下，或者在向市场经济转轨过程中因缺乏无形资产观念尤其是品牌资产观念，就会忽略这一点而不进行品牌资产价值评估。中国在改革开放初期，许多企业在与外商合资过程中，往往没有进行品牌资产评估，因而受到很大的经济损失。

3. 模拟性

品牌资产价值的评估是对品牌这一无形资产在市场上的地位以及预测它在未来的预期收益的基础上，通过模拟市场的运作方式确定下来的。由于品牌资产价值是无形的又是可变的，买卖双方很难取得一致，这就要求评估机构作为中介，通过评估师按照法定的程序和科学的方法，对品牌资产价值进行评估。评估机构的评估师应根据市场动态变化的情况，模拟市场运作，选定合理的参数，计算出模拟价格。因此，品牌资产价值评估有很明显的模拟性。市场的多变性以及许多难以测定或测不准的因素，使得品牌资产评估这种无形资产的评估比有形资产评估的难度要大得多，而准确性又低得多。品牌资产评估值的模拟性，使其误差允许值较大，在一般情况下，评估相对误差在±20%左右也被认为是允许的和可以接受的。但它并不意味着完全由评估师主观意志来决定，恰恰相反，评估师必须根据市场各种因素的客观规定性进行计算以得出模拟市场的模拟价格，以尽可能近似地反映品牌资产的价值。

4. 公正性

品牌资产价值评估必须具有公正性，才能具有权威性。这种公正性主要表现在：（1）评估中介组织和人员的公正性。评估机构和评估师必须是具有法定资产评估资格进行品牌资产评估的机构和执业评估师，评估机构和执业评估师必须是与被评估的品牌资产业务没有利害关系，能根据客观实际，公平、公正地操作评估业务。（2）评估业务的规范性。品牌资产评估应按法定的准则和规程进行，具有公认的行为规范和业务规范。（3）评估收费不与评估值发生对应比例关系。品牌资产评估的收费额不应按其评估值的一定比例收费，而应按评估工作量收取固定评估费，这样可以避免因高估品牌资产评估值而多收评估费的随意性。公正性可以最大限度地降低品牌资产价值评估中的主观性，尽可能增加其客观性。

【实例4-3】

“别克诚新二手车”让顾客情有独钟

“别克诚新二手车”的置换业务是指以各种品牌的二手车置换别克新车，其程序包括二手车置换、认证和销售业务，由上海通用汽车授权零售商逐渐在全国范围内进行实际的业务运作和经营。上海通用将为“诚新二手车”的运营制定规范化的业务流程，为二手车提供专业的验车和整修标准、统一的认证程序和可靠的质量保证。“别克诚新二手车”在收购二手车的过程中将以33项车辆标准化检测保证“评估价格透明化”，而置换用户还将享受到新车延长保修期的特别优惠。在二手车销售领域，“别克诚新二手车”将对其销售的二手车进行7大类106项检测，并提供来自上海通用汽车的质量认证。

资料来源　佚名．品牌忠诚度前三名案例分析［EB/OL］．［2014-12-26］．http：//blog. sina. com. cn/s/blog_ 6698e1fb0100i7ca. html.

4.3.3　品牌资产价值评估方法

品牌资产价值的评估是一件新项目，也是一件难度很大的工作。它是要在不确定的因素中计算出一个确定的数，因此无论什么评估方法都不可避免地带有主观性和不准确性。但是，市场经济的实际进行又把品牌资产价值评估提到了议事日程，所以虽然评估很难准确，但又必须进行评估。

1. 品牌资产价值评估内容

不论采取什么方法，品牌资产价值的评估，主要包括如下内容：

（1）历史成本。它是已经形成的品牌资产的估价，其最直接的做法是计算企业对该品牌的投资，例如促销、研究、开发、分销等所花去的费用。历史成本的最大问题是无法反映现实的价值，不能反映过去投资的质量和成果。它容易造成对不成功甚至失败的品牌资产价值作出不切实际的高估现象。

（2）现在成本或取代成本。现在成本指的是第三者愿意出的钱，即取代成本。它相当于重新建立一个全新品牌所需的成本。困难的是，品牌很少用来进行交易，更没有专门的品牌交易市场来提供供求信息和价格行情。比较实际的做法是以这个品牌在过去几年所产生的利润来评定现在的品牌资产价值。

（3）市场价值。这是为了评估品牌资产在市场上的力量。参考数据主要有市场占有率、知名度、形象或偏好度等。由于对市场定义不同，评估这些数据也有操作上的困难。

（4）未来获利潜力。这是计算品牌的未来收益或现金流量。通常是根据现在的收益趋势，以外插法估算出未来的收益，再扣除掉现在的价值，计算出获利潜力。但是，品牌并不是唯一影响未来收益的因素，很难把品牌因素与其他因素如生产、科技、管理、营销、渠道结构等因素剥离开来。

（5）额外价值。这是指某品牌相对于一般品牌的额外价值。它是以某品牌高于其他竞争品牌的价格，当做该品牌的资产价值。

2. 品牌资产价值评估方法

品牌资产价值评估，按以上内容，也有许多不同的方法。比较典型的是英国Interbrand事务所（顾问公司）的方法。这种方法的优点是以严格的、已被证实的审计数据作基础，其测定品牌资产价值的关键性要素包括品牌利益、品牌实力。

（1）品牌利益。决定品牌资产价值的一个重要因素是它的利益或潜在的利益，特别是它的超时代的利益。计算**品牌利益**要涉及下列方面：①确定品牌利润；②专有品牌产品利润的消除；③重申的历史上的利润在当代的价值；④历史利润的评估；⑤资方所酬；⑥税收。

（2）品牌实力。**品牌实力**是对品牌将来的流动资金的确定。品牌实力的估值要求对每一品牌进行详尽的检查。品牌实力是七个评判因素的合成物。这七个要素是：①领导力。品牌要在其领导范围内占有优势，能较强地影响市场、估价，控制分配和抵制竞争的侵犯。②稳定性。掌握了顾客心理的长期建立起来的品牌，比其他一般品牌更有价值，它已经成为销售结构中的构成部分，能带来高效益。③市场。品牌要在市场上有较强的交易能力。一个稳定的品牌在市场上能克服种种障碍，使销售额稳步上升，获得更高效益。④国际性。已为国际所认可的品牌比一般品牌有更大的价值，其地位更加稳固。⑤趋势。品牌总的长期的良好发展趋势，标志着它保留在消费者心目中的时代性和相关性，以及今后它所具有的价值的能力。⑥支持。已经拥有一定名气和赢得了支持的那些品牌，比起那些没有名气即不出名的品牌，有更大的价值。因而，支持一个品牌的价值的花费同在产品质量上的花费一样重要，具有同等意义。⑦保护。注册商标、设备，或二者的结合是在法定名义下的一种专利，受到法律保护，还有法律认可的其他保护。品牌保护的强度和宽度具有重要价值。综合七大因素，强大的品牌拥有更大的价值。Interbrand是全球最大的综合性品牌咨询公司，其品牌资产价值评估方法是受到国际公认的方法之一，也被一些国家所借鉴和采用。此外，美国和日本等发达国家也有其对品牌资产价值进行评估和核算的方法。

本章小结

资产按其存在方式，可以分为有形资产和无形资产。有形资产是以物化形式（包括实物和货币等有形形式）存在的资产，主要包括固定资产、流动资产、长期投资和专项资产。无形资产是以无形形式即不具有物化形态（或独立实体）存在的资产，是可以被企业长期使用并能带来经济利益的一切无形的经济资源。

无形资产的主要特点是：（1）非实体性，即无形性；（2）依附性；（3）效益性；（4）专有性；（5）不确定性。

品牌是一种重要的无形资产。品牌资产是超越生产、商品以及一切有形资产以外的价值。它集中体现在商标所代表的价值上。因此，通常以商标价值来代表品牌资产价值。

品牌资产的构成要素主要包括：品牌认知、品牌体现的质量、品牌联想、品牌忠诚和其他品牌资产。

品牌认知是消费者识别和记忆某品牌是某一产品类别的能力，并在观念中建立起品牌与产品类别间的联系。品牌认知有不同的程度或层次，由低到高形成品牌认知金字塔的次序是：品牌无意识—品牌识别—品牌记忆—深入人心。

品牌体现的质量是消费者对品牌质量的一种感性认识和判断，它虽然以品牌本身的质量为基础，但它不同于品牌本身的质量。品牌体现的质量通过购买动因、心理区位、溢价效应、销售人员表现、品牌扩展等而形成品牌价值。

品牌联想是人们记忆中与品牌相连的一切事物。品牌联想的集合可以创造价值，其方式是：帮助得到信息、区别品牌、影响购买行为、创造积极的态度与感觉。

品牌忠诚是消费者对品牌感情的程度。它是品牌资产的核心。品牌忠诚也可以形成一个由低到高的金字塔：易变者（没有品牌忠诚度）→满意的（习惯性）买主→对转变费用满意的买主→喜欢该品牌的买主→忠贞不贰的买主。对品牌忠诚度可以进行相对的、近似的测量。品牌忠诚是一种战略资产，对企业的生存与发展具有长期的潜在利益。

品牌资产价值通常由商标价值来表示。商标价值不是制作商标所需的成本费用，那是微不足道的。商标所代表的品牌所能带来的价值增值，才是商标所体现的无形资产价值的总和。驰名商标的价值往往大于其有形资产总价值。

品牌资产价值也可以而且必须评估。品牌资产价值评估具有相对性（不确定性）、市场性、模拟性、公正性等特点。

品牌资产评估的内容主要有：历史成本、现在成本或取代成本、市场价值、未来获利潜力、额外价值等。

品牌资产评估方法，各国有所不同。Interbrand公司测定品牌资产价值的方法具有代表性，为其他国家广泛采用。其关键因素是品牌利益和品牌实力。品牌利益的计算，涉及确定品牌利润，专有品牌利润的消除，重申历史上的利润在当前的价值，历史利润的评估，资方所酬，税收等。品牌实力的计算包括7个因素：①领导力；②稳定性；③市场；④国际性；⑤趋势；⑥支持；⑦保护。

关键概念

资产　有形资产　无形资产　知识型无形资产　品牌资产　品牌认知　品牌体现的质量　品牌联想　品牌忠诚　品牌资产价值　品牌利益　品牌实力

思考题

4.1　为什么说品牌是一种重要的无形资产？

4.2　品牌认知程度用什么表示？怎样提高品牌认知程度？

4.3　品牌体现的质量与品牌商品本身的质量有何联系和区别？

4.4　价格暗示与品牌质量是何关系？适合进行价格暗示的主要是哪些产品？

4.5　品牌联想对创造价值有何作用？

4.6　品牌忠诚金字塔是怎样反映品牌忠诚程度的？

4.7　如何测量品牌忠诚？

4.8　品牌资产价值是怎样体现的？

4.9　品牌资产价值很难精确计算，为什么还要对品牌资产价值进行评估？

4.10　品牌资产评估的关键要素是什么？为什么品牌资产价值有可能超过有形资产价值的总和？

练习题

4.1　简述有形资产包括的主要内容。

4.2　无形资产如何分类？

4.3　品牌资产构成要素主要包括哪些内容？

4.4　品牌认知对消费者购买决策起什么作用？

4.5　品牌体现的质量如何直接影响企业的经营与发展？

4.6　品牌忠诚是如何测量的？

4.7　怎样认识品牌忠诚的战略价值？

4.8　品牌资产价值评估有些什么特点？

4.9　品牌资产评估的内容是什么？

4.10　品牌实力的 7 个评判因素是什么？

自测题

4.1　什么是有形资产和无形资产？它们各包括哪些内容？

4.2　按评估对象的构成要素显著特征划分，无形资产可分为哪几种类型？

4.3　怎样理解无形资产的依附性和不确定性？

4.4　品牌资产是何含义？为什么品牌资产越来越受到企业的关注？

4.5　品牌无意识、品牌识别、品牌记忆、品牌深入人心这几个概念各自反映了品牌认知的何种层次？

4.6　品牌体现的质量怎样形成品牌资产的价值？

4.7　品牌联想有哪些创造价值的方式？

4.8　品牌忠诚金字塔如何体现出不同的品牌忠诚程度？

4.9　品牌忠诚的测量主要包括哪些方面？

4.10　品牌资产价值评估的方法是什么？

案例分析

跨国企业的品牌越级之道

跨国企业通过越级策略，背离其在母国的品牌定位，拉高其在华的品牌高度。由于定位得当，跨国企业在华的成就有目共睹。跨国公司进入中国后，有些品牌采取不断走高的策略，在获取高额利润的同时，也积累了无比宝贵的品牌资产。在艳羡它们的同时，我们更要清楚跨国企业在中国本土化道路上所采取的品牌越级策略。

一、为品牌注入内涵与文化

传奇的人物、事件和消费者体验往往能吸引消费者的心，所以跨国企业在中国打造高端品牌，无一例外都要为品牌塑造传奇，挖掘品牌创立至今能吸引消费者的传奇故事，这可以是创始人的独特经历，也可以是名人对产品的非凡体验。所以，在华每一个高端品牌都有一个引人入胜的传奇故事，然后将这些品牌故事反复地传播，以加深消费者对品牌的高端印象。20 世纪初，奥迪曾经是德国无与伦比的尊贵品牌，但奥迪的鼎盛已经是一个世纪前的事了。奥迪这样一个曾经由盛转衰甚至没落的德国豪华汽车品牌，通过 20 世纪 80 年代开始的品牌复兴，找回当年的品牌荣光，创造了新的辉煌。在中国市场，与奔驰相比，奥迪的半年业绩足足超出前者 5 万辆有余，其对宝马的领先优势亦由 2009 年同期的 30 199 辆扩大至 37 454 辆。而最为难得的是，奥迪销量的增长并不是靠打价格战取得的。

跨国品牌通过文化渗透改变了中国消费者的思维价值观，也由卖商品变成卖文化，在消费者心目中树立起高档次的形象，从而引发了冲动、感性的消费。以哈根达斯为例，它在中国消费者心目中树立起的时尚、高档、浪漫的形象，实际上是一种文化侵入。

二、不断创新技术与概念

跨国企业利用母国的技术储备，掌握最核心的专利技术，虽然这类技术在其母国并没有绝对的优势，但在中国就能使其通过高技术壁垒而占据绝对优势。任何企业要想给消费者带来非凡体验，只有卓越的产品才能支撑一个品牌的高端形象。美国音响品牌 BOSE 在全球开创了独一无二的声学科技及视听体验方式，成为中国高端消费者心目中最为理想的音响品牌，更有一些汽车品牌以配备 BOSE 音响为卖点大打广告，如日产天籁“BOSE 共鸣，天籁同赏”在全国激情奏响。

三、匪夷所思的撇脂定价

玉兰油在刚进入中国市场时定位为大众产品，价格定得低，可卖得并不好，后来逐步提高价格，销量反而一路走好。再比如，CK 在中国的定价已经远远偏离了其母国的水平，但也正是因为 CK 这一匪夷所思的价格，造就了今天让国内很多企业难以望其项背的销售业绩。

四、渠道布局与终端建设

有志于品牌升级的跨国企业，除了深度挖掘产品、品牌内涵外，还很注重抢占高端销售终端，以树立高端品牌的形象。高端客户群体注重产品质量和售后服务，同时也注重购物环境，而高端的商场或购物中心无疑是最好的选择。但一个新的品牌要争取到高档商场的销售渠道并不容易。首先，品牌背景和公司实力需要经过商场的全面评估、层层考核和严格筛选；其次，商场还要考虑品牌能给它带来多大的效应，会优先选择已经成熟并在其他商场有一定影响力的品牌。而跨国品牌需要先抢占一线城市最高端的商场，比如，上海港汇广场的 CK 专卖店，右边是 BOSS，对面是 ZEGNA；虽然哈根达斯的店面一般都不大，但所有店面都不惜重金装修，竭力营造一种轻松、休闲、舒适而具有浓厚小资情调的氛围。

五、不差钱的推广传播

跨国企业在塑造高端品牌的策略中，还包含借助高端媒介、高端活动来提升品牌形象。作为一个希望逐步走高的品牌，自然需要选择高端的媒介，助力其品牌形象的提升。高端消费群体日常接触较频繁的媒介，如高端时尚生活杂志、高端财经杂志、航机杂志及高端俱乐部刊物等，都是非常好的媒介方式。通过与其他奢侈品牌同时出现在某一个媒介上，来提升自己品牌高端印象。BOSE 一直在《福布斯》、《财富》、《时尚先生》以及《VLIFE》等杂志上投放广告，今年更是将广告投放到《罗博报告》上，而《罗博报告》上的广告都是高端得不能再高端的品牌。

资料来源　高剑锋．跨国企业的品牌越级之道［J］．销售与市场：评论版，2013（1）．

问题：

1. 跨国企业在中国打造高端品牌，往往要挖掘品牌创立至今的传奇故事，这对品牌升级有怎样的影响作用？

2. 玉兰油刚进入中国市场时定位为大众产品，卖得不好，这是为什么？

3. 跨国企业在塑造高端品牌的推广传播时，其传播策略具有哪些特点？

4. 上述案例总结的跨国企业品牌升级策略，可以给中国本土化的品牌越级策略带来怎样的启示？

补充阅读材料@

1. 李滨．品牌资产管理［M］．西安：西安交通大学出版社，2014：78-150.

2. 周鹍鹏．基于定位理论的品牌资产提升绩效研究［M］．北京：中国经济出版社，2013：23-98.

3. 周文敏．品牌的力量——破解无形资产的秘密［M］．北京：北京工业大学出版社，2013：21-73.

4. 张梦霞．中小企业战略品牌管理研究——聚焦品牌资产［M］．北京：经济管理出版社，2013：33-93.

5. 陈洁．品牌资产价值研究［M］．北京：经济科学出版社，2012：21-163.

6. 方正．产品伤害危机对品牌资产的影响研究［M］．北京：北京大学出版社，2012：61-83.

7. 阿克．管理品牌资产［M］．吴进操，等，译．北京：机械工业出版社，2012：11-73.

8. 沈鹏熠．零售商品牌资产形成机制与管理研究［M］．北京：经济管理出版社，2011：61-93.

9. 陈康．机构投资对我国资本市场资产价格影响的实证研究［J］．金融发展研究，2014（5）：20-24.

10. 赵世刚．渤海银行．打造全面风险管理品牌［J］．中国金融，2013（6）：73-75.

第 5 章

品牌质量

学习目标

要求通过本章学习，深刻认识质量是品牌的生命，不断提升品牌质量是企业生存与发展的根本，永远把改进品牌质量作为企业战略的核心问题放在一切工作的首位。强化质量意识是品牌质量的出发点，规范化的质量体系和质量管理是品牌质量的保证。

本章导读

与上述学习目标相适应，本章以 4 节内容，分别论述产品质量与品牌质量、质量是品牌的生命、品牌质量战略、品牌质量管理等问题，从而对品牌质量有一个较为系统的了解。

在学习过程中，要把握品牌质量与产品质量的联系与区别，既要明确产品质量是品牌质量的基础，产品质量是品牌质量的组成部分，又要认识品牌质量高于产品质量，它是市场与消费者的尺度，是市场经济的质量观，从而进一步认识品牌质量在市场营销中的重要战略地位。

5.1 产品质量与品牌质量

5.1.1 质量定义

在品牌研究中，质量是使用频率最高的概念之一。在某些华语地区和国家，如我国的台湾、港澳地区和新加坡等国家也称之为品质。在这种情况下，质量和品质是同一个概念。而在中国大陆，质量和品质的含义则有细微的差别，品质包括品格和质量。对于物的评价，既可以用质量，也可以用品质，如茶叶的品质、彩电的质量；而对于人的评价，则只能用品质，即品格（人品）和素质。本章对质量的论述只涉及物，不涉及人。

对质量有各种不同的定义，人们也从不同的角度或范围使用“质量”这一概念。狭义地说，质量是指产品质量；广义地说，质量包括产品质量、工程质量、服务质量、工作质量等。

在相当长的一段时间里，人们普遍地把“质量”理解为“符合性”，即产品或服务符合规定要求。直到 20 世纪 60 年代，美国质量管理专家朱兰（J. M. Juran）提出

“质量就是适用性”的基本定义后，这个定义在世界上被普遍接受。其出发点就是企业应该更多地站在用户或消费者的立场上看问题，而不应仅仅从企业本身来思考问题。因此，也有人更直接地把质量定义为“用户满意”。这些定义涉及质量的本质，但不够完整和规范。

国际标准化组织（International Organization for Standardization，简称ISO）1983年以来对“质量”含义作了多次界定，并在实践中不断修正和完善。

ISO于1983年7月提出的ISO DP8402文本中，对质量的定义是：产品、服务或过程满足规定或潜在需要的特性的总和。1986年6月在出版ISO8402正式文本时，删去了“过程”一词，对质量定义为：产品或服务满足规定或潜在需要能力的特征和特性的总和。

1994年，ISO对“质量”的定义又作了进一步的改进和完善，主要是引进了“实体”概念。用“实体”代替了“产品”和“服务”。这一概念体现在ISO8402-1994的“质量”定义中。该“质量”定义是：反映实体满足明确或隐含需要能力的特性的总和。

2009年5月实施的ISO9000：2005对“**质量**”一词的定义是：一组固有特性满足要求的程度。“固有的”（其反义是“赋予的”）就是指在某事或某物中本来就有的，尤其是那种永久的特性。“要求”是指明示的、通常隐含的或必须履行的需求或期望。“特性”是指可区分的特征，如：

上述定义，可以从以下几个方面来理解：

（1）相对于ISO DP8402的定义，更能直接地表述质量的属性，由于它对质量的载体不做界定，说明质量可以存在于不同领域或任何事物中。对质量管理体系来说，质量的载体不仅针对产品，即过程的结果（如硬件、软件和服务等），也针对过程和体系或者它们的组合。也就是说，所谓“质量”，既可以是零部件、计算机软件或服务等产品的质量，也可以是某项活动的工作质量或某个过程的工作质量，还可以指企业的信誉、体系的有效性。

（2）定义中的“特性”是指事物所特有的性质，固有特性是事物本来就有的，它是通过产品、过程或体系设计和开发及其后之实现过程形成的属性。例如：物理特性（如，机械的、电的、化学的或生物学的特性），感官特性（如，嗅觉、触觉、味觉、视觉、听觉），行为特性（如，礼貌、诚实、正直），人体工效特性（如，生理的特性或有关人身安全的特性），功能特性（如，飞机的最高速度）等。这些固有特性的要求大多是可测量的。赋予的特性（如某一产品的价格），并非是产品、体系或过程的固有特性。

（3）“满足要求”就是应满足明示的（如明确规定的）、通常隐含的（如组织的惯例、一般习惯）或必须履行的（如法律法规、行业规则）需要和期望。只有全面满足这些要求，才能评定为好的质量或优秀的质量。

（4）顾客和其他相关方对产品、体系或过程的质量要求是动态的、发展的和相对的。它将随着时间、地点、环境的变化而变化。所以，应定期对质量进行评审，按照变化的需要和期望，相应地改进产品、体系或过程的质量，确保持续地满足顾客和其他相关方的要求。

(5)“质量”一词可用形容词如差、好或优秀等来修饰。在质量管理过程中，“质量”的含义是广义的，除了产品质量之外，还包括工作质量。质量管理不仅要管好产品本身的质量，还要管好质量赖以产生和形成的工作质量，并以工作质量为重点。

因此，ISO的质量定义，是广义质量的概念，而不是狭义的质量概念。在理解这一质量定义时，以下五点均应给予足够的注意：①质量不仅包括结果，而且包括质量的形成和实现过程。②质量不仅指最终产品质量，而且也包括它们形成和实现过程的质量。③质量不仅满足顾客的需要，还要满足社会的需要，并使顾客、业主、职工、供方、社会都能受益。④质量不仅存在于工业，而且存在于服务业，还存在于其他各行各业。⑤质量不仅指静态质量，而且指由时间决定的动态质量。

【小思考5-1】

关于“质量”有各种说法，从国际标准化组织的定义中，下列说法哪一种更确切?

(1) 质量是产品符合顾客要求的特性。

(2) 质量是产品或服务适应顾客要求的特性。

(3) 质量是一组固有特性满足要求的程度。

(4) 质量是反映产品或服务满足明确或隐含需要能力的特征和特性的总和。

【答案】(3)。

5.1.2 产品质量

产品也有狭义和广义之分。狭义的产品是指通过生产过程制造出来的能满足某种需要的物品，它以实物形式存在。广义的产品则是指任何提供给市场并能满足人们某种需要和欲望的东西。它既包括实物，又包括服务，甚至还包括人员、地点、组织、活动和构思。在不同情况下，狭义的产品概念与广义的产品概念都可以根据实际需要加以运用。但在日常生活中和一般情况下，人们习惯于使用狭义的产品概念，而将广义产品的概念中除了狭义概念以外的延伸部分用其他的概念表达。

产品可按消费者类型分为消费品和工业品两大类。消费品是指由最终消费者购买并用于个人消费的产品。工业品则是指为进一步用于行业生产而购买的产品。二者的区别在于购买产品的目的不同。消费品和工业品还可以在各自内部进行细分，如：消费品可以再细分为日用品、选购品、特殊品、非需品；工业品又可细分为材料和零部件、资本项目品、物资和服务。

产品质量是指产品的性能及其达到的水平。它有两个衡量尺度，即级别和一致性。(1) 产品质量级别，是指产品性能质量，即产品发挥作用的能力。它包括产品的耐用性、可靠性、精密度、使用和修理的简便程度，以及其他有价值的属性。(2) 产品质量一致性。要符合标准质量以及目标性能质量标准的前后一致性。高质量就是高水平的质量一致性。如果质量前后不一致，就缺乏稳定性，质量就难以衡量并失去信用。稳定的具有前后一致性的高质量产品是消费者可信赖的优质产品，有很好的市场发展前景。

市场营销学提出了整体产品概念。整体产品包括三个层次：（1）核心产品。它解决为顾客提供真正需要的核心利益，即顾客购买该产品所要获得的真实效用。它回答的问题是：顾客真正想买的是什么？核心产品位于整体产品的中心，是整体产品的最重要部分，实质部分。（2）形式产品。它是产品的具体形态，包括质量水平、特色、款式、外观造型、商标图案、包装等。形式产品是围绕核心产品制造出来的产品。（3）附加产品。它是围绕核心产品和形式产品而附加的消费者服务和利益，包括运送与安装、使用培训与维修、咨询服务、卖方信贷保证等。因此，附加产品是一种外延产品。

根据整体产品概念，产品质量也应包括核心产品质量，形式产品质量、附加产品质量。其中，核心产品质量是最重要的部分。

产品质量如何，应有一种客观认可的机制，这就是产品质量认证。质量认证是国际上通行的制度。它是为确信产品或服务完全符合有关标准或技术规范而进行的第三方机构的证明活动。对制造企业来说，申请权威机构对其产品质量进行认证，使用国际公认的合格标志，其产品就可以得到世界各国的普遍承认，有利于扩大市场，参与国际竞争。质量认证已发展成为一种世界性趋势，形成世界范围内广泛的国际认证。由于它不受产销双方经济利益支配，是以公正、科学的工作态度为基础的第三方认证，因而逐步树立起很高的权威和良好的信誉，成为各国对产品和企业进行质量评价和监督的惯例。

质量认证是合格评定的主体活动，它包括产品认证和质量体系认证。产品认证又包含合格认证和安全认证；质量体系认证又叫质量体系注册。质量认证又称合格评定，它是由可以充分信任的第三方证实某一经鉴定的产品或服务符合特定标准或技术规范的活动。质量认证有以下特点：（1）认证的基础是标准或技术规范。产品认证的基础是产品技术规范或确定的标准；质量体系认证的基础是ISO9000：2008族标准中的ISO9000：2005、ISO9001：2008、ISO9004、ISO1901等四个核心标准。（2）认证的对象是产品，含硬件、软件、流程性材料和服务。（3）认证由第三方进行。第三方是指和第一方（供方）、第二方（需方）无行政隶属关系并在经济上无隶属关系的认证机构或认证公司，第三方认证可以体现公正和权威。（4）鉴定是证实的方法，证实的表示是证书和认证标志。

5.1.3 品牌质量

品牌质量包括品牌本身的质量和品牌体现的质量，是二者的综合体现。品牌本身的质量就是品牌本身所代表的产品质量；品牌体现的质量是品牌在消费者心目中感受的质量。因此，品牌质量比产品质量含义要广，它是以产品质量为基础，并扩展到消费者心中感受的质量。这两个方面是不可分割的。品牌质量应该是产品质量和消费者心中感受的质量二者的有机结合。二者结合得好与不好，直接影响到品牌质量的高低。提高品牌质量也就是把提高产品质量与提高品牌体现的质量（品牌在消费者心中感受的质量）有机结合起来。产品质量是建立信誉的基础和前提。产品质量不过硬，经常出现质量问题，消费者是不会买账的。但是，在不同品牌的产品质量大体相同的情况下，有的品牌受到顾客青睐，有的品牌却被顾客冷落，这种情况是相当普遍的。这时，品牌体现的质量即消费者心目中感受到的质量就起到关键性的作用。因此，在提高产品质量的同时，必须把提高消费者心目中感受到的质量放在突出的位置，并使真正的质量转化为“体现”的质量，这样才能取得更大的成功。如果品牌体现的质量下降了或者丧失了，也就是说这个品牌在消费者心目中已经丧失信任，它是很难再度恢复的，即使再重头做起改进产品质量，也往往无济于事。因此，在保持产品高质量的前提下，必须加大消费者对品牌的认知度和忠诚度，使品牌形象在消费者心中永远美好，永远不降低，品牌质量才有保障。强化品牌认知，丰富品牌联想，加深品牌忠诚，同不断提高产品质量一样是企业一项永久性的工作。实施名牌战略则是提高品牌认知度和品牌忠诚度的关键措施。关于产品质量和品牌体现的质量的有关内容，前文均已述及，此处不再赘述。

5.2 质量是品牌的生命

5.2.1 影响品牌质量的因素

影响品牌质量的因素有多种，主要有：

1. 优质原材料

品牌质量的基础是产品质量，产品质量的基础是原材料。劣质棉花织不出高品质布，普通钢材制不成精密仪器，次等粮油做不出高级点心，低标号水泥砌不成高楼大厦。优质原材料是影响产品质量和品牌质量的基础因素。任何一个名牌产品和名牌企业为了保证品牌质量，都对原材料有严格的要求，这是保证产品质量和品牌质量的起码条件。创建于 1702 年的“同仁堂”老字号为什么声名远播，历时 300 多年不衰且日益发展，原因之一是始终坚持选料上乘。同仁堂从一开始就十分重视药材的品质，如人参必用吉林的，陈皮要用新会的，大黄要用西宁的，蜂蜜要用兴隆的，等等。由于药材选用优质的品种，这就保证了炮制的成药质量优良。麦当劳为了保证炸薯条口味好，香脆松化，不断改进马铃薯质量，聘请专家研究，用特殊方法种植并精心挑选优质马铃薯作炸薯条原料。至于一些高科技产品，对优质原材料的要求就更高了，采用新技术开发优质新材料是提高质量的重要环节。

2. 先进的技术和设备

在现代化生产制造过程中，技术是否先进，机器设备的好坏与是否先进，对产品质量影响很大。过时的技术，落后陈旧的设备，可能把优质原材料制成次等品，而先进的技术和优良的设备则能将优质原材料制成优质品。因此，不断采用新技术、新设备、新工艺、新方法，就能推动产品质量的提高和产品的升级换代。中国国有纺织工业 20 世纪 80 年代以来产品落后的原因之一，就是机器设备陈旧落后，纺不出好纱，织不出好布。因此在 20 世纪 90 年代末才有全国范围的“砸锭”行动，砸掉落后的设备和纺锭，为更新设备、摆脱困境而创造条件。而在家电、电子、现代通信等行业，由于不断更新技术、更新设备，产品质量不断提高。

3. 优秀的人才

质量是靠人创造的。高素质的劳动者及其高质量的劳动，是产品高质量的决定性因素。不仅经营者、管理者必须具有高素质，而且普通员工、全体劳动者也必须是高素质的。他们要有先进的思想、严明的纪律、良好的文化教养、丰富的科学技术知识、现代化的业务技术和过硬的本领。只有这样，先进的技术设备，优质的原材料，才能经过他们的劳动，制造成高质量的产品。否则，低素质的劳动者会使先进的设备变成一堆废铁，优质原材料也会被浪费。优秀的人才，高素质的劳动者，是影响品牌质量的关键，创名牌的企业更是重视吸收和培植优秀人才并充分发挥他们的作用。高素质的人才是最可宝贵的。

4. 严格的管理

人才、技术、设备、原材料等要素都很重要，但是，如何使它们协调运转，形成综合实力，更好地发挥作用呢？关键又在于管理。管理可以把各种要素有机地组合起来，结合起来，使其成为一个整体，从而促进品牌质量的提高。科学的管理制度、严格的管理规范、明确的管理责任、认真的管理执行，细致的管理落实，是保证品牌质量稳定提高的基本要求。

5. 消费者的心愿

品牌质量还要取决于消费者的心愿、希望和满意度。产品质量、品牌质量究竟如何，最后还是消费者说了算。因此，必须深入细致地对消费者进行调查，了解消费者的需求、愿望，使消费者满意，这样才能不断提高品牌质量的市场基础，使品牌质量为广大消费者所接受。

【小思考 5-2】

产品质量没什么巧，只要态度认真就行了，这种说法对吗？

（1）这种说法只有部分的道理，但很不全面。

（2）这种说法完全正确。

（3）这种说法完全错误。

（4）产品质量是受多种因素影响的，例如技术、设备、人才、管理、原材料、组织、结构、创新、消费者、文化等各种因素，都影响产品质量。

【答案】（1）（4）。

5.2.2 品牌质量是企业生存发展的根本

产品质量和品牌质量是企业的生命，是企业生存发展的根本，是企业创名牌的根本，也是使消费者产生信任感和提高品牌忠诚度并重复购买甚至长期购买的最直接原因。名牌的一个最显著特征就是能提供更高的可感觉的质量。质量是名牌之魂，也是企业之魂，这是颠扑不破的真理。任何想绕过质量关、不注重质量而搞旁门左道的做法是一定要失败的。因此，提高产品质量和品牌质量，应该是企业常抓不懈的永恒课题。

1. 质量是提高企业内部凝聚力的核心

一个企业要存在和发展，必须要有强大的内部凝聚力。这种内部凝聚力有多种因素组成，其中以品牌的高质量作为凝聚力的核心。企业的人财物、有形资产与无形资产、智慧和积极性、人际关系协调和齐心，都围绕着创高质量品牌这个核心，高质量聚集了企业一切优秀文化的精华和企业团结一致的力量。

2. 质量是开拓市场的法宝

企业的产品要打开销路，最重要的法宝是高质量，是消费者信得过的质量。市场竞争有许多招数，但归根结底要靠质量取胜。不讲求质量而只搞形式主义花架子，可能得逞于一时，但绝不可能长久，西洋镜一拆穿，原形毕露，只会声名扫地，甚至万劫不复。企业不断提高产品质量，树立品牌质量在消费者中的信誉，就可以赢得市场，扩大市场份额，企业就可以发达兴旺。

3. 质量是企业效益之源

一方面，好的产品，高质量品牌卖得快、卖得多，为企业提高效益创造了基本前提，有质量才有销路，有销路才有效益；另一方面，好产品、高质量可以卖出好价钱，比一般质量的产品要得到更多的回报。同时，高质量的品牌由于市场占有率高，销售规模大，可以发挥规模经济的作用，降低单位产品成本，从而取得更大的效益。

4. 质量是创新的结果和动力

企业要发展，离不开创新。技术创新、制度创新、组织创新、管理创新、营销创新等，都凝结在产品质量、品牌质量上。没有技术创新，就不可能有高质量，在高新技术飞速发展的今天，高技术是高质量的核心和动力。一个企业只有不断进行技术创新，才能保证产品的高质量，保持市场的竞争力，企业才能发展。一旦技术创新停止，质量就要落伍，直至企业被淘汰。制度、组织、管理、营销等的创新也是如此。

5. 质量是企业由小到大，由弱变强的基石

企业要生存要发展，就有一个由小到大、由弱变强的过程，企业由小到大、由弱变强也是多种因素作用的结果，但是质量则是它的基石。从企业内部资本积聚来说，要靠质量来确保企业的良性循环，渐进发展；从企业外部资本集中来说，要靠优异的品牌质量作为资本营运的核心，去兼并和改组、改造其他的企业、其他的资本。一些成功的名牌企业无不是靠其品牌质量的优势而迅速成长壮大起来的。国外的大名牌奔驰、宝马、松下、可口可乐、雀巢、微软、苹果等是如此，国内的名牌海尔、美的、联想、雅戈尔、李宁、娃哈哈、张裕等也莫不如此。质量是企业生存发展之本，成长壮大之基，也是企业永恒的课题，质量的发展和更新改进是无止境的。

【实例5-1】

格兰仕：360°预防型质量管控

自1992年第一台格兰仕微波炉诞生至今，格兰仕微波炉全球销量已突破2.5亿台。以每台50厘米长度计算，格兰仕销售的微波炉总长度超过10万公里，可绕地球两圈半。格兰仕之所以赢得全球2.5亿消费者这一庞大市场，靠的就是质量。现在在卓越绩效管理体系下，格兰仕的质量管理涉及产品研发、企业生产、原材料供应、创

新资源的分配等各个方面，从产品的设计开始就恰如其分地设定品质耗用成本，进行前瞻性的质量评估，而不是停留于事后的检查、判断、改善。

“杜绝不良品，质量管控零容忍”是格兰仕生产车间所有格兰仕人共勉的一句口号。“我们要确保不合格的原材料不进厂，不合格的产品不出厂。”格兰仕会对原材料的供应商进行突击检查，详细了解供货商在原材料购买指标、生产工艺、生产环节的各种情况，而且对于原材料供应的要求非常严格，不光考量供应商在生产体系、产能评估等硬件方面的匹配，更强化对供应商在质量管理体系、产品检测体系等软件方面的要求。通过产业基础的配套、先进设备的自动化、扎实的全员技工化战略，格兰仕的质量管理做到360°无缝对接，将预防型质量管理的理念和要求深入产业链的每一个环节。每年9月份是全国质量月，但是格兰仕的质量月不仅仅是一个月份，而是贯穿起365个工作日的系统工程。

金融危机冲击下的国际市场规则正在发生改变。在国际市场，尤其是欧美市场，客户要求更短的货期，更稳定的质量，在这种情况下，一个关于质量问题的重大索赔也许就会让一个企业陷入重大的危机，一些没有严格质量管控体系的制造企业，根本不敢碰刁钻的欧美客户。但是格兰仕凭借系统的管控体系，将这些客户一一收入囊中，更多的国际性的渠道、国际性的平台寻求与格兰仕合作。也因此在2013年，格兰仕微波炉凭借出色的质量和服务表现，在海外市场依然获得了稳健的增长。“今天的质量就是明天的市场”，这也许是格兰仕不断提升产品品质和服务质量的印证。

资料来源　苏贝．格兰仕：让顾客感动从质量预防做起［J］．中国品牌，2014（1）．

5.3 品牌质量战略

5.3.1 品牌质量战略的含义

“战略”原是一个军事术语，一般是指对战争全局的筹划和指导。后来，“战略”一词在经济、政治、文化、教育、科技、外交、环保等各个领域被借用。其含义是指各领域中具有重大意义的、带有全局性或决定全局的谋划。

品牌质量战略是指国家或企业关于品牌质量的发展方向、目标和实现这种目标的基本措施。

国家品牌质量战略是一个国家从宏观角度要求达到的品牌质量目标、规划和政策。中华人民共和国国务院2012年2月6日颁布施行的《质量振兴纲要（2011—2020年）》，可以说是中国宏观层面的国家质量战略，其中包括品牌质量战略。这一战略的基本思路是促进经济发展方式转变，提高我国质量总体水平，实现经济社会又好又快发展。主要目标是：到2020年，建设质量强国取得明显成效，质量基础进一步夯实，质量总体水平显著提升，质量发展成果惠及全体人民。形成一批拥有国际知名品牌和核心竞争力的优势企业，形成一批品牌形象突出、服务平台完备、质量水平一流的现代企业和产业集群，基本建成食品质量安全和重点产品质量检测体系，为全面建设小康社会和本世纪中叶基本实现社会主义现代化奠定坚实的质量基础。该纲要在品牌建设方面提出的重点措施如下：建立品牌建设标准体系；建立品牌价值评价制度；开展知名品牌创建工作。

为了实现质量振兴的目标，国家提出了一系列政策和措施，这些政策和措施都是带有战略性的。诸如：强化企业质量主体作用；加强质量监督管理；创新质量发展机制；优化质量发展环境；夯实质量发展基础；实施质量提升工程等。

企业品牌质量战略是从微观角度考察企业对品牌质量的发展目标和主要措施。就国家来说，企业是微观的，不存在战略问题，但就企业来说，如何从总体、全局和长远发展的高度来对待品牌质量，也是一个战略问题，因此企业也应有自己的品牌质量战略。各个企业具体情况不同，其品牌质量战略也应有所区别。但是每个企业都应从本企业实际情况出发，提出切实可行的品牌质量战略目标和强有力的实现措施。有的企业可以提出在一定时期内创国际名牌的战略目标并制定相应的措施和实现目标的日程表；有的企业则可以提出在一定时期内创全国名牌或中国驰名商标的战略目标；而有的企业则只宜提出创地区名牌或在原有基础上把质量提高到何种程度的较低目标。总之，不论什么企业，都应根据本企业的具体情况，制定出符合实际、切实可行的品牌质量战略，才能在市场竞争中站稳脚跟，求得发展。

5.3.2　品牌质量战略原则

实施品牌质量战略，要遵循一定的原则。

1. 社会性原则

要从整个社会经济的发展来看待品牌质量问题。品牌质量不仅涉及企业的利益、个人的利益，而且从总体上说，也涉及全社会的利益。名牌的多少和大小，直接体现了一个国家的经济实力和发展水平。

2. 综合性原则

品牌质量受多种因素影响，是各方面问题的综合反映，诸如经济发展水平、科技发展水平、资源种类、数量及质量、劳动者素质、经营管理水平、市场发育状况、法制建设、社会文明与道德水平等，因此必须从多方面综合考虑与筹划品牌质量的发展战略。

3. 系统性原则

品牌质量是一个系统工程。按质量理论，有一个“质量螺旋”或“质量环”的质量系统。它涉及企业组织、市场调研、产品设计与开发、采购供应、生产制造、检验监测、包装储存、销售分发、维修服务等所有环节的质量体系。品牌质量战略必须从全部质量系统出发统筹考虑。

4. 长远性原则

影响品牌质量的因素不仅是多方面的，而且是极为复杂的，长期存在并不断出现的，因此，品牌质量问题绝不是权宜之计，而是每个企业乃至整个国家建设的一个长远性的问题。品牌质量战略也必须有长远的规划和预测，有长远的打算和安排，做到长期坚持，常抓不懈。有的企业对品牌质量抓一阵、松一阵，必然导致质量不稳定甚至质量下滑，都是违反了实施品牌质量战略应坚持的原则，尤其是长期性原则的缘故。

【小思考5-3】

在中国，“质量第一”的方针提了几十年了，“质量是企业的生命”的口号也喊了多年了，为什么在一些企业里对质量问题仍然是“说起来重要，干起来次要，忙起来不要”？其原因是：

(1) 产值是个硬指标，质量是个软指标。

(2) 缺乏市场经济观念和市场竞争意识。

(3) 抓质量必然提高成本，不利于企业发展。

(4) 企业领导人缺乏品牌质量意识。

【答案】(2)(4)。

5.3.3 品牌质量战略是名牌战略的核心

当今世界，无论是中国还是外国，都在实施名牌战略。名牌战略是在市场经济条件下，名牌形成、成长、发展和保护的总体谋略，包括创名牌的目标、方针、规划以及实现名牌目标的重大措施等。具体可以细分为名牌创建（形成）战略、名牌推广战略、名牌发展（扩展）战略、名牌保护战略等。

名牌战略是一个涉及面很广的战略，无论是名牌的形成和创建，还是名牌的发展和扩张，或是名牌的推广和保护，都有许多具体的实施战略，例如质量战略、广告战略、公关战略、渠道战略、营销战略、促销战略等。这些具体的战略对在总体上实施名牌战略都是必不可少的，都是很重要的，但是，其中最重要的则是品牌质量战略。品牌质量战略是名牌战略的核心，是名牌战略之魂。

1. 质量是名牌的内在本质

构成名牌的要素很多，但高质量则是名牌的第一要素，是根本要素，是名牌生死存亡的关键。名牌产品首先是优质产品，名牌企业首先是优秀企业，名牌企业家首先是优秀企业家。优质、高质是名牌的内在本质，离开了这个本质，名牌就不复存在。因此，实施名牌战略必须始终把质量放在首位，把品牌质量战略作为名牌战略的核心。

2. 质量是名牌的出发点

创名牌、发展名牌，有一个起点或出发点的问题。出发点对了，道路就对；出发点错了，就会事与愿违。从质量着手，从质量出发，才是实施名牌战略的正道。质量是无声的宣传员，质量好的产品必然口碑好，一传十、十传百。质量不好的产品，即使你吹得天花乱坠，也得不到消费者的认可。当然不能忽视广告宣传的作用，但是只有当产品质量确实过硬时，广告宣传才能发挥正面作用，如果质量不好，广告宣传反而会起负面作用。

3. 质量是名牌成长发展的动力

名牌要成长，要发展，要扩张，其内在动力也是质量。质量好，消费者就信赖，就有广阔的市场前景，就能不断扩大名牌的市场份额，名牌也就在市场扩张中不断成长壮大。高质量、优质量作为一种发展动力，使非名牌变成名牌，小名牌变成大名牌，弱名牌变成强名牌。这就是名牌发展的辩证法。而忽视质量，大名牌就会变成小名牌，强名牌就会变成弱名牌，名牌就会变成非名牌，直到被市场淘汰，销声匿迹。高质量的名牌是资本营运、资本扩张的强大武器。小天鹅曾经拥有连续10年占据全国洗衣机冠军宝座的辉煌，但从2003年开始历经磨难、走入低谷。2008年2月，美的电器收购了小天鹅24.01%的股权，成为控股股东。美的入主后的首要目标就是要“唤醒小天鹅”。从这几年的发展来看，美的对小天鹅的改造取得了成功。在2014年上半年国内洗衣机零售市场整体下滑的形势下，小天鹅显示了行业领军企业的抗风险能力，通过产品结构调整与经营转型实现了稳定增长，实现营业收入49.7亿元，同比增长24.4%，归属于母公司股东的净利润3.2亿元，同比增长43.2%。

4. 质量创新是名牌永葆青春的法宝

质量是动态的、发展的，它必须随着时代的发展、科技的进步、社会的变化而不断改进，不断创新，质量创新是名牌青春永驻、长寿不老的主要法宝。质量创新是技术创新、组织创新、结构创新、材料创新、工艺创新、知识创新的结晶。质量是名牌的生命，创新又是质量的生命。质量不断创新，名牌才有长久的生命力。美国福特汽车公司曾以T型黑色车打开了市场而名扬天下，多年稳坐汽车业头把交椅。但由于不思改进，不注意质量创新而落伍，当通用汽车公司开发出众多汽车新产品时，福特T型车市场被通用新型车一步步占领，福特公司几乎破产倒闭。后虽经多年努力改进，走出困境并得到发展，但至今市场地位远不如大众、丰田。国内一些老字号品牌陷入困境，固然有多种原因，但因循守旧、不注意质量创新也是一个重要原因。

【实例5-2】

耐百模式：服务客户的品牌质量

消费者把他们的需求呈现在搜索引擎上，而以百度为代表的搜索引擎则把用户的需求集合告诉商家，由商家满足他们。百度的每一个“吧”，本身就是一个小小的虚拟社会，如体育吧，网友在其中发表他们对生活的看法、对明星的崇拜，甚至对耐克用品的建议、反馈等。这些吧作为完全互动的平台，商家可以有组织地在上面发布信息、提供问题，让网民参与。同时，百度能够针对某些行业、某些品牌或者产品在互联网上搜索大众行为的一种趋势、变化和关心的热点，做出定量报告，提供给合作伙伴，为其营销决策提供依据。

百度一直尝试通过创新的技术和商业模式将巨大的流量转化为营销价值。最有效的品牌网络营销应该是将用户需求与品牌广告主营销需求完美嫁接，这种创新甚至远远超出有冲击力、吸引眼球的广告形式上的创新。创新既包括通过技术驱动实现形式上的创新，也包括满足用户需求上的创新。不管形式如何创新，都必须以满足用户需求上的创新为基点，只有这样才能避免用户的排斥心理；否则，即使设计再多的互动、交流环节，也难以调动用户参与的积极性和热情。正是创新，将耐克与百度两巨头“撮合”到了一起。

资料来源 罗雁飞. 耐百模式：态度与习惯的“联姻”［J］. 销售与市场：评论版，2009（20）.

5.4 品牌质量管理

5.4.1 品牌质量管理内容

品牌质量管理是以品牌质量为管理对象，确定质量方针、目标和责任，并借助质量体系中的质量策划、质量控制、质量保证和质量改进等手段来实施的全部管理职能的所有活动。在此基础上的全面质量管理，则是以质量为中心建立在全员参与基础上的一种管理方法，其目的在于长期获得顾客满意以及组织成员和社会的利益。

品牌质量管理在组织的质量职能方面是一个最大范畴的概念。其中，要重点掌握质量方针和质量体系两个要点。

质量方针是由最高管理者正式颁布的本组织在质量方面的全部宗旨和方向，是企业总方针的一个组成部分。它是企业在一定时期内所达到的质量目标的方针。企业要以质量求生存求发展，参与国内外市场竞争，就必须制定正确的质量方针、适宜的质量目标。而要实现质量方针和目标，就必须建立质量体系。

质量体系是为实施质量管理所需要的组织结构、职责、程序、过程和资源的综合体。质量体系是质量管理的核心。质量管理就是通过建立健全质量体系来实施各项质量管理活动的。各企业具体情况不同，它们的质量体系也不应相同，因此各企业应结合本企业的具体特点和内外部环境来确定本企业的质量体系。但任何企业的质量体系均应包括下列内容：

（1）质量策划。**质量策划**是指制定质量目标和质量要求，并选择质量体系要素的活动。

（2）质量控制。**质量控制**是指为达到质量要求所采取的作业技术和活动。要明确质量控制的具体内容和范围，以便监视一个过程并排除在质量环（质量螺旋）的各相关阶段导致不满意的原因，保证企业的经济利益。质量控制贯穿在质量环的所有环节，包括市场调研、设计、规范的编制和产品研制、采购、工艺准备、生产制造、检验和试验、包装和贮存、销售和服务、安装与运行、技术服务和维修、用后处置等各环节。

（3）质量保证。**质量保证**是指为提供某实体能满足质量要求的适当信赖程度，在质量体系内所实施的并按需要进行证实的全部有策划的和系统的活动。质量保证的基本思想是对用户负责。

（4）质量改进。**质量改进**是指为了企业和顾客双方的利益，为提高活动和过程的效果和效率所采取的全体组织的措施。质量管理既要控制和保证质量，更要改进质量；通过质量改进活动，分析与查找不合格品或缺陷产生的原因，制定改进措施，以提高各项质量活动的效果和效率；应集思广益，发动企业各个部门和全体职工，认真地、积极地发现问题、提出问题、找出问题产生的原因，提出各种解决方案，择其优者定出改进方案并付诸实施。

【小思考5-4】

品牌质量管理的核心是什么？

(1) 质量计划；(2) 质量方针；(3) 质量体系；(4) 质量目标；(5) 质量特性。

【答案】(3)。

5.4.2 品牌质量管理的主要内容

品牌质量管理涉及面非常广泛，从不同的角度又可以细分出各种不同的管理内容。这里从产品在生命周期中经历的三个主要阶段，即生产前阶段——产品设计开发、生产中阶段——产品生产制造、生产后阶段——销售与服务过程，简略介绍品牌质量管理的主要内容。

1. 产品设计开发过程的质量管理

产品的设计开发是产品质量的源头。产品设计质量的好坏直接影响到产品的生产制造质量和售后服务质量。产品设计主要包括功能设计和外观造型设计两方面的内容。消费者对产品的要求首先是满足功能的需要。因此，产品设计开发质量目标的基本出发点是满足消费者需求，这是确定产品设计开发的依据。要在广泛深入进行市场调查研究的基础上，运用新技术新材料，设计出适合消费者需要的产品，并且根据不同消费者需求的差异，设计出不同品种、不同档次、不同规格、不同款式的细分产品，以满足多样化的消费者需求。在产品的功能设计中，对产品在性能、安全性、可靠性、生产性、维修性、服务性、成本、使用费用、人类工效、环境保护、法规的符合性等各方面都应充分满足消费者的要求。

随着经济的发展、社会的进步和人们生活质量的提高，消费者不仅要求产品的功能符合其变化着的需要，而且要求在心理上富有情感，生理上舒适、方便、协调，外观上赏心悦目，美学上有独特的形式美感，强调自身的个性和特点，体现人的存在价值等。这就要求在产品的外观造型设计上更能符合人们的意愿。产品的设计开发质量管理应贯穿于功能设计质量和外观造型设计质量的全过程。为此，必须要有符合设计开发目标的产品设计开发部门，有较高素质的设计开发人员，有很高的设计开发技术能力水平，具备完善的技术标准和设计手册等文件，并建立设计评审制度。在企业内部对产品的初步设计，技术设计、生产设计进行评审，提出设计改进意见，然后通过实验室试验、现场试验、小批试生产，对产品设计开发的质量进行测试、考验和验证。在现代市场经济条件下，产品设计开发质量管理越来越引起人们的重视。

2. 产品生产制造过程的质量管理

产品的生产制造过程是产品质量形成的一个重要基础。生产制造过程应根据产品设计开发的要求进行，应符合设计开发的质量目标。同时，要把一个理想的产品设计方案由图纸变成实物，由样品变成大批量生产的产品，是通过生产制造过程实现的。因此，生产制造过程的质量管理是最经常、最大量、最广泛、涉及人员最多的一项质量管理。生产制造过程质量管理的任务是建立一个控制状态下的生产系统。所谓控制状态，就是生产的正常状态，也就是生产制造过程能够稳定地、持续地生产制造出符合设计质量的产品。生产制造系统处于控制状态能够保证合格产品（即符合规格标准）的连续性和再现性。

生产制造过程的质量管理主要包括两个方面内容的管理：

（1）生产技术准备的质量保证。生产技术准备是衔接产品设计开发与生产制造两个环节的重要中间环节，也是产品生产制造过程的一项重要内容。生产技术准备的质量是生产制造质量和最终产品质量的重要保证。它主要包括：人员准备；物资和能源准备；装备准备；工艺准备；计量仪器准备；设计组织生产方案；质量控制系统设计；质量职责确认；验收工艺及装备等。生产技术准备的质量保证对生产制造过程的质量形成和质量管理非常重要，是重要的基础和前提。

（2）生产制造过程的质量控制。在产品的生产制造阶段，有大量的质量管理工作，它牵涉到各方面和各部门以及全体生产制造人员。其内容主要包括：

①现场文明生产管理，包括文明生产管理标准和评价方法。企业的文明生产水平代表了企业经营管理的基本素质。良好的生产秩序和整洁的工作场所，是保证产品质量的必要条件，是消除质量隐患的重要途径。没有文明生产，就不会有好的产品质量。文明生产主要包括：生产的节奏性、均衡性；严明的工艺纪律、工艺法规；工序间流转工艺记录准确；物品的堆放储运有条理；人、机、物布置合理，无多余杂物；技术安全、质量教育标准化；设备整洁完好；器具存放整洁；工作地布局合理；工作环境、自然条件良好。

②生产工序管理和工序质量改进，包括作业者技术培训，实施标准化作业、检验、关键工序管理等。

③作业者自检，即操作者对自己的工作要首先负责，以提高操作工人的主动性和责任心。

④质量检查部门专职人员检查。

⑤工序审核。

⑥不良品处理。对不合格品（即缺陷品）应建立识别、隔离和处理的制度，对不合格品进行评审，以确定是否需要返修、返工、降级或报废，并采取必要措施防止再发生不良品，敦促质量改进。

⑦计算机辅助质量管理系统，包括监控仪器、设备等。

⑧确立内控标准。国内外企业广泛采用内控标准以控制生产制造和发运过程中的产品质量。内控质量标准一般是保密的，它比企业标准和国家标准或国际标准更加严格，是企业质量战略的重要法宝。

3. 销售与服务过程的质量管理

当代世界市场竞争日趋激烈，在产品质量日趋接近的情况下，销售服务质量显得日益重要。销售服务过程的质量管理主要包括以下内容：（1）市场调查，包括对市场供给与市场需求的调查，在买方市场条件下，重点是市场需求的调查。（2）产品销售与市场营销。制订销售计划与目标，培训推销人员，开展多样化的促销活动和营销。（3）做好售前和售后服务，包括产品宣传，产品使用说明书的宣传，产品使用指导与培训，产品安装、调试、维修与售后服务，以及正确处理用户对产品质量的投诉、退换、索赔等问题，不断改进服务质量，提高服务水平。（4）保证服务效果。要根据产品特点，制定服务业务规程和工作标准，加强对服务全过程的管理。

5.4.3　品牌质量检验与监督

品牌质量要有检验和监督的机制，为此，首先要有产品质量标准。在此基础上再进行检验与监督。

1. 产品质量标准

对品牌质量进行管理，首先要有管理的依据。这种管理的依据就是质量标准。

产品质量标准是指对产品质量进行衡量、测度和比较的规范和尺度。质量标准要通过规范化的质量标准文件明确规定，以便进行测度、衡量和比较质量是否符合标准及质量的优劣。产品质量标准可分为企业标准、行业标准、国家标准和国际标准。

自从国际标准化组织ISO于1987年公布ISO9000质量管理和质量保证系列标准以来，ISO9000质量标准已成为许多国家和地区共同采用的标准，中国不少企业尤其是名牌企业也纷纷采用这一标准。

国际标准化组织（ISO）成立于1947年。其宗旨是：在全世界范围内促进标准化工作的发展，以便于国际物资交流和互助，并扩大在文化、科学、技术和经济方面的合作。其主要活动是制定ISO标准，协调世界范围内的标准化工作，报导国际标准化的交流情况，以及同其他国际性组织进行合作，共同研究有关标准化问题。ISO按专业性质设立技术委员会（TC），负责起草各种标准，各技术委员会根据工作需要设立若干个分技术委员会（SC）和工作组（WG）。ISO9000系列标准就是由TC176及相应的若干SC和WG起草的。根据英国标准学会1979年向ISO提交的提案，一个新的技术委员会于1980年被批准建立，编号为ISO/TC176，称为质量保证技术委员会，负责制定有关质量保证技术和应用的国际标准。ISO/TC176的工作范围，覆盖了国际贸易中对产品或服务的质量管理和质量保证要求的80%～90%。

1986年6月，ISO/TC176正式颁布了ISO8402《质量术语》标准。1987年3月，ISO/TC176又正式颁布了**ISO9000系列标准**。它包括：ISO9000：1987、ISO9001：1987、ISO9002：1987、ISO9003：1987、ISO9004：1987、ISO8402：1986。1994年TC176对前述“ISO9000系列标准”统一作了修改，分别改为ISO8402：1994、ISO9000-1：1994、ISO9001：1994、ISO9002：1994、ISO9003：1994、ISO9004-1：1994，并把TC176制定的标准定义为“ISO9000族”。2000年12月15日2000版ISO/DIS9000、ISO/DIS9001和ISO/DIS9004国际标准正式发布实施。2000版ISO9000族标准包括以下一组密切相关的质量管理体系核心标准：ISO9000、ISO9001、ISO9004、ISO19011。2009年ISO9000：2005和ISO9001：2008正式实施。ISO 9000：2005新版本标准在ISO9000族的基础上对质量管理体系定义术语词作了新的描述与编辑。重编的ISO9000：2005得到了IEC（国际电工委员会）的认可。ISO9001：2008标准是根据世界上170个国家大约100万个通过ISO9001认证的组织的8年实践，更清晰、明确地表达ISO9001：2000的要求，并增强与ISO14001：2004的兼容性。

目前，世界上已有100多个国家和地区等同或等效采用了ISO9000系列国际标准。1992 年 8 月，我国正式成立了统一的认证管理机构，即国家认证办公室，统一管理我国的质量体系注册和产品认证工作，之后又制定了企业质量体系认证管理条例，并把 ISO9000 系列标准作为认证标准。

2. 产品质量检验

产品质量检验是生产过程中不可缺少的环节。在现代企业的流水线和自动线生产中，检验本身就是工艺链中的一个组成工序，没有检验，生产过程就无法进行。

质量检验就是对产品或服务的一种或多种特性进行测量、检查、试验、计量，并将这些特性与规定的要求进行比较以确定其符合性的活动。质量检查的四项具体工作是：（1）度量，包括测量与测试。可借助一般量具，使用机械、电子测量仪器。（2）比较。把度量结果与质量标准进行对比，确定质量是否符合要求。（3）判断。根据比较结果，判定被检产品是否合格，或一批产品是否符合规定的质量标准。（4）处理。对单件产品决定是否可以转到下道工序或产品是否可以出厂；对批量产品决定是接收或拒收，或重新进行全检和筛选。

质量检验的基本职能是：（1）把关。把关也称质量保证职能。它是质量检验最基本的职能。通过检验，严格把关，才能确保产品的质量。（2）预防。原材料和外购件的入厂检验，前道工序的把关检验，对后面的生产过程和下道工序的生产，可以起到预防的作用。（3）报告。这是一种信息反馈职能。它可以使人们及时掌握生产过程的质量状态，有利于作出正确的质量决策。（4）改进，即质量改进工作。针对检验中出现的问题，提出切实可行的建议和措施，做好质量改进工作，提高产品质量。

质量检验工作的基本要求是“三性”，即公正性、科学性、权威性。根据上述“三性”要求，应建立行之有效的质量检验管理制度，主要包括：

（1）三检制。它是生产操作者自检、工人之间互检和专职人员的专检相结合的一种检验制度。

（2）重点工序双岗制。操作者在进行重点工序加工时，同时应有检验人员在场（必要时还应有技术负责人或用户的验收代表在场，以监视工序必须按规定的程序和要求进行）。

（3）留名制。这是一种技术责任制。在生产过程中，从原材料进厂到成品出厂或入库，每完成一道工序，改变产品的一种状态，包括进行检验和交接、存放和运输，责任人都要在工艺文件上签名。尤其是在成品出厂检验单上，检验员必须签名或加盖印章。

（4）质量复查制。对某些重要产品，在产品检验入库后的出厂前，还要请设计、生产、试验、技术部门的人员进行复查。

（5）追溯制。对产品质量还可进行追溯性管理，甚至跟踪管理。产品标志和留名制都是可追溯性的依据。通过追溯制管理，可随时发现问题，及时反馈，以便进行质量改进。

（6）质量统计和分析。这是质量报告和信息反馈的基础，也是进行质量考核的依据。要确定质量指标，对企业产品质量状况进行考核，质量检验部门应按期填写和上报质量统计月报、季报和年报。质量统计资料一定要数据准确，分类整理，按规定项目和格式填写。上级规定的质量考核指标主要有：品种抽查合格率、成品抽查合格率、品种一等品率、成品一等品率、主要零件主要项目合格率等。企业自行考核的质量指标主要有：成品装配的一次合格率、机械加工废品率、返修率等。

（7）不合格品管理。不合格品又称不良品，包括废品、返修品、回用品三类。对不合格品应进行严格管理。首先，要进行判别，包括符合性判别（即由质检部门检验后判别是否合格）和适用性判别（即由不合格品审理委员会来判别产品是否适合用户要求）。其次，在出现不合格品后，要严格把关，不能放过。要查清不合格的原因、查清责任者、落实改进措施。最后，对不合格品进行现场管理。主要有两项工作：一是作出标记。凡经检验为不合格的产品、半成品、零部件，均应根据不合格品的类别，分别涂以不同颜色或做出特殊的标志，以示区别。二是进行隔离。对各种不合格品在涂上（或打上）标记后，应立即分区进行隔离存放，以免混入合格品中造成混乱。隔离区的废品应及时清除和处理。

（8）质量检验的考核。在质量检验中，由于主客观因素的影响，产生检验误差是难以完全避免的。检验误差可分为技术性误差、情绪性误差、程序性误差、明知故犯误差。检验误差的指标主要有漏检和错检两大类。测定和评价检验误差的方法主要有：重复检查；复核检查；改变检验条件；用标准品进行比较。

3. 产品质量监督

为了保证品牌质量，还必须对产品质量进行监督。质量监督是技术监督的重要组成部分。所谓技术监督，就是以质量为中心，以标准化计量为基础的监督。可见，质量监督是技术监督的核心。

质量监督是为了确保规定的质量要求，按有关规定，对程序、方法、条件、过程、产品和服务，以及记录、分析状态所进行的连续监视和验证。质量监督非常重要，它是贯彻技术标准和质量法规的重要手段。加强质量监督，可以为领导机关提供决策依据或参考，促进企业重视和采取措施提高产品质量，打击不法厂商生产经销假冒伪劣产品的不法行为，保护用户和消费者的合法权益，减少国家经济损失，保护国家产品的信誉，有利于对外贸易和国际竞争。

质量监督包括的范围很广泛。既有宏观监督，又有微观监督；既有企业外部监督，又有企业内部监督；既有生产过程的监督，又有销售过程的监督；既有对产品、服务或过程的监督，又有对质量体系的监督等。这里只介绍企业外部监督和企业内部监督。

（1）企业外部的质量监督。它是由企业外部的力量对企业进行的宏观质量监督。其又可细分为：①国家监督。它是由政府部门进行的行政监督，是一种行政监督执法。这种监督是国家通过立法授权的特定国家机关利用国家的权力和权威来行使的，其监督具有法律的威慑力。由于国家监督是从国家的整体利益出发，以法律为依据，不受部门、行业利益的局限，也不必征得被监督者的同意，是单方面的，所以这种执法具有法律的权威性和严肃性。②行业监督。它是指经济生产管理机构对所辖行业、企业在生产经营方面进行管理性监督。它与国家监督不同，无权使用国家法律法规对所辖行业、企业实行行政处罚。其主要职责是根据国家产业政策，组织制定好本行业或企业的产品升级换代规划、计划，指导企业按国家或市场的需求，调整产品结构，提高产品质量水平或档次，推动技术进步，生产适销对路的优质名牌产品，提高企业生产的产品在国内外市场中的竞争能力。③社会监督。它是指一些用户或消费者委员会等社会组织，协助国家或行业有关质量监督部门做好质量监督工作。

（2）企业内部的质量监督。它是企业内部对自己进行的微观质量监督。企业内部的质量监督，是为了保证满足质量要求，由具备资格且经厂长授权的人员对程序、方法、条件、产品、过程或服务进行随机检查，对照规定的质量要求，发现问题并作记录，督促责任部门分析原因，制定整改措施，直至最终解决问题，改进质量。企业内部的质量监督范围涉及各职能部门所管辖的全部工作和活动。它包括：①“线内”监督。它是企业内部各职能部门根据其分工职责分别对质量的有关方面进行的监督。比如，质量检验部门及其人员对生产条件的监控和对外购、外协物资、工序、零部件和成品的验证与监督；工艺部门及其人员对工艺系统执行规定操作要求和工艺纪律的监督；计量部门及其人员对量值传递、法定计量单位贯彻和测试设备的配置是否满足产品检验的精密度与准确度的管理和监督等。②“线外”监督。在线内监督的基础上，还应进行线外监督。所谓线外监督，是对各职能部门本身运行质量的监督，包括各职能部门的质量责任制、工作质量和工程质量的监督等。

本章小结

在品牌研究中，质量是使用频率最高的概念之一。“质量”有各种不同的定义。狭义的质量是指产品质量；广义的质量则包括产品质量、服务质量、工程质量、工作质量等等。

国际标准化组织（ISO）对“质量”的含义作了多次界定。该组织1983年的“质量”定义为：产品或服务满足规定或潜在需要能力的特征和特性的总和。1994年的“质量”定义修改为：反映实体满足明确和隐含需要的能力的特性总和。2001年6月1日实施的ISO9000：2000时“质量”一词的定义是：一组固有特性满足要求的程度。2009年实施的ISO9000：2005对“质量”的定义维持不变。

产品也有狭义和广义之分。产品质量是指产品的性能及其达到的水平。它有两个衡量尺度，即产品质量级别和产品质量一致性。市场营销学提出整体产品概念。据此，产品质量应是整体产品质量，包括核心产品质量、形式产品质量、附加产品质量。核心产品质量最重要。

产品质量需要认可，这就是产品质量认证。质量认证是为确信产品或服务完全符合有关标准或技术规范而进行的第三方机构的证明活动。质量认证包括产品认证和质量体系认证。

品牌质量是品牌本身的质量和品牌体现的质量二者的综合体现。品牌本身的质量就是品牌所代表的产品质量；品牌体现的质量是品牌在消费者心目中感受的质量。产品质量是品牌质量的基础，消费者感受的质量是品牌质量的扩展。提高品牌质量，要在保持产品高质量的前提下，提高消费者对品牌的认知度和忠诚度。实施名牌战略是提高品牌认知度和品牌忠诚度的关键措施。

影响品牌质量的因素很多，主要有：(1) 优质原材料；(2) 先进的技术和设备；(3) 优秀的人才；(4) 严格的管理；(5) 消费者的心愿。

产品质量和品牌质量是企业的生命，是企业生存与发展的根本。这是因为：(1) 质量是提高企业内部凝聚力的核心；(2) 质量是开拓市场的法宝；(3) 质量是企业效益的源泉；(4) 质量是创新的结果和动力；(5) 质量是企业由小到大、由弱变强的基石。

品牌质量战略是国家或企业关于品牌质量的发展方向、目标和实现这种目标的基本措施。其中，国家的品牌质量战略是国家从宏观角度提出和要求达到的品牌质量目标、规划和政策。企业品牌质量战略是从微观角度考察企业对品牌质量的发展目标和主要措施。

实施品牌质量战略要遵循社会性原则、综合性原则、系统性原则、长远性原则。

品牌质量战略是名牌战略的核心，是名牌战略之魂。因为：(1) 质量是名牌的内在本质；(2) 质量是名牌的出发点；(3) 质量是名牌成长发展的动力；(4) 质量创新是名牌永葆青春的法宝。

品牌质量管理是以品牌质量为对象，确定质量方针、目标和责任，并借助质量体系中的质量策划、质量控制、质量保证和质量改进等手段来实施的全部管理职能的所有活动。

品牌质量管理的主要内容包括：(1) 产品设计开发的质量管理，又可细分为功能设计和外观造型设计。(2) 产品生产制造过程的质量管理，又可细分为：生产技术准备的质量保证；生产制造过程的质量控制。(3) 销售服务过程的质量管理。

品牌质量管理要有产品质量标准，进行品牌质量检验和品牌质量监督。

产品质量标准是对产品质量进行衡量、测度和比较的规范和尺度。一般可分为企业标准、行业标准、国家标准和国际标准。国际标准化组织（ISO）制定和颁布的ISO9000 系列质量标准已成为当今世界上许多国家和地区共同采用的标准。它标志着质量管理和质量保证走向了规范化、程序化的高度。

产品质量检验是对产品或服务的一种或多种特性进行测量、检查、试验、计量，并将这些特性与规定的要求进行比较以确定其符合性的活动。其基本职能是：把关；预防；报告；改进。其基本要求是：公正性；科学性；权威性。质量检验管理制度包括：三检制（自检、互检、专检）；重点工序双岗制；留名制；质量复查制；追溯制；质量统计与分析；不合格品管理；质量检验的考核。

产品质量监督是为了确保规定的质量要求，按有关规定，对程序、方法、条件、过程、产品和服务，以及记录、分析状态所进行的连续监视和验证。质量监督包括企业外部监督和企业内部监督。企业外部的质量监督，是由企业外部的力量对企业进行的宏观质量监督，包括国家监督、行业监督、社会监督。企业内部的质量监督是为了满足质量要求，由具备资格且经企业负责人授权的人员对程序、方法、条件、产品、过程或服务进行随机检查，发现问题并分析原因、制定整改措施，直至问题解决的微观质量监督。它包括“线内”监督和“线外”监督。

关键概念

质量　产品质量　品牌质量　品牌质量战略　品牌质量管理　质量方针　质量体系　质量策划　质量控制　质量保证　质量改进　产品质量标准　ISO9000 系列标准　质量检验　质量监督

思考题

5.1　对于“质量”的定义，国际标准化组织（ISO）为什么极为重视，多次加以界定，并不断修正和完善？

5.2　产品质量的两个衡量尺度为什么缺一不可？

5.3　品牌质量与产品质量有何联系和区别？

5.4　为什么消费者的心愿、希望、满意度也是影响品牌质量的重要因素？

5.5　怎样理解品牌质量是企业生存和发展的根本？

5.6　企业作为微观市场主体，为什么也要实施品牌质量战略？

5.7　为什么说品牌质量战略是名牌战略的核心？

5.8　品牌质量管理对企业有何重要意义？

5.9　从产品在生命周期的三个阶段中的内容，简述品牌质量管理的综合性、系统性和科学性。

5.10　产品质量检验与产品质量监督对企业有何重要意义？

练习题

5.1　狭义的质量概念与广义的质量概念有何区别？“质量”的定义为什么很重要？

5.2　“实体”概念与“产品和服务”概念有什么不同？

5.3　产品质量的两个衡量尺度，其具体含义是什么？

5.4　试从整体产品角度来分析产品质量观念。

5.5　影响品牌质量的因素有哪些？

5.6　国务院 2012 年 2 月颁布的《质量振兴纲要（2011—2020）》的主要目标是什么？有哪些主要的政策和措施？

5.7　质量战略与名牌战略是什么关系？

5.8　质量体系包括哪些内容？ISO9000 系列标准是怎么回事？

5.9　略述生产制造过程的质量控制。

5.10　为什么要加强产品质量监督？

自测题

5.1　简述朱兰的“质量”概念和国际标准化组织对“质量”定义的界定。

5.2　举例分析品牌质量的重要性。

5.3　怎样理解影响品牌质量的因素？

5.4　为什么说品牌质量战略是名牌战略的核心？

5.5　美菱集团前董事长张巨声曾在回答记者采访时说，重视质量就是尊重消费者。你是否同意这个观点，为什么？

5.6　品牌质量管理的两个要点是什么？试述两个要点的主要内容。

5.7　试述品牌质量管理中产品设计开发的质量管理。

5.8　简述品牌质量管理中产品生产制造过程的质量管理。

5.9　根据“三性”要求，建立行之有效的质量管理制度应包括哪些内容？

案例分析

“三全”质量引领雅戈尔品牌发展

2013年12月16日，中国质量领域最高政府性荣誉——首届中国质量奖举行颁奖仪式。雅戈尔集团股份有限公司以第四名的成绩荣获中国质量奖提名奖，成为全国服装行业唯一获此殊荣的企业。

一、品牌文化引领自我超越

从产品制造者转变成品牌文化创造者，是雅戈尔的目标之一。早在2009年，雅戈尔集团董事长李如成就提出，要从技术密集型向艺术创意型企业转身，把雅戈尔从服装工厂转型打造为“创意创造的文化艺术世界”。目前，雅戈尔六大品牌形成了各自清晰的品牌定位，产品风格突出：主打品牌YOUNGOR突出功能性；高端品牌MAYOR旨在打造中国的量身定制品牌，富有内涵、低调、奢华；GY品牌以时尚风格构筑年轻人的概念世界；CEO代表英伦海岸风情；HANP健康环保、清新淡雅，源自天成；HartSchaffner Marx则传承美式休闲风。

为提升六大品牌的文化内涵，雅戈尔还专门成立了宁波雅戈尔汉文创意艺术设计有限公司。该公司的主要职能就是根据六大品牌不同的产品定位和目标消费群，来负责现有店铺的整修和未来新开店铺的整体装潢。

人才是品牌文化发展的动力内源之一。基于此，雅戈尔的六大品牌工作室积极培育优秀设计人才，与日本、欧洲国家等一流设计师团队合作，在意大利等国筹建了设计中心，采集行业时尚前沿信息，吸收最新设计理念。这些努力为雅戈尔带来了显著的成效，近年来雅戈尔在国内市场销售劲增，销售额年均增长20%，利润额增长超过38%。“5年内完全可以再造一个雅戈尔。”雅戈尔总经理李如刚说。在品牌文化的引领下，雅戈尔正逐步实现自我超越，展现出中国服装品牌在国际竞争中的积极姿态。

二、创新驱动催生核心优势

进入雅戈尔，你会为它的庞大而吃惊：上游纺织城，中游服装城，下游旗舰店，仿佛是一艘航空母舰。雅戈尔目前已经建立了从原料、面料、成衣、销售等一整条垂直的服装产业链，产品品质和研发能力已经达到国际先进水平。凭借垂直产业链的核心优势，雅戈尔实现了一个又一个技术创新突破。HP整理棉免熨衬衫、纳米+VP的免熨衬衫、DP免熨衬衫……雅戈尔的衬衫产品层出不穷。尤其值得一提的是，DP免熨衬衫经多次水洗后仍能保持优良的抗皱免熨效果，具备饱满的手感、优良的透气性、吸湿性，同时还具备出色的布面光泽度。

做出别人做不出来的成衣，提高产品的附加值，是雅戈尔科技创新的思路。雅戈尔在西服面料上也进行了类似的研究，开发出免烫抗皱的西服面料。"我们做出来的抗皱西服，一套价格要4 000多元，普通西服价格只要2 000多元。"李如成表示。创新的路上，没有终点。如今，雅戈尔在汉麻产品上的开发已经取得了令国际同行瞩目的成就。曾有意大利的同行表示，他们花了20多年对这个领域进行研发，如今中国企业已经走在了前面。

三、品质先行保障航母远航

对于拥有产业链优势的企业来说，只有确保全产业链的高品质，才能让产业链的竞争优势得到全面发挥。经过多年的发展，高品质正在成为雅戈尔的另一张"名片"。

在雅戈尔逐步形成以品牌服装经营为龙头的纺织服装垂直产业链过程中，"品质先行"始终是其核心战略。目前，成熟完备的质量控制体系贯穿着雅戈尔质量管理的各个环节。在全面质量管理思想指导下，雅戈尔实施PDCA循环模式，贯穿面辅料检验、制品质量控制、出厂检验等全部生产过程，对面辅料均实行"全检"制度，对半成品"道道把控、全程监督"，并通过"成品全检"制度，确保最终成品一次性检验合格率≥98%，出厂抽检合格率达到100%。雅戈尔董事长兼总裁李如成说，服装才是雅戈尔"创国际品牌，铸百年企业"的基础。公开资料显示，如今，雅戈尔拥有国家级企业技术中心1家、省级技术中心3家，获得授权专利51项、国家火炬计划和国家重点新产品项目20项，已形成以品牌服装为龙头、以创新带动发展的产业链，其主打产品衬衫、西服连续多年保持我国市场综合占有率第一位。雅戈尔这艘名副其实的纺织服装行业航母正在向着"做全球服装制造业的标杆"的奋斗目标扬帆远航。

资料来源　武志军，姜美玉．雅戈尔："三全"质量引领服装业发展［J］．中国品牌，2014（2）．

1. 雅戈尔是如何打造其品牌文化的？
2. 雅戈尔是如何通过创新培育其核心优势的？
3. 雅戈尔是如何实现全产业链的高品质的？
4. 雅戈尔的"三全"质量品牌管理对其他企业的品牌质量管理有怎样的启示？

补充阅读材料

1. 李光斗．全员品牌管理［M］．北京：清华大学出版社，2009：77-93.

2. 谢旭，等．国际品牌企业之战略质量改进——六西格玛管理在中国制造业中的应用［M］．北京：中国环境科学出版社，2009：44-83.

3. 宋炜．以质量求生存创品牌谋发展［J］．山西建筑，2014（18）：272-273.

4. 戴程，等．从品牌个性角度论农产品品牌结构塑造方法［J］．辽东学院学报：社会科学版，2013（2）：103-107.

5. 刘晓慧．服务品牌与服务质量的耦合机理综述［J］．商业时代，2014（6）：67-68.

6. 秦秀．反向代际影响对品牌关系质量的作用分析综述［J］．商，2014（6）：12-13.

7. 施雪飞．打造温馨服务品牌提升优质服务质量［J］．现代商业，2013（32）：96-96.

8. 齐昕．基于自主品牌与国外品牌比较的网络品牌忠诚形成机理研究［J］．商业研究，2014（4）：112-121.

9. 阚永刚．讲品质，讲品牌［J］．品质，2013（1）：2.

10. 郎志正．大质量概念发展质量与品牌［J］．交通企业管理，2012（4）：18-19.

第 6 章

品牌市场

学习目标

要求通过本章学习，深刻认识品牌与市场的紧密联系。品牌是市场的产物，没有市场就没有品牌；品牌本身也是在市场中运行和发展变化的。掌握和熟悉品牌市场的一系列相关问题，研究品牌市场。

本章导读

与上述学习目标相适应，本章以 3 节内容，分别从品牌定位、品牌选择、品牌营销等方面对品牌市场进行分析，以加深对品牌市场的认识。

在学习过程中，要把握品牌市场的定位与品牌选择、品牌营销的关系，了解品牌市场的成长对企业的发展所具有的重要性，从而更加重视品牌市场的发育与优化。

6.1 品牌定位

6.1.1 市场定位与品牌定位

市场定位与市场细分及目标市场有关。市场细分和目标市场的确定是市场定位的基础。所谓**市场定位**，就是企业根据市场细分和目标市场的要求，来确定企业及其产品在市场上的位置。企业的市场定位包括产品定位、价格定位、服务定位、品牌定位、风格定位等。其中，最主要的就是产品定位和品牌定位。

产品定位即产品的市场定位，是确定企业的产品在市场上的位置。它是通过企业为自己的产品创立鲜明特色和个性，从而塑造出独特的市场形象而实现的。一般来说，产品定位要通过产品的性能、构造、形状、规格、档次、价格、质量、款式等表现出来。它与一定的消费者群体有直接的关系。产品定位既要考虑市场的需求和消费者的特点，又要考虑企业自身的条件与能力。很显然，小本经营者进行高档豪华的产品定位是不自量力，无法实现；而在偏僻的内地农村建立一个大型百货大楼或大型超市又必然出现“有场无市”的困惑。

品牌定位是在产品定位基础上的升华和规范化。在现代市场条件下，除了少数产品无品牌以外，大多数产品都有品牌。品牌是不同的市场主体为自己的产品或服务而创立的牌子。市场上同一种产品，因为有不同的厂家生产，就会有多个品牌。同样是白酒，就有茅台、五粮液、杏花村、剑南春、二锅头等不同品牌；同样是彩电，也有长虹、康佳、TCL、创维、海信等不同品牌。其他各种产品，也都有多个品牌。但也有不同产品采用同一品牌的。这主要是同一个企业所生产的不同产品，在有些情况下，用同一种品牌。例如，"松下"的多种电器、"海尔"的多种家电、"飞利浦"的多种电器、"雀巢"的咖啡和奶粉，康师傅的饮品、方便食品等，都使用松下、海尔、飞利浦、雀巢、康师傅等的同一品牌，企业品牌和产品品牌是一致的。

所谓**品牌定位**，就是指建立或塑造一个与目标市场有关的品牌形象的过程与结果。它与这一品牌所对应的目标消费者群应建立一种内在的联系。例如，小米手机定位在手机"发烧友"这个市场，"为发烧友而生"；苹果手机的目标市场是追求时尚的年轻人、白领和商务人士。品牌定位要有相对的稳定性，不应随意变动。例如，美国派克品牌金笔，一向定位在高档消费的品位上，是名贵金笔的象征，后来派克金笔想占领低档大众化市场，开发出廉价低档笔，结果在消费者中引起误导，以为派克笔质量下降了，许多人不再购买派克笔了，不仅没有开拓低档笔市场，而且连原来具有明显优势的高档笔市场份额也被别人抢占了不少。当然，品牌定位也不是一成不变的，根据市场的变化也应有所变化，但这种变化不应太快、太突然，否则就会引起误会，丢失市场。品牌定位是以消费者为中心的。没有一定的忠诚的消费者群，就不可能有品牌定位。因此，品牌定位也是品牌资产的一项重要内容。由于这种品牌资产有其特殊性，所以在这里单独予以论述。

6.1.2 品牌定位要素

一个强势品牌必须能以一种始终如一的形式将品牌的功能与消费者心理上的需要连接起来，以其鲜明的特征将品牌的定位信息明确地告诉消费者。这样，品牌定位就能与消费者沟通，得到消费者认可，从而形成与扩展品牌市场。

品牌定位要考虑多种因素。从直接意义上说，人们购买某种品牌的商品是为了满足他们对功能和情感的需要。因此，品牌定位也主要考虑两大因素。

1. 理性功能——实用价值

消费者在挑选品牌时，在理性上首先要考虑品牌功能的实用问题。品牌功能的实用性主要体现为品牌商品的性能、功效、对消费者带来的功用和利益，能满足消费者的特定需要。品牌的这种功能性与品牌商品的内在质量有着最密切的关系。药品的治病功能、化妆品的美容功能、电脑的信息收发功能、冰箱的制冷功能等，是该类商品品牌必须考虑的定位要素。品牌定位的理性功能还要考虑不同类型的消费群体对品牌功能的特殊要求而有针对性地具体定位。消费者通过品牌的使用，对品牌能否满足其需要得出肯定结论，从而信赖这一品牌的功能。

2. 情感需要——感性符号

消费者对品牌的认可还有情感需要的因素。由于各种主客观原因的影响，消费者对某些品牌特别钟爱，对另一些品牌则印象不佳。他们往往根据直觉来评价品牌的好与坏。这与广告宣传有一定的联系，但也与长期使用该品牌形成的偏好有关。在这种情况下，品牌成了感性符号，成了情感需要的筹码。品牌的这种特征可称为品牌的表现性。例如，在手机品牌中，有的人特别喜爱苹果，有的人又钟情于三星，还有的人则喜欢小米或 HTC。品牌作为一种感性符号成为消费者选择品牌的重要依据。这是品牌定位必须考虑的又一因素。

品牌定位两大因素可以有不同的组合：(1) 高表现性-高功能性。既在消费者心目中有最佳印象，特别受消费者喜爱；又在功能上最优，质量上乘，满足需要的实用性能好。这一般是质量优异的高档名贵商品品牌。(2) 高表现性-低功能性。品牌作为一种情感象征的分量大于品牌本身的功能特性。这一般是表示某种身份或气质的商品品牌。(3) 低表现性-低功能性。消费者并不特别关心品牌的象征符号，对其功能也无特殊要求。这一般是挑选性不大的大众化商品品牌。

【小思考 6-1】

某品牌金表以 6 万美元的高价被一公司总裁购得，这种品牌定位体现了：

(1) 高表现性-高功能性；

(2) 低表现性-低功能性；

(3) 高表现性-低功能性。

【答案】(3)。

6.1.3 品牌定位步骤

企业在细分市场上应为企业总体形象确定市场定位的方向，同时在不同的细分市场上为每种产品确定不同的品牌定位，以迎战市场竞争对手。有的品牌可以“优质定位”，有的品牌可以“低价定位”，有的可以“优质低价定位”，有的可采用“先进技术定位”，有的则可采用“大众化定位”等。每种品牌的定位，都应使其在整个市场上的位置恰如其分，充分发挥定位适当的市场竞争优势。

品牌定位的步骤是：

1. 明确竞争目标

企业在变化万端的市场上，要明确自己的竞争目标，确定自己的经营领域，界定企业的经营品种范围和地区，制定具体的竞争战略是发展还是维持，或者是收缩甚至放弃。对有发展前途的领域，应提高其市场占有率，推动其发展；对市场领先而增长趋势不大的领域，应维持其市场占有率；对产品进入衰退期的领域则应主动收缩；对没有发展前途且不能盈利的领域则应坚决放弃。企业只有明确竞争目标，采取恰当的竞争战略，才有利于正确定位。明确竞争目标，是企业进行品牌定位的前提。

2. 寻找目标消费者

明确了竞争目标以后，企业就要寻找目标消费者，即愿意购买本企业产品品牌的顾客。消费者有不同类型、不同消费层次、不同消费习惯和偏好，企业的品牌定位要从主客观条件和因素出发，寻找适合竞争目标要求的目标消费者。要根据市场细分中的特定细分市场，满足特定消费者的特定需要，找准“市场空隙”，细化品牌定位。消费者的需求也是不断变化的，企业还可以根据时代的进步和新产品发展的趋势，引导目标消费者产生新的需求，形成新的品牌定位。品牌定位一定要摸准顾客的心，唤起内心的需要，这是品牌定位的基本功。

3. 明确竞争优势

每一个企业都有自己的竞争对手。当然，最好的结局是“双赢”、“都赢”，但实际上也不可能完全做到。优胜劣汰的市场竞争规律总会起作用。为了不被淘汰并能进一步发展和壮大，企业应充分了解竞争对手的情况，进行对比分析，找出自己的优势和劣势，发展优势，消除劣势，使自己的竞争优势更加明确，从而使品牌定位更能开辟市场发展的新前景。只有使本企业的竞争优势盖过竞争对手的优势，本企业的劣势小于竞争对手的劣势，才能在市场竞争中处于不败地位。品牌定位要有利于企业竞争优势的强化，同时也强化了品牌本身的地位。要在与竞争对手的竞争中树立本企业的品牌形象，发挥品牌定位优势去攻占市场。

4. 把竞争优势与消费者心理结合起来

强化自身的竞争优势，寻找目标消费者，这二者先是单独进行的步骤，最终的关键则在于使二者结合起来，在品牌定位中，使本企业的竞争优势与消费者心理尤其是消费者强烈的购买意愿、购买动机结合起来，直至形成消费者的购买行为。这样，品牌定位就实现了它的目标，吸引消费者和开拓市场。企业在品牌定位中可以采取不同的策略来占领市场，包括：（1）先入为主策略，抢先占领市场制高点，成为市场领导者，确立品牌的领导地位，对于新产品、新品牌，先入为主策略更显威力。（2）空隙卡入策略。如果消费者的心理已被其他先入者的品牌占领，作为跟进者的企业则应采取空隙卡入策略，在消费者心智空间中寻找空隙，从而开发新的市场空间。空隙找得越准越多，市场空间也就越大越深。市场空隙是大量存在的，关键在于人们要细心观察，用心发掘，就能为品牌定位找出可观的市场空间。

【实例6-1】

茅台：“放下身段”再定位

2013年面对白酒“寒冬”期，作为高端白酒的领头羊——贵州茅台——通过研发中低端白酒品类，在营销推广上走出一条亲民路线，开始了一系列品牌的务实突围策略。

2013年白酒行业受到了限制“三公”消费的政策以及“塑化剂”事件之后等舆论压力的影响，白酒景气明显遇冷。迫于政策和整个行业的影响，茅台开始“放下身段”，在产品研发上，主打中低端品牌；在品牌营销与塑造上，走向消费现场的田间地头，走出一条亲民路线；同时，线上线下同步合一，发力产品和服务，务实、理性成为该年度的关键词。

2013年，茅台顺应市场趋势主动调整，应对变局，目标消费人群的转移对稳定市场起到了积极作用。在2013年白酒消费环境发生变化之后，茅台明确提出转移消费群体，由政务消费转向大众消费发展。在实际的操作中，茅台设立个性化定制营销，开始走个性定制化的亲民路线。据悉，贵州茅台酒个性化定制营销有限公司2013年11月在贵州省贵阳国家高新区正式注册亮相。这是贵州茅台酒股份有限公司实施“个性营销”战略中的一家子公司，目前各项前期工作正按计划紧锣密鼓推进。

此项动作的意义在于，某个大机构一旦定制了一批茅台酒，哪怕这批茅台酒的数量比较大，因为有某某机构定制这个差异化特征，这些酒进入市场后不会与传统产品形成同质的分流和竞争，相当于茅台开发了新产品。这种定制酒发给定制单位以后，定制单位相当于经销商，他们通过自己的渠道来实现自己的用途，所以定制酒的特殊意义和价值等效于茅台开发了新产品。通过定制开拓出新的潜在市场，且这个新的潜在市场是蓝海，与原有的市场和产品不形成直接的竞争，这是这个新公司的精彩之处。

因此，高端白酒在本地化的过程中要尽最大努力做好调研工作，通过对当地消费者的洞察，将消费者的需求和体验放在产品研发和品牌推广的第一位，在放低姿态的同时，让大众消费者能够从真正意义上接纳高端白酒品牌。

资料来源 文捷．茅台："放下身段"创新转型［J］．中国品牌，2014（1）．

6.2 品牌选择

6.2.1 品牌选择的两个角度

品牌可以从两个角度进行选择。

1. 供应者角度的品牌选择

品牌的供应者是指品牌的生产者和经营者，他们或者生产品牌，或者经营品牌。生产产品的制造商，他们对品牌的选择，主要是推出与产品性能、特征相符合的具有显著性和特色的品牌，包括独特的品牌名称、深含的品牌理念、优异的品牌质量、贴近的品牌亲和力等，使品牌易于被消费者寻找和认知。其品牌选择的最终目标是有利于培育消费者的品牌忠诚度。经营产品的中间商（包括批发商、零售商、代理商和其他专业化商人），他们对品牌的选择，包括两个方面：一是选择制造商的品牌，即中间商选择哪些制造商的品牌来经营，是经营普通品牌还是经营名牌，是经营新产品品牌还是经营老产品品牌，等等。也有的商店经营无品牌的商品，例如一些土产、杂货大多没有品牌。随着市场化的发展，无品牌的商品正在不断减少；与之相反，经营名牌商品的现象则日益普遍，不但在中国许多大中城市开展了著名大商场实施"名品进名店、名店卖名品"的活动，而且出现了专门经营名特优商品的名牌商品专营店，甚至是只经营某一种或某几种名牌商品的专营店。二是选择中间商自己创立的品牌，又称商业品牌。有些中间商为了创出自己的牌子，在自己的商店里对一部分商品推出自己商店的牌子。例如英国马狮百货公司就推出了商店自己的品牌"圣米高"(St. Michael)，美国的西尔斯百货商场、沃尔玛超市公司都有一部分商品采用自己选定的商业品牌。因此，中间商的品牌选择比制造商的品牌选择有更加丰富的内容。

2. 需求者角度的品牌选择

需求者是多种多样的。最普遍、最大量的是个人和家庭消费的需求者。同时，还有为数也很多的机构（组织）需求者。通常，对各类需求者往往以"消费者"、"顾客"、"用户"、"客户"等名称称呼他们。这些称呼有时有一定区别，有时又很难明确区分。不过从买卖双方的关系来看，需求者用"顾客"的称呼最具代表性。

顾客的品牌选择是最主要、最重要的品牌选择，是品牌选择的主流。顾客的品牌选择又包括消费市场（以个人和家庭消费的购买为特征的市场）的品牌选择和机构市场（或组织市场，即以机构或组织消费的购买为特征的市场）的品牌选择。在这两种类型的顾客品牌选择中，以个人和家庭消费为特征的消费市场品牌选择又居于更重要的地位。通常所说的品牌选择，主要就是指的消费者个人和家庭对消费性商品品牌的选择，这也是品牌市场中最常见的品牌选择。下面有关品牌选择的内容，着重对消费市场的顾客品牌选择进行阐述，同时也对机构市场的顾客品牌选择作出适当分析。

【小思考6-2】

关于品牌选择的下述理解，哪些是比较正确的？

（1）品牌选择就是指顾客对品牌的选择。

（2）品牌选择有两个角度可以进行分析：一是供应者角度的品牌选择；二是需求者角度的品牌选择。

（3）从供应者角度分析，由于生产起决定作用，因此制造商品牌选择比中间商品牌选择更重要。

（4）中间商品牌选择比制造商品牌选择有更丰富的内容。

（5）从需求者角度分析，个人和家庭消费的顾客品牌选择比机构（组织）消费的顾客品牌选择更普遍也更重要。

（6）通常所说的品牌选择，主要是指中间商品牌选择。

（7）通常所说的品牌选择，主要是指机构市场的品牌选择。

（8）通常所说的品牌选择，主要是指以个人和家庭消费为特征进行购买的消费市场顾客的品牌选择。

【答案】（2）（4）（5）（8）。

6.2.2 消费市场品牌选择

这里所说的**消费市场品牌选择**，就是指以个人和家庭消费为特征进行购买的消费市场顾客的品牌选择。

1. 品牌选择度

消费者市场顾客的品牌选择，针对不同的商品，其品牌选择度是不相同的。大致可分为三个层次：

（1）无选择度，即消费者对该类商品的品牌缺乏关心，并不刻意追求某种品牌。这一般是那种品质差异不大的商品，如日用杂货、低档食品、低档服装、普通玩具等。这些商品有无品牌，是什么品牌，对消费者并不重要，因此消费者对这类商品的品牌没有选择的必要。

（2）低选择度，即消费者对该类商品的品牌有所关注，但关注的程度较低。这一般是指那种产品品质差异比较明显、品牌的影响较为重要的一些商品，如手表、小家电、中档食品、中档服装、中档玩具等，消费者都对其品牌有一定程度的选择性，但选择度并不高。

（3）高选择度，即消费者对这类商品的品牌非常关注，很重视品牌名称和品牌形象，挑选自己最满意的品牌，对品牌的选择度很高。这主要是那些产品品质差异大、品牌影响力大的一些商品，是不是名牌产品以及名牌影响力的大小（磁场效应）都很重要。例如主要家电产品（彩电、空调、冰箱、洗衣机、微波炉），电子通信产品（电脑、手机），其他高新技术产品，家用小汽车，以及高档服装、高档食品、高级营养保健品、高档家具、高档玩具等。有的消费者对某种品牌有极高的忠诚度、喜爱度，甚至达到非某品牌莫属的地步。

从三种不同的品牌选择度来看，第一种无选择度可以不予考虑，将其排除在品牌选择之外；第二种低选择度是可以考虑的，但不是重点；第三种高选择度才是品牌选择关注的重点。

2. 品牌选择的影响因素

消费市场的顾客品牌选择，受到多种因素的影响，主要有：

（1）品牌记忆。对于在市场上已经流行的商品或已经为人们所熟知的商品品牌，消费者对品牌的记忆是一个重要的影响因素。在对各种品牌之间的差异性知之不多的情况下，有品牌记忆的商品往往是消费者的首选。

（2）品牌信念。对已有品牌的理性认识达到一定的高度，如某品牌是质量最好的，某品牌的服务是最好的，某品牌是价廉物美的，某品牌能体现身份、地位等，对不同追求的消费者就会出现不同的品牌选择。品牌信念源于品牌的总体形象，它是品牌质量、品牌服务、品牌宣传、品牌公关、品牌策划等多种因素结合形成的对消费者的总印象。

（3）品牌名称。品牌名称对品牌选择有重要作用。一个好的品牌名称，对消费者有很大的亲和力、认同感，能迅速为消费者所接受，而不恰当的品牌名称则会把消费者拒之门外。

（4）品牌广告。广告宣传对消费者进行品牌选择有明显的作用。在一般情况下，广告宣传较多的品牌，容易引起消费者重视并形成品牌认知，有利于消费者对该品牌的选择。但是，如果广告失实，做虚假广告，就会引起消费者的反感，起到相反的作用。

（5）亲戚、朋友、熟人的影响。亲戚、朋友、熟人使用过某种品牌的商品，其感受的好坏，评价的优劣，往往直接影响到受其宣传介绍的消费者的品牌选择。这种口碑的影响力是相当大的。

（6）商店营业人员的介绍。对于那些消费者不熟悉的品牌，或者对于那些技术含量高、结构复杂、消费者难以掌握其特性的商品品牌，商店营业员的介绍往往能起很大的作用。

（7）其他影响因素。例如偶然性因素、情感因素、价格因素等，都是消费者品牌选择中常常见到的因素。

3. 品牌选择过程

在消费市场上，顾客进行品牌选择的过程，与品牌选择的影响因素有密切关系，也与品牌选择度有直接的关系。一般来说，顾客对无选择度的品牌是不加选择的，随意购买，碰到什么品牌就买什么品牌。对选择度低的品牌也只作简单的、快速的选择。但是对于高选择度的品牌，消费者往往进行比较慎重的、长时间的甚至反复比较的选择。最后形成消费者对心目中最佳品牌的认同。每一位消费者对最佳品牌的认同是不一样的，但通过调查取样可以得出一个综合的最佳品牌选择。消费者品牌选择的过程也没有绝对的顺序，大致的情况是：

（1）搜集品牌信息，包括过去的品牌记忆信息和尚未掌握的新信息。要对广告宣传资料的有关信息，进行广泛搜集。

（2）征求家庭成员、亲戚、朋友的意见，集思广益，在这个过程中，往往对各种不同的品牌进行比较并作出判断。

（3）品牌分析与评价。对各种品牌优缺点进行排队分析并作出评价，从中选出几个优选品牌然后决断。

（4）品牌商品的价格与功能比较，并与消费者自己的需求档次以及经济承受能力相结合进行实证考虑。

（5）做出购买决定，挑选经过分析与判断后最符合自己需要的品牌。

（6）经过使用后的再评价。如果使用满意，会增加顾客的品牌忠诚度，有可能再次购买时选择同一品牌，如果使用不满意甚至很糟糕，消费者就不会再选择这一品牌了，而且还会影响到他的亲友选择这个品牌。因此，品牌选择的最终决定因素还是品牌形象、品牌信誉，它是靠品牌高质量、品牌优质服务、真实的品牌广告宣传等一系列真功夫铸就出来的，来不得半点虚假。

【实例6-2】

恒大冰泉：激活还是搅局？

亚冠决赛之夜，恒大冰泉的广告横空出世：不厌其烦、不停重复，让人颇为诧异。据亚足联官网报道，有接近1.2亿观众收看了亚冠决赛的现场直播。确实，这个冠军的获得，让恒大冰泉一夜之间获得了很高的知名度，从品牌、产品传播的角度而言，也是值得的，或者说是超值的。

恒大进军饮用水行业，剑指高端，如此大的行业跨度，不得不让人心生疑虑。从消费者的心智来说，恒大是一个地产品牌，虽然说算不上“高端、大气、上档次”，但也是中国房地产的百强企业，消费者很难将其联系到水制品，这在品牌认知上将是最大的瓶颈。但恒大独立运作冰泉项目，结合行业特性、价格定位和恒大资源也不是没有胜算。一方面，恒大冰泉通过价格体系的设计和品牌塑造来实现高端水市场的激活效应，低于4元、高于3元的价格定位可以跟传统的矿泉水区隔开，同时又能够找到兼容的主渠道进行销售；另一方面，较大一部分消费者也能接受这个价格，做到价格点上的支撑和渠道终端面上的销售。

做直销一定不是目的，小支装水未来的增长空间更大，而直销显然不能满足便利性购买，但通过做出模式、做成样板市场的方式启动市场，给渠道信心，借助恒大住宅、社区和商业楼盘的优势不失为一种好方法。未来的主渠道、营销模式、渠道模式

和传播方式仍需要在市场的推进中不断进行摸索和调整。恒大冰泉的战略路线图是：先激活，后搅局、升级消费，最后再做大！

资料来源 蒋军．恒大冰泉：激活还是搅局？[J]．销售与市场：评论版，2014（1）．

6.2.3 机构（组织）市场品牌选择

上述消费者市场是指购买商品为了满足消费者个人或其家庭需要，是最终消费者市场。机构（组织）市场则是指消费者购买商品为了满足组织机构需要，他们往往并不是最终消费者。

1. 机构（组织）市场品牌选择的特点

机构（组织）市场的品牌选择，与消费市场的品牌选择有一些共性，如搜集品牌信息、进行品牌分析与评价等，但是二者又有所不同。比较而言，组织（机构）市场的品牌选择有如下特点：

（1）多方参与，高层决策。机构（组织）在购买商品时，尤其是技术性强、金额很大的商品，往往要有多方面懂行的专家参与，并最终由企业经理进行高层决策。

（2）考察和研究的时间较长。消费市场的购买者往往略经考虑并作出品牌选择，而机构市场则要在专家参与的情况下经过多项考察与研究，多次讨论与磋商，花费较长的时间，才能作出品牌选择。

（3）长期合作的可能性。机构市场对其需求的产品品牌，往往在经过品牌选择后，在没有特殊原因引起变异的条件下，需要保持长期合作，以保持相互关系的稳定性，有利于机构（组织）的生产与经营活动的正常进行。

（4）理智购买重于情感因素。机构（组织）市场的品牌选择，往往是在各种方案的比较分析与论证的基础上进行理性抉择，这是最主要的方面。情感因素虽然也存在，但不是主要的因素。

2. 机构市场品牌选择的过程

机构（组织）市场品牌选择的过程，大体上包括如下阶段：

（1）组织购买商品的专门班子。这个采购班子一般包括懂技术的专家、财务专家、企业决策层人员、市场分析人员等。

（2）搜集品牌信息。对所需购买的商品的有关品牌信息都应广泛搜集。

（3）对市场情况和竞争品牌进行分析与对比研究。已经购买过的品牌与新品牌的对比分析更为重要。

（4）协调购买班子的不同意见，明确主要购买目标。由于购买班子是各种不同类型的人员构成的，技术专家的意见与市场专家的看法可能不同，财务专家又可能有另外的意见，各种意见应充分展开讨论，进一步明确购买的主要目标，使品牌选择与购买目标相一致。

（5）作出购买决定，与供货商建立长期合作关系，使品牌选择与企业信誉联系起来。

【小思考6-3】

机构（组织）市场的品牌选择往往更重视下列哪种因素：

(1) 价格因素；(2) 情感因素；(3) 理智因素；(4) 财务因素。

【答案】(3)。

6.3 品牌营销

6.3.1 市场营销与品牌营销

市场营销是企业在变化的市场环境中，为了实现企业目标，引导产品（及服务）从生产者流向消费者或用户的商务活动过程。企业市场营销是一种微观市场营销，它的商务活动过程主要包括市场调研、选择目标市场、产品开发、产品定价、渠道选择、产品促销、产品储存和运输、产品销售、提供服务等一系列与市场有关的企业业务经营活动。

市场营销学的主流观点，把市场营销的四个主要子系统结合起来，形成市场营销组合观念，作为市场营销的基本运行方式，已成为市场营销学界的共识。这四个营销子系统就是：产品（product）、地点（或通路，又称渠道，place）、促销（promotion）、价格（price）。由于这四个子系统的英文词语的第一个字母均以P开头，故又简称“4Ps”。“4Ps”就是营销组合中的各种可能子系统或变量，市场营销组合就是这些可以控制的变量组合。以后“4Ps”又不断发展为6Ps、8Ps、12Ps甚至更多，但归根结底，“4Ps”至今仍是市场营销组合的基本格式。

“4Ps”的市场营销组合格局中，每一个P都有其丰富的内容，而且相互之间关系密切，不可或缺。产品策略、渠道策略、促销策略、定价策略是市场营销组合的四个基本策略。但是，其中第一个P即产品又是最基本的。产品策略是营销组合四个基本策略中最基本的策略，是其他3个P的前提和基础。

产品策略是企业作出的与生产的产品有关的计划和决策。企业的产品是为目标市场而开发的。因此其核心问题就是满足目标市场上顾客的需求。企业的产品策略就是企业围绕目标市场的顾客需求及其变化，在产品种类、质量标准、产品特性、产品牌号、包装设计以及维修、安装、指导使用、产品担保和其他相关服务等方面所作出的计划和决策。

在现代市场经济中，产品策略的核心是品牌策略，与产品有关的一切问题，主要集中体现在品牌上。产品的设计与开发，产品的技术与质量，产品的包装与储运，产品的维修与服务，都通过品牌来体现。因此，市场营销组合的第一个P，即产品，已经通过品牌来体现了，产品营销，其核心就是品牌营销。

不仅如此，市场营销组合中的其他3个P，即渠道、促销、价格，在现代市场经济条件下也日益向品牌集中。渠道主要体现为品牌的渠道，促销也是围绕品牌来促销，价格也以品牌为主来定价。讲产品分销渠道和促销，往往不是泛泛地谈某种自然属性产品的渠道和促销，而是讲某某品牌的产品渠道和促销；讲价格也是讲某某品牌的商品价格，而不是一般地讲产品价格。因此，在现代市场条件下，市场营销集中体现为品牌营销，品牌营销成为市场营销的核心内容。市场上的产品竞争也集中体现为品牌竞争，品牌营销及其组合也就很自然地成为市场营销及其组合的核心内容。

6.3.2 品牌营销组合

与市场营销组合相对应，**品牌营销组合**的基本格式也包括四大子系统，即品牌的产品组合、品牌的渠道组合、品牌的促销组合、品牌的定价组合。重点谈谈品牌的产品组合和渠道组合。

1. 品牌的产品组合

产品组合策略是整个市场营销组合战略的基石。品牌的产品组合包括产品结构组合策略、品牌决策、产品包装策略、新产品开发策略等内容。关于品牌决策，我们将辟专章进行阐述。这里只讲产品结构、产品包装、新产品开发三个方面的内容。

(1) 产品结构组合。当企业生产多种产品时，就有一个产品结构组合的问题。企业全部产品的结构或构成由若干产品线和产品项目组成。产品线是指一组密切相关的产品，它们有相似的功能，能满足消费者同质的需要，但在规格、档次、款式等方面有所不同。产品线由若干产品项目组成，产品项目就是规格、档次、品牌和款式有所不同的单个品种。企业产品结构组合包括以下几方面：

①产品组合的宽度。它是指一个企业拥有多少个产品大类，多少条产品线。多则为宽，少则为窄。

②产品组合的长度。它是指一个企业的产品组合中所包含的产品项目的总数。

③产品组合的深度。它是指产品大类中每种产品有多少个花色品种规格，多者为深，少者为浅。

④产品组合的关联性。它是指一个企业的各个产品大类在最终使用、生产条件、分销渠道等方面的密切相关程度。

企业在品牌的产品组合营销中，应综合考虑产品组合的宽度、长度、深度和关联性等因素，选择最优的产品组合。要根据市场情况的变化，或扩大产品组合，或减少产品组合，或延伸产品组合，使企业通过产品结构组合的调整和优化，更好地适应市场需求，提高企业的经济效益。

(2) 产品包装组合。企业的产品包装应有利于保护产品，使用方便，便于运输、保管与陈列，并做到美观大方。从产品的不同特性出发，考虑消费者的心理，企业的产品包装组合可以采用如下策略：

①同类型包装策略。企业将其所生产的各种产品，在包装上采用相同的图案、相近的颜色，体现共同的特色，给消费者以整体的良好形象。

②异类型包装策略。企业对于其生产的不同产品分别采用不同的包装设计，使用不同的图案、不同的颜色、不同的材料，以凸显各种产品各自不同的特色。

③配套包装策略。企业可根据消费者心理和购买习惯，将多种相关配套的包装放在同一包装物中，一并出售。

④等级包装策略。企业应根据不同消费群体的购买力水平或消费用途，采用不同

的等级包装，即对高档优质产品采用优质包装，对一般产品采用普通包装。

⑤多用途包装策略。包装物可有多种用途，当产品使用完之后，包装物仍可作他用。

⑥附赠品包装策略。在某些产品包装中附赠配套用品或赠券以吸引顾客。

⑦更新包装策略。为了更好地促销而改进包装设计、改变包装材料等。

（3）新产品开发组合。企业面临激烈的市场竞争，其产品必须不断更新换代才能适应市场需求，这就必须经常进行新产品开发，以保持和提高自己的竞争力。新产品可划分为全新产品、换代产品、改进变异产品、引进外来产品四大类型。企业进行新产品开发，必须以市场为导向，根据市场情况的变化及其发展趋势预测，结合企业自身的条件，科学合理地进行决策。新产品开发一般经过以下几个程序：

①新产品构思。在提出满足一种新需求的各种不同设想的基础上，将可行的有代表性的种种设想加以综合、分析、比较，逐渐形成比较系统的新产品概念。新产品构思的来源首先是目标市场上消费者的需求。同时，企业在市场上的竞争者、科学技术成果和发展动向、企业内部的各类人员（尤其是营销人员和高级管理人员）、经销商等方面的情况或意见，也都是新产品构思的重要来源。

②方案筛选。企业提出若干个新产品构思以后，应从中进行筛选。这就要进行可行性分析，周密调查和反复论证，从中选择出与本企业发展目标相一致、与本企业资源条件相适应、具有发展潜力和良好市场前景的方案。

③前期开发。方案确定后，进行技术准备、资金筹措、人员培训等前期工作。

④设计、工艺准备及试制。这是新产品的实际开发阶段，具有决定性意义。企业应统一部署，周密安排，集中力量，多方协调，高质量、高效率地开发出新产品。

⑤制定初步营销规划。对新产品将来在市场中的定位、消费者购买行为、产品预期价格、渠道、销售量、利润率、营销预算、市场营销组合策略等进行初步规划与安排。

⑥市场试销。将新产品进行少量生产，投放到有代表性的小范围市场进行试销，以检验其市场效应。试销的结果如何，对是否转入大批量生产是非常重要的检测。

⑦商业性投放。新产品经过试销，如果效果很好，企业就应在进一步搞好市场调查的基础上果断决策，进行大批量生产，投放到市场，并及时根据市场需求变化来调整商业性投放的目标和范围。

⑧开发反馈。新产品投放市场后，要及时收集反馈信息，进行合理的再开发，以进一步改进新产品。新产品投放市场后，还须通过新产品的扩散过程，让广大消费者逐步认知并普遍接受，从而占领和扩大市场。

2. 品牌的渠道组合

品牌的营销渠道是品牌及其所代表的产品从生产者手中到消费者手中所经过的通道。在市场营销学中，营销渠道又称分销渠道或配销通路，它与贸易经济学中的商品流通渠道具有大体相同的含义，都是指产品从制造商手中传到消费者手中所经过的各个中间商连续起来的通道。有所区别的是，市场营销学中的分销渠道主要是从企业微观角度出发的，是企业的营销活动内容。贸易经济学中的商品流通渠道主要是从中观角度、社会角度讲的，而不是从某一企业角度讲的，因此常有工业品流通渠道、农产品流通渠道、消费品流通渠道、生产资料流通渠道等说法。

营销渠道按产品在流通过程中是否经过中间商来分类，可分为直接渠道和间接渠道。直接渠道是产品由制造商直接销售给最终消费者和用户，不经过任何中间商。间接渠道是产品从生产者流向最终消费者或用户的过程中要经过中间环节即中间商的渠道。根据中间环节的多少，又可以分为一个中间环节、两个中间环节、三个或三个以上的中间环节等多种类型的间接渠道。

企业进行品牌营销渠道组合决策，主要是选择适合企业自身特点的渠道类型。各种产品的产销特点和具体情况不同，渠道类型的选择要求也不一样。有的产品要求宽渠道，有的则要求窄渠道，应视具体情况而定。营销渠道有不同的组合方式，这里介绍两种组合形式。

(1) 批发-零售组合形式。批发商和零售商是传统的中间商。这种传统的营销渠道组合形式，就是产品从制造商手中生产出来，经过批发商和零售商的中间环节，最终传送到最终消费者或用户手中。批发商主要有三种类型，即独立批发商（商人批发商）、代理商和经纪人、企业自设的批发机构。零售商形式很多且变化大，也可以按不同特征进行分类。这里只简要介绍几种常见的零售商类型：

①日用品杂货店。这是最古老的一种小型商店，它靠近居民点或在居民点之内，设施简陋，经营一般居民日常需要的小食品、副食品、日用杂品，如油盐酱醋、糖果糕点、肥皂火柴，其他日用品等，使普通居民购物极为方便。但由于规模小，资金少，经营的品种不多，没有什么挑选余地，一般不经营大件商品、技术性强的商品和挑选性大的商品。

②百货商店。这是第一次零售革命的成果。百货商店规模较大，经营范围广，经营品种繁多、门类齐全，有优良的设施与服务。服装鞋帽、家用电器、文具纸张、糖果点心、厨房炊具、家具装饰以及其他日用商品，可谓应有尽有，消费者足不出店，几乎可以买到自己所需的一切商品。

③专业商店。它是专门经营某一类商品或某一类商品中的某一种商品。如眼镜商店、钟表商店、时装店、鞋帽店、糕点店、花卉店等。专业商店经营商品种类单一，但品种、规格、款式很多，有利于专业化的挑选。

④超级市场。这种零售形式一般具有规模大、品种多、毛利低、价格便宜、自我服务、敞开售货、集中付款、电脑结算等特点，给顾客购物带来很大方便，在世界范围内发展很快，被称为零售业的第二次革命。

⑤自选商店。实行敞开式售货、顾客自选商品、出店门时统一结算付款的办法，与超级市场有许多共同之处，但自选商店一般规模较小，经营品种较少，以此与超级市场有所区别。

⑥无门市销售，包括邮购、自动售货机、访问销售等。

(2) 连锁经营组合形式。连锁经营是零售业的一种新的经营方式，被称为零售业的第三次革命。连锁经营的组织形式是连锁店。连锁店是指经营同类商品和服务的若干企业，在核心企业或总部的领导下，通过规范化经营，实现规模效益的经营形式和组织形态。连锁店按照纵向结合的程度，可分为零售商连锁、批发主导型连锁、产销结合型连锁。按零售业业态分，有超市连锁、百货连锁、便利店连锁、专卖店连锁等。从所有权和经营管理权的集中程度来分，有正规连锁、自愿连锁、特许连锁。

①正规连锁，也称直营连锁。它是在同一个经营资本和同一总部集权性经营管理机构统一领导下，由若干个连锁分店组成的，具有统一所有、统一经营、集中管理、分散销售的特点。

②自愿连锁，也称自由连锁。这种连锁的成员店在所有权、经营权、核算上都是独立的，在此前提下，通过协商自愿联合起来，统一进货，统一管理，协商决定经营方针、营销策略、发展规划等。总部是服务性的，而不是集权性的。

③特许连锁，也称加盟连锁、合同连锁或契约连锁。特许连锁的总部盟主（主导企业）把自己开发的商品、服务和营业系统（包括商标、商号等企业象征的使用，经营技术，营业场所和区域），以营业合同的形式授予加盟店在规定区域的经销权和营业权。加盟店则交纳一定的营业权使用费，承担规定的义务。特许连锁的主要特征是：加盟店所有权独立，经营管理权则高度集中于总部，一切按总部规定的条件去办。联系总部与加盟店的纽带是特许连锁合同。特许连锁的统一程度高于自愿连锁，低于正规连锁。在成员店独立性上则高于正规连锁，低于自愿连锁。特许连锁近年来发展势头很猛，成为一股强大的世界潮流。特许连锁适用的范围十分广泛，对于具有技术与服务特色的商品和服务组织更为合适。

连锁经营的渠道组合方式，一般是由总部、配送中心、分店进行连接和运转的。

3. 品牌的营销价格组合

品牌的营销价格组合，关键是企业定价决策。企业定价目标要与企业营销总目标相一致，最终达到促进销售、提高经济效益的目的。企业定价可根据不同的情况，分别采取不同的策略，如撇脂定价策略、渗透定价策略、满意定价策略、跟随定价策略、机动定价策略、淘汰定价策略等。企业定价主要受成本费用、市场需求、竞争状况等因素的影响，因而可分别采取成本导向定价法、需求导向定价法、竞争导向定价法等不同的定价方法。

市场情况是不断变化的，企业也必须随机应变，采取有效的变价策略来适应市场变化。主要的变价方法有两种：①主动调价，包括主动降价和主动提价；②应变调价。市场形势瞬息万变，对突如其来的变化，企业必须灵敏反应，在竞争对手率先主动调价的情况下，应及时进行应变调价。总之，品牌营销价格组合应根据市场变化及时进行相应的调节，以利于企业的生存和发展。

4. 品牌的营销促销组合

促销即销售促进，它是指将产品及相关的有说服力的信息告知顾客并说服顾客购买该产品的市场营销活动。促销实际上是一种沟通活动。品牌促销就是通过与消费者沟通而促使其购买企业的产品品牌。促销的方式是多种多样的，例如赠送样品、价格折扣、消费信用、服务促销、贸易促销、包装促销、经销津贴、有奖促销、优惠券等，企业可根据实际情况灵活选择运用。

【实例6-3】

在线旅行：你定制了么？

想要自助出国，怎么办？世界邦旅行网恰恰可以帮你免费解决这个困惑。世界邦作为一家在线旅行网站，志在免费服务那些自助出国游的消费者。“2012 年 10 月开始组建团队，我们主要做两件事：一是网站的搭建；二是商城。”张平合说道。在2012 年年底推出“一站式出境自助游”的世界邦网站，时隔不到一年，又推出“旅行小帮手”。“用达人定制免费行程，动动鼠标，行程自然来，相当于实现了在线旅行的全自动化。”张平合说道。

“你要不会玩，达人教你玩，定制化消费者需求。”张平合说，“这些达人，是愿意分享的旅行者。他们免费为用户释疑解惑、提前规划行程。我们给予旅行达人一定的回报。比如，旅行达人做了一个行程被赞，我们会给予他积分奖励，积分可以兑换成实物或代购券。”

“旅行小帮手”涵盖“2 分钟轻松梳理旅行需求”、“目的地旅行达人精准服务”、“精彩实用的免费个性化行程展示及行程配套的商品”三大功能。它如同帮助用户进入世界邦旅行网的一扇门，门的背后就是围绕达人构建而成的完整旅行体系。在这里，旅行商品不再以孤零零的特定搜索类别呈现，而是作为全程旅行定制服务中的一部分打包给用户选择，采用与行程相应的结构化配套推荐模式。“将商家、达人、用户汇集在世界邦平台上，我们提供平台、推广，商家专注服务。”张平合说，“挑选哪家旅行社用户说了算。”该模式有效避免了攻略类网站那种大海捞针似的搜索，而且与自己拼凑行程规划的方式相比，通过小帮手梳理需求以及提供专属行程的方式，将对某目的地具有明确需求的潜在游客直接带到商户门口，避免了过多无效的浏览内容将商户信息淹没。借助“旅行小帮手”的行程推送机制，可以优化旅游行业商家的实际运营效果，商家们最关注的流量变现能力会得到明显提升。游记、攻略等旅游社区内容端对商户开放，这意味着商户可以在一定规则下，自己为店铺增加曝光机会，也就是说在世界邦旅行网上，商户可以主动地去抓取自己的潜在客户，而不是被动等待。一个商业生态系统的良好运行，能让生态链上的所有伙伴都更有主观能动性，并因此获益。

经济的快速发展，出境游热潮时代，特别是2013 年“十一”期间《中华人民共和国旅游法》的实施，都促使出境旅游从团队向自助转变。“我们这种模式，谈不上有什么竞争对手，打个比方，一年服务 10 万人，就很厉害了。”张平合说道。

资料来源 张旭．三种行业升级路径指南［J］．销售与市场：管理版，2014（1）．

6.3.3 品牌经理

品牌营销在发展过程中必然会出现品牌经营专业化的趋势，尤其是大公司在品牌营销过程中会将品牌细分化、专业化，由专门的人员负责某一品牌的营销活动，于是就出现了品牌经理。

品牌经理就是一个品牌由一个经理负总责，其目的是使品牌营销深化、细化、专业化，更长久地占领和扩大市场。品牌经理的概念是美国宝洁公司于 1931 年提出来的。此前，要由几个人负责同类商品品牌的推广和广告，容易顾此失彼或互相推诿，责任不清。于是，当时宝洁公司一位高级管理人员麦克·爱尔洛埃就向公司最高领导建议：一个牌号一个经理。刚巧那时的公司最高领导是一个勇于创新的人物，很快接受了麦克·爱尔洛埃的建议，并立即在宝洁公司实行。一个品牌由一个经理负责的制度就是品牌经理制度，这种新的管理方法就是品牌管理。由于实行了“品牌经理”制度和“品牌管理”方法，宝洁公司成为拥有38个消费品大类的大企业，该公司各种产品的生命周期也拉长了，许多品牌在市场上的销售长盛不衰，例如汰渍洗衣粉已行销40多年。后来有许多公司也采用了品牌经理制度，同样取得显著成效。

品牌经理制度对品牌营销发展具有重要的作用：（1）分工更细。尤其是在生产和经营多种品牌的企业里，按品牌进行分工，有利于经营专业化，提高效率，它比许多人同时经营许多品牌的效率要高得多。（2）明确责任。由于分工更细，经营专业化甚至专一化，一个品牌经理负责经营一个品牌，其责任非常明确，有利于按品牌进行营销管理，实行明晰的品牌管理制度。（3）更好地建立激励与约束机制。由于责任分明，分工具体，有利于调动品牌经理的积极性，也有利于鞭策那些不勤奋的人改变作风，努力上进。企业应当为此建立合理的奖惩制度，奖勤罚懒，奖优罚劣，使每一位品牌经理更好地发挥其主动性、积极性和创造性，带领其属下员工，更好地完成其专业化的品牌经营任务。

品牌经理进行品牌经营和品牌管理，包含的内容很多，几乎涉及品牌营销的一切活动过程，例如品牌定位、品牌广告、品牌定价、品牌渠道、品牌促销、品牌公关、品牌CI策划、品牌关系营销等各个方面。但是，品牌经理应把工作的重点放在树立品牌形象和建立品牌网络两个方面。这是品牌经理开展品牌营销能否取得成功的关键。

所谓**品牌形象**，是指企业某个品牌在市场和社会公众中所表现出的个性特征。它体现为顾客及社会公众对该品牌的认知和评价，反映出该品牌的知名度、信誉度，进而对树立品牌忠诚发生作用。影响品牌形象的因素很多，包括品质的好坏、产品的耐用程度、功能的多寡、安全性、实用性、便利性、创新性、精密性、设计新颖程度、价格高低、外观造型、审美情趣、广告与宣传手法等。要通过加强品牌管理，大力塑造良好的品牌形象，突出品牌特色，营造品牌优势，在消费者和社会公众心目中形成鲜明的印象并得到认同，从而为品牌的市场营销奠定坚实的基础。例如，金利来领带——男人的世界，劳力士手表——高贵的身份，太和服装——女性的风采，海飞丝——去头屑的功能，龙牡壮骨冲剂——补钙重在吸收，等等。这些品牌形象有的侧重于品牌特色，有的侧重于品牌功能，有的体现品牌的品位，但都给消费者以明确的品牌认知，有利于树立品牌形象，促进品牌经营。

品牌网络主要是品牌营销网络或品牌经营网络，它是品牌市场拓展的具体组织形式和方式，通过各种具体的品牌营销渠道、分销机构和人员来实现品牌经营，完成品牌销售任务。具体营销网络也是一个庞大的体系，从地区分，可以包括国内营销网络（又可以按国内区域分片如华东、华北、华中、华南、东北、西北、西南等），国际营销网络（又可以按大洲和国别进一步分区）。从经营方式分，可以包括普通商店经营、超市经营、多品牌店经营、代理商经营、总经销商经营、专卖店经营、网上商城等多种形式。普通商店、超市和多品牌店经营，是比较广泛的品牌经营方法，可以依托大型商场、大型超市经营。有的还可以在大型商场或超市中采取“店中店”的形式经营。代理商和总经销商经营，是品牌经营中常见的方法，即某一品牌的商品在某一地区、某一城市通过协议或合同形式，确定由某一代理商或经销商进行代理销售或总经销，具体销售形式由代理商和总经销商自己选择。品牌专卖店经营是品牌经营的一种特殊形式，它一般是那些经济规模大的名牌商品，价值较高的耐用品，或技术含量较高的高新技术产品，或售后服务要求较高的产品等，例如，名牌服装店、名牌鞋店、电脑专卖店、家电专卖店（具体又可分为彩电专卖店、空调专卖店等）。例如家电销售，虽然在营销网络上仍以商场销售为主渠道，但一批实力强的空调生产厂家早已开始走品牌专卖之路。网上购物已经成为当下的一种时尚，很多人都喜欢在网上购买家电，不仅可以随意挑选，还可以送货上门，非常方便。2013 年在网上最热销的十大家电品牌是美的、方太、老板、樱花、海尔整体厨房、小熊、万家乐、欧琳厨具、松下。①

本章小结

品牌是在市场形成的，又进一步开拓了市场、发展了市场。研究品牌市场是掌握品牌战略与决策的重要内容。

品牌市场涉及很多方面。本章从品牌定位、品牌选择、品牌营销这三个方面进行了阐述。

品牌定位是产品定位的升华和规范化。产品定位是确定企业的产品在市场上的位置。它是通过企业为其产品创立特色和个性、塑造独特的市场形象而实现的。品牌定位是建立或塑造一个与目标市场有关的品牌形象的过程与结果。品牌定位应使某一品牌与其相对应的目标消费群建立起内在的联系。

品牌定位要考虑多种因素，其中主要是两大因素：（1）功能要素，即理性功能——实用价值；（2）情感要素，即情感需要——感性符号。

品牌定位的两大因素可以有不同的组合，主要有以下三种：（1）高表现性-高功能性；（2）高表现性-低功能性；（3）低表现性-低功能性。

品牌定位的步骤大致是：（1）明确竞争目标；（2）寻找目标消费者；（3）明确竞争优势；（4）竞争优势与消费心理相结合。品牌定位的关键就是要把企业竞争优势与消费者的购买意愿结合起来，以吸引消费者购买。具体有：先入为主策略；空隙卡入策略等。

品牌选择有两个角度：（1）供应者角度的品牌选择。制造商对品牌的选择，主要是推出具有显著性和特色的制造商品牌，使品牌易于被消费者认知，直至培养消费

① 佚名．网络商城热销的家电十大排行榜［EB/OL］．［2015－01－09］．http：//www.chinapp.com/shidapinpai/72176/.

者的品牌忠诚。经营商（中间商）对品牌的选择可以有两种情况：一是选择制造商的品牌进行经营；二是选择自己创立的品牌。这种中间商品牌，又称商业品牌。(2) 需求者角度的品牌选择，包括个人和家庭消费的需求者和机构或组织的需求者，可以统称为顾客。顾客的品牌选择是最主要也是最大量的，是品牌选择的主体部分。在两种类型顾客的品牌选择中，又以个人和家庭消费为特征的消费市场品牌选择为主。

消费市场的品牌选择，首先要分析品牌选择度。影响消费市场品牌选择的因素主要包括：品牌记忆；品牌信念；品牌名称；品牌广告；亲友、熟人的使用经历及评价；营业人员的宣传介绍；偶然性因素等。消费市场的品牌选择过程包括：(1) 搜集品牌信息；(2) 征求家庭成员及亲友的意见；(3) 对品牌进行分析与评价；(4) 品牌商品的功能与价格比较；(5) 作出购买决定；(6) 品牌使用后的再评价。

机构（组织）市场的品牌选择有如下特点：(1) 多方参与，高层决策；(2) 考察和研究需时较长；(3) 对选择品牌有长期合作的可能性；(4) 理智购买重于情感因素。机构市场的品牌选择过程大致是：组织购买专班；搜集品牌信息；品牌对比分析；明确购买目标；作出购买决定。

与市场营销组合相对应，品牌营销组合也包括四个子系统。

(1) 品牌的产品组合。包括产品结构、品牌决策、产品包装、新产品开发等内容。产品结构由产品线和产品项目组成。企业产品结构组合包括：产品组合宽度；产品组合长度；产品组合深度；产品组合关联性。品牌的产品组合营销应综合考虑产品组合的宽度、长度、深度和关联性，选择最优的组合方案。产品的包装应有利于保护产品，便于使用和运输保管陈列，并美观大方。包装组合包括：同类型包装策略；异类型包装策略；配套包装策略；等级包装策略；多用途包装策略；附赠品包装策略；更新包装策略等。

新产品开发一般经过下列程序：新产品构思；方案筛选；前期开发；设计及工艺准备试制阶段；制订初步营销规划；市场试销；商业性投放；开发反馈。

(2) 品牌的渠道组合。①批发–零售组合形式。批发商主要有三种类型，即独立批发商、代理商和经纪人、企业自设的批发机构。零售商包括日用品杂货店、百货商店、专业商店、超级市场、自选商店、无门市销售等。②连锁经营组合形式。从所有权与经营管理权的集中程度来分，连锁形式包括正规连锁（直营连锁）、自愿连锁（自由连锁）、特许连锁（加盟连锁）。

(3) 品牌的价格组合。企业定价主要受成本费用、市场需求、竞争状况等因素的影响，可分别采取成本导向定价法、需求导向定价法、竞争导向定价法。企业还应根据市场情况的变化及时采取有效的变价策略，包括主动调价和应变调价。

(4) 品牌的促销组合。应通过与消费者的沟通而促使其购买企业的品牌产品。促销的方式有赠送样品、价格折扣、消费信用、有奖促销、优惠券、贸易促销、服务促销、包装促销等多种形式。

品牌营销的专业化、细分化，出现品牌经理。品牌经理制度就是一个品牌由一个经理负总责的制度。这种制度是美国宝洁公司 1931 年提出来的，随后在其他公司得到推广。

品牌经理制度由于其分工更细、责任明确、有很好的激励机制和约束机制，因而具有一定的优越性。

品牌经理在品牌经营和品牌管理中，应着重在树立品牌形象和拓展品牌网络两个方面下工夫。品牌形象是品牌在市场和社会公众中所表现的个性特征，塑造良好的品牌形象是开拓品牌市场的基础。品牌网络是品牌市场拓展的具体组织形式和方式，商场销售、代理商经营、总经销商经营、专卖店经营，都是品牌营销网络的具体形式。自有品牌专卖店是品牌经营的一种独特方式。

关键概念

市场定位　品牌定位　消费市场品牌选择　产品策略　品牌营销组合　品牌经理　品牌形象　品牌网络

思考题

6.1　品牌定位与产品定位有何联系与区别？

6.2　怎样理解品牌定位是品牌资产的一项重要内容？

6.3　品牌定位与市场细分和目标市场之间是什么关系？

6.4　为什么说从供应者角度进行品牌选择，中间商的品牌选择比制造商的品牌选择有更丰富的内容？

6.5　消费市场顾客的品牌选择的影响因素有哪些？

6.6　机构市场的品牌选择有何特点？

6.7　品牌营销与市场营销有何关系？

6.8　品牌营销组合中的产品组合包括哪些内容？

6.9　品牌营销组合中的渠道组合有哪两种组合方式？

6.10　品牌经理制度有何现实意义？

练习题

6.1　品牌定位两大要素主要有几种组合方式？

6.2　品牌选择的两个角度是什么？

6.3　消费者的品牌选择度有几个层次？重点应关注哪种层次？

6.4　机构市场的品牌选择过程包括哪些阶段？

6.5　品牌营销组合中的产品结构组合包括哪些方面的内容？

6.6　批发-零售组合形式是一种什么营销渠道组合形式？其主要内容是什么？

6.7　品牌营销促销组合有哪些方式？

6.8　品牌经理制度是怎样形成的？

6.9　品牌经理的品牌经营和品牌管理包括哪些内容？

6.10　品牌专卖店在品牌经营中扮演何种角色？

自测题

6.1　简述品牌定位与市场定位的关系。

6.2　品牌定位中的两大要素是什么？

6.3　在品牌定位中如何把竞争优势和消费者心理结合起来？

6.4　供应者角度的品牌选择包括哪些内容？

6.5　消费市场的品牌选择度有几个层次？重点应关注哪一个层次？

6.6　消费市场的品牌选择过程是怎样进行的？

6.7　机构市场品牌选择的过程如何？

6.8　在现代市场经济中，产品策略的核心是什么？

6.9　品牌营销价格组合应实施什么样的变价策略？

6.10　品牌经理制度有哪些优越性？

案例分析

福特斯：品牌市场突围策略

中国照明行业正处在传统照明向 LED 照明过渡的时期，LED 照明标准缺失，市场尚未形成绝对领导品牌，可以说机会与挑战并存。对于品质过硬，但品牌知名度不高的福特斯而言，如何把握这大势下的市场机会呢？

一、抢位主流 LED，明确核心诉求

由于目前市场还没有形成 LED 领导品牌，市场缺乏主流照明，因此市场对 LED 的认知表现为，知道其有节能、亮度高等优势，但对“选择好 LED 产品”缺乏判断标准，在他们心目中不知哪一家企业品牌可以进入他们的采购名单。

福特斯照明在“安全、亮度、品质、节能、耐用”等五方面具有独特的价值卖点，这些独特功能卖点经提炼出与主流消费者利益相关的功能价值，最终确定其核心诉求是：省钱、耐用。如何让这些核心卖点变为福特斯的核心价值点，并与消费者产生良好的品牌价值联想？最后确定“一月 1 度电，好灯管 10 年”的传播口号，短短 10 个字，清晰阐述了其核心诉求。

二、品牌视觉化

品牌视觉符号是品牌传播的灵魂元素，一个企业标识不仅要让消费者易记易传播，还得有独特的品牌内涵，这样消费者不仅记得住，而且还能在他们心智空间留下独特的价值原点。为了让福特斯品牌快速有效传播并体现出节能环保的概念，福特斯选用自然生态发光体——发光鱼——作为创意的原点，该“发光鱼”标志的内轮廓犹如一只灯泡，识别性强，和竞争产品形成很好的区隔，所呈现的品牌形象不仅充满活力和动感，而且，作为自然光源，“发光鱼”提供的光具有环保、健康、取之不尽、用之不竭等特点，契合了福特斯主流 LED 照明品牌定位。

三、聚焦资源，整合传播

在品牌与消费者全方位接触时，力求每一个接触点所传递的信息，所带给消费者的感觉和印象，必须是一致的，必须传达一个声音，才能帮助消费者建立对品牌的统一形象。福特斯企业在 2013 年 10 月 18 日举行的古镇灯博会上进行了一次整合营销传播实战演练。福特斯在古镇连续包场四天电影，让全球客商观看刘青云新作《逃出生天》，场面极其火爆。在展会现场，福特斯的品牌标识附在每张参展证上，每位入场嘉宾胸前都"游动"着"福特斯鱼"，达到极佳的宣传效果。另外，产品海报、产品包装、工作人员名片，即便是纯净水瓶，也都统一了视觉形象。在展会外，福特斯品牌形象画面亮相古镇轻轨站，让每位来往灯都古镇的旅客都能记住福特斯的形象。这种点线面结合的传播方式，让福特斯在展馆林立、人潮如织的灯博会上脱颖而出，使其高端品牌形象迅速得到传播。

古镇灯博会期间，福特斯签订 38 家市级代理，5 个省级运营中心。这些签约的经销商都是经过筛选的，福特斯对合作商的要求是"必须为 LED 专业人士，不是任何一个卖鞋的有钱想做 LED 的行业就可以，必须有品牌理念并要有品牌经营格局的人才行"，因为福特斯寻找的不是生意合作伙伴，而是事业伙伴。

前福特斯在全国有上千家销售网点，未来三年福特斯要求终端网点要达到上万家，覆盖市场每一个角落。

资料来源　李劲．福特斯：品牌突围策略［J］．销售与市场，2014（2）．

问题：

1. 福特斯所面临的市场环境怎样？大势下的市场环境具有怎样的机会与挑战？

2. 福特斯根据哪些因素与竞争产品区分开？

3. 福特斯的产品宣传诉求点是什么？这样的诉求点是如何赢得消费者的心智资源的？

4. 古镇灯博会的整合营销传播方式体现了福特斯什么样的品牌宣传理念？福特斯是如何选择经销商的？

5. 福特斯的品牌市场战略对于新品牌的竞争模式有何启示？

补充阅读材料 @

1. 何海明．中国市场品牌成长攻略［M］．北京：机械工业出版社，2014：23-99.

2. 波斯纳．时尚市场营销（英）［M］．张书勤，译．北京：中国纺织出版社，2014：23-63.

3. 胡志刚．市场结构的品牌经济分析——以中国电冰箱行业的品牌竞争为例［M］．北京：经济科学出版社，2013：88-103.

4. 库马尔，等．品牌突围：新兴市场品牌如何走向世界［M］．扈喜林，译．北京：中国财富出版社，2013：66-88.

5. 李滨. 品牌管理与推广［M］. 西安：西安交通大学出版社，2014：61-99.

6. 孙曙光. 新品牌市场推广策略初探［J］. 时代经贸，2012（20）：147-147.

7. 李明武，等. 品牌激活注入新元素焕发新生机［J］. 现代企业，2013（3）：7-8.

8. 王炳东. 从日资品牌抢占中国市场，看民族品牌市场表现［J］. 中国化妆品，2012（13）：34-43.

9. 文英玉，等. 基于国内市场环境下的品牌延伸路线［J］. 经营与管理，2014（5）：129-130.

10. 魏琦泺. 企业品牌推广策略探析［J］. 现代商业，2014（5）：96-96.

第 7 章

品牌发展

学习目标

要求通过本章学习，深刻认识品牌发展的必然规律是在优胜劣汰的竞争过程中形成名牌、发展名牌的。品牌发展的目标是创建名牌、保持名牌、发展名牌。实施名牌战略是品牌发展的必然趋势。要研究企业如何创建和发展名牌、政府如何推进名牌发展、社会各界如何支持名牌。要通过发展壮大名牌而促进经济的发展。

本章导读

与上述学习目标相适应，本章以 3 节内容分别论述品牌发展与名牌战略、名牌的企业发展战略、名牌的社会发展战略，以加强对品牌发展的总体认识。

在学习过程中，要掌握品牌发展与名牌战略的关系，深刻认识实施名牌战略是品牌发展的根本保证。

7.1 品牌发展与名牌战略

7.1.1 品牌发展的目标是创名牌

品牌的形成与发展，都是市场经济尤其是市场竞争的必然结果。**品牌发展**是指品牌扩张、延续的广度与深度。品牌发展的结果是形成名牌。名牌也是品牌，但它是著名的品牌，是品牌中的优秀部分、精华部分，是在品牌竞争中取得优胜的佼佼者。品牌与名牌有其天然的联系性。

名牌是品牌的一部分，不是任何品牌都能成为名牌的。名牌与普通品牌有着明显的差异性，二者的区别是：(1) 知名度。名牌是著名品牌，因此知名度高，为广大消费者所认识和熟悉，记忆深刻，大名牌更是具有很高的知名度，有的甚至达到家喻户晓、耳熟能详的程度。普通品牌一般知名度不高，且容易被人忘记。(2) 信誉度和美誉度。名牌不仅知名度高，而且信誉好，美誉度高，在消费者心目中有美好的形象。名牌的高信誉度和高美誉度是靠过硬的高质量和优质服务、对消费者高度负责的良好表现、使消费者高度满意而长期培育形成的。普通品牌的信誉度和美誉度一般都比名牌要低。(3) 创新度。名牌要能适应时代的变化和科技的进步，不断地进行创新，包括技术创新、设备创新、材料创新、产品创新以及组织创新、管理创新、市场创新等。普通品牌一般来说不如名牌的创新度高。(4) 市场占有率。名牌必须具有很高的市场占有率，在同类产品市场上占据很大的市场份额，甚至举足轻重。因此，名牌必须有较大规模。如果东西好是好，但只有那么一点，没有形成规模，也不能成为名牌。普通品牌一般来说，其规模较小，市场占有率低，在同类产品中影响也不大。(5) 文化品位。名牌一般具有很高的文化品位，凝结了优秀的文化传统和现代文化精华，一般品牌在文化品位上也不如名牌。

名牌与普通品牌固然有显著的区别，但二者不是截然分开的，更不是固定不变的。名牌与非名牌（即普通品牌）之间并没有不可逾越的鸿沟，二者在一定条件之下也是可以互相转化的。任何名牌一开始都是普通品牌即非名牌，经过多年努力，在优胜劣汰的市场竞争中脱颖而出成为名牌。在名牌已经存在的条件下，现有的普通品牌也可以通过超常发展，优势强化，后来居上的优异表现而变成名牌。相反地，已有的名牌如果不思进取、墨守成规，不注意创新，就会发展缓慢，落在别的品牌后面，由名牌变成非名牌，甚至被市场无情地淘汰掉。名牌与非名牌、著名品牌和普通品牌的相互转化是经常发生的，也是司空见惯的现象。真正长寿的存在百年以上的大名牌是极其稀少的，大量的名牌都只不过存在几十年而已。名牌与普通品牌的相互转化将继续演化下去。如果能适应市场变化和时代发展，少数长寿名牌仍可继续存在和发展下去，现在已有百年名牌、数百年名牌，若能出现千年名牌，将是世界名牌发展史上的奇迹。但多数名牌都将在新旧更替的过程中被更新，被更有竞争力的名牌所取代。

品牌发展的目标就是要创名牌。不但要由普通品牌变成名牌，而且要尽最大努力使名牌得到发展，逐步壮大，由小到大，由弱变强，由一般名牌变成强势名牌、长寿名牌。品牌发展的这种机理是市场竞争的内在要求，品牌竞争将是市场竞争最激烈的领域。因此，品牌战略的根本战略就是持续地、有效地实施名牌战略。在品牌竞技场上，品牌竞争只有起点，没有终点。品牌只有不停息地拼搏，才有可能变成名牌，名牌只有不断战胜对手并超越自我，才有可能变成长寿名牌。实施名牌战略是市场经济条件下企业生存与发展的永恒主题，也是全社会应予关注的重大课题。

【小思考 7-1】

品牌只要名气大，通过大量广告投入就可以成为名牌，你说对吗？

(1) 对，名牌就是广告吹出来的。

(2) 完全不对，名气大不等于名牌，只有质量高才能成为名牌。

(3) 这要具体分析，不能简单地把名牌等于名气大的品牌。没有过硬的质量造虚名，则不是名牌。名气大，知名度高，是名牌的一个标志。必要的广告投入也有利于创名牌。但名牌除了知名度高以外，还要有高信誉度、高美誉度、高质量、高创新度、高文化含量以及高市场占有率。

【答案】(3)。

7.1.2　名牌意识与名牌战略

品牌发展必须实施名牌战略，而要实施名牌战略，则又必须树立名牌意识。有了名牌意识，还必须具体落实到推行名牌战略的各项活动当中，才有可能促进品牌发展，创立名牌。

1. 树立名牌意识

思想是行动的先导，品牌发展要创名牌，首先要树立名牌意识。所谓名牌意识，就是在激烈的市场竞争和市场经济的大环境中，具有明确的创建名牌、保护名牌、发展名牌、壮大名牌的浓厚观念、强烈愿望、坚定信心，并有百折不挠地长期坚持奋斗去创名牌、保名牌、发展名牌的勇气和毅力。名牌意识是现代市场经济的重要观念，是当代市场经济发展过程中必须具备的观念和意识。现当代市场经济环境激发了名牌意识的崛起。意识是存在的反映。在封闭的自然经济下，不会有名牌意识；在计划经济体制下，也不会有名牌意识；在不发达的市场经济中，也很少有名牌意识；只有在由不发达市场经济向发达市场过渡的过程中，以及在发达市场经济条件下，才会有名牌和名牌意识。

名牌意识源于市场意识又高于市场意识。搞市场经济必须有市场意识，但市场意识不等于名牌意识。名牌意识必须包含市场意识，但它又高于市场意识。中国在改革开放初期，许多最先投入市场大海的弄潮儿，都有很强的市场意识，但并没有名牌意识。到了改革开放深化，尤其是东南沿海市场经济相对来说比较发达的地区，人们的名牌意识逐步树立了起来，它是市场意识提高和升华的体现。

名牌意识的核心是质量意识，但它又比质量意识含有更丰富、更深刻的内涵。质量是名牌的基础和核心，因此创名牌必须始终重视质量。名牌意识首先就包含了质量意识，但质量意识并不等于名牌意识。名牌意识比质量意识的内容更丰富，更深刻。在具有浓厚的质量意识的同时，还必须有市场意识、广告意识、公关意识、扬名意识、保名意识、创新意识等，名牌意识的内涵还在不断扩充、深化和丰富。

名牌意识的树立与否及其强弱程度，除了直接受到市场经济发达程度这个大环境的影响之外，还受到企业家素质、员工素质、地方行政官员的名牌观念强弱、社会文化背景等等因素的影响。这就可以说明为什么在同一地区，有的企业名牌意识强、有的企业名牌意识弱甚至没有名牌意识。树立名牌意识，从根本上说，是要大力发展市场经济。同时，要在全社会宣传和培植名牌意识，使政府、企业、消费者各个方面都树立名牌意识，强化名牌意识。

2. 提倡名牌战略

名牌意识是观念，要把观念的东西变成实际，必须有切实的行动，这就要提倡和推进名牌战略。所谓**名牌战略**，就是关于创建名牌、宣传名牌、保护名牌、发展名牌、壮大名牌的基本目标、具体措施和实施手段的总体规划和部署，是指导创名牌、保名牌、发展名牌一系列具体活动的行动纲领。

在建立社会主义市场经济体制的过程中，必须大力提倡名牌战略。这是因为：(1) 名牌战略是适应市场经济竞争规律优胜劣汰机制并推动市场经济进一步发展的战略。名牌战略的实施有利于市场经济体制的建立，有利于市场竞争的有序化，有利于市场经济的发展和深化。(2) 名牌战略是转变经济增长方式、提高经济运行质量的战略。实施名牌战略有利于推动技术进步，节约成本费用，加强企业管理，提高经济效益。(3) 名牌战略是促进文明建设、推动社会进步的战略。实施名牌战略不仅有利于物质文明建设，而且有利于精神文明建设，弘扬优秀文化传统，提高文化水平，从而加快社会进步的步伐。因此，提倡名牌战略是利国利民的大好事，是推进社会主义市场经济发展和两个文明建设的大好事，是符合市场经济运行规律的重要举措，是我国经济发展和社会进步所必须坚持的重要战略。

7.1.3 名牌战略的基本内容

名牌战略是一个庞大的系统工程，可以从不同角度来进行分析。

从名牌成长角度来看，有名牌创建或形成战略、名牌发展和壮大战略、名牌保护战略、名牌更新战略等。

从名牌的要素来看，有名牌质量战略、名牌广告战略、名牌营销战略、名牌公关战略、名牌规模战略、名牌资本营运战略、名牌科技战略、名牌人才战略等。

从名牌战略实施或推动的主体来看，有名牌的企业战略，名牌的社会战略（包括各级政府、法制、宣传媒体、广大消费者）。此外，还有名牌的国际战略等。这一角度可以大体涵盖上述各种角度的内容。

下面，我们分别从名牌的企业战略和名牌的社会战略两个方面进行一些分析。

7.2 名牌的企业发展战略

7.2.1 企业是实施名牌战略的主角

在经济领域，一切名牌都是企业创造的。企业是实施名牌战略的基础和主角。

产品名牌由企业来创造。产品都是由企业生产制造的，要创立产品名牌，必须由企业来实施。任何一个产品名牌，都有一个企业在为其运作。无论是地区名牌、全国名牌，还是世界名牌，都只是表示名牌的影响力和范围大小不同，而它们都是由某一家企业生产的，或者由某一家企业为主导，其他若干配套厂家合作生产的。名牌产品的归属在企业。现在风行的所谓国际产品、全球产品，只是表明这种产品的生产可以在许多国家进行，在全球销售，尤其是大的跨国公司，它们的工厂可以遍布在世界各地，但是其品牌（一般都是名牌）则完全归该跨国公司总部所在地的主导企业所有。名牌是企业创造的，名牌的所有权归创造它的企业所有。因此，企业要创名牌，不仅要生产出产品，而且要创出品牌，并使品牌变成名牌。

企业名牌也是由企业创造的。在名牌世界，不仅有产品名牌，而且有企业名牌。产品名牌是企业名牌的基础，没有产品名牌绝不可能成为企业名牌。但企业名牌不是产品名牌简单的综合，而是在产品名牌基础上塑造出整个企业良好形象的结晶。宝洁公司有很多化妆品、洗护用品的名牌产品，如玉兰油、飘柔、海飞丝、潘婷、汰渍等，而宝洁公司本身也是名牌，是一个企业名牌。IBM、可口可乐、奔驰、福特、联想、海尔、美的、格力等，既是产品名牌，又是企业名牌。企业名牌既可以与产品名牌相一致，也可以不相同。当企业品牌在消费者心目中树立起良好形象甚至品牌忠诚时，对该企业的产品品牌也就有了波及效应，对该企业生产的各种品牌有了信任感，有利于进一步扩大产品名牌系列，巩固名牌阵地，拓展名牌市场。除了制造商企业品牌之外，还有服务品牌，一般是服务企业品牌，因此还要创服务名牌。

因此，企业不仅是产品名牌的创造主体，也是企业名牌的创造主体。品牌发展的主旋律，是企业要创自己的产品名牌以至创出企业名牌。因此，实施名牌战略必须以企业为基础，由企业唱主角。

【实例 7-1】

双汇："世界第一屠夫"的品牌发展之路

经过2011年瘦肉精事件的洗礼，双汇集团在成功走出品牌危机的同时又加深了对品牌声誉的认识，一年以后，双汇业绩基本恢复元气。而此次备受关注的中国企业在美最大并购案——双汇国际并购美国史密斯菲尔德食品公司项目完美谢幕，意味着双汇不仅已经走出瘦肉精事件的阴霾，而且双汇的品牌价值也得到了很大程度的提升。

中国最大的肉类加工企业"吃掉"了美国的世界最大猪肉生产商。世界最大的两个经济体的两家最大肉类加工基地合二为一，是否会生出一个全球猪肉生产"巨无霸"？中国媒体纷纷欢呼双汇为中国梦添彩。

双汇集团董事长万隆表示："我们这一次收购美国 Smithfeild 公司，我们不是学产业，我们是学全球企业，比如我们拿来以后用，而且能够发挥我们双方的优势，我们买的是一个品牌，是一个百年老店，他们里边的产品技术含量在我们的行业里面都是全球领先的，所以我觉得买得是非常值的。"

不得不说，双汇将得益于美国制造在中国消费者心中的正面形象。不仅史密斯菲尔德公司的产品将在中国市场打开销路，双汇的中国造产品也有可能得益于公司拥有一个优质子公司。中国消费者想得没错：至少史密斯菲尔德一些安全和食品生产措施最终也将被转移到双汇的中国加工厂里。凭借此次对史密斯菲尔德的收购，双汇提升了品牌在全球的知名度，在国内市场打响了世界第一的品牌名气，或许这才是71亿美元最大的价值所在。

资料来源　苏贝．双汇：做好"世界第一屠夫"梦［J］．中国品牌，2014（1）．

7.2.2　企业实施名牌战略的内容

企业实施名牌战略涉及许多方面，主要包括如下内容：

1. 质量战略

企业实施名牌战略必须树立质量第一的思想，以质量战略作为名牌战略的核心和基础。在实施质量战略时，首先要确定质量目标。这要根据市场调查所掌握的市场需要的不同档次，分别确定不同的质量目标。高质量是共同的目标，高档产品、中档产品、低档产品只是在价格和品位上的差异，而不能有质量上的低劣，即不但高档产品应是高质量，中档、低档产品也必须是高质量。但是不同档次产品在高质量的具体目标上是不相同的，是有明显差异的。其次要明确质量标准。质量的检测和衡量应以所确定的质量标准为依据来进行。有的是企业标准，有的是国家标准，有的是国际标准，例如 ISO 9000 系列标准、ISO 14000 环保标准，有的则是企业内定的高于国际国内标准的更高标准。最后要加强质量管理，包括质量管理制度、全员质量管理、全面质量管理、全过程质量管理以及其他特定要求的质量管理，在此基础上进行质量检验与质量监督。

2. 技术战略

企业实施名牌战略应以技术战略为动力。技术创新和技术进步是经济发展和社会进步的火车头。我们要求的高质量也必须是在技术不断进步基础上的高质量。没有技术创新和技术进步，哪怕质量过硬、坚固耐用，也是没有市场的。实际上，没有技术进步，也不可能有真正的高质量。在高新技术产业领域和产品生命周期更新快的领域更是如此。企业的技术战略也要从实际出发来具体确定，主要包括：

（1）技术创新战略。技术创新是企业的灵魂，没有技术创新，企业就没有生命、没有发展前途和后劲。技术创新战略的目标在于技术领先，超过别人。老产品要通过技术创新焕发出新的生机，新产品更要有新创意。例如汽车已有100多年历史，但近来一些发达国家对汽车进行技术创新，从原材料、动力、自动控制、环保、造型等各方面进行创新，使汽车成为高新技术产品，继续保持青春活力，至今仍是许多国家的支柱产业。高科技产品如电脑、无线通信、生物工程等更是要有大的技术创新。企业只有在技术创新方面有远见、善决策，准确预见未来的发展趋势，选好项目开发才能创出名牌。企业尤其要培植自主开发技术的能力，包括核心技术的自主开发能力，这是企业生存和发展的命根子。

（2）技术引进战略。科学技术无国界，也无省界、市界，先进的技术，企业应该引进，因为不可能任何技术都由企业自己来开发。发达国家之间也相互引进技术，发展中国家更需要引进技术。但是在技术引进过程中，一定要引进先进的技术、对企业适用的技术。而且引进技术一定要注意消化、吸收并结合实际加以改进。只引进而不消化、吸收、改进，永远会落在别人后面，形成“引进—落后—再引进—再落后”的怪圈。

（3）技术改造战略。技术是不断进步的，不可能一劳永逸，今天是先进的技术，明天就可能落后，因此必须不断进行技术改造，使技术随着时代的发展而不断更新、不断进步。技术改造包括改造技术设备，用新设备代替旧设备，也包括技术设计、技术发明、技术诀窍、技术程序等方面的内容。

3. 新产品战略

企业实施名牌战略必须不断地开发新产品。用新技术开发新产品是企业永恒的课题。综观世界上任何一家名牌企业，莫不以不断开发新产品作为自己生存与发展的武器。新产品开发需要大量投资，必须与相应的融资战略（如引入风险投资基金）结合起来，并与技术战略、质量战略相结合，以取得更好的效果。

4. 广告战略

企业实施名牌战略，广告是必不可少的手段。如果说质量、技术是企业实施名牌战略的主体、根本和动力，那么广告就是实施名牌战略的翅膀，是品牌成名并腾飞的重要武器。在现代市场经济条件下，不利用广告手段进行宣传，就不可能提高消费者对品牌的认知度，品牌也不可能成为名牌。企业在实施广告战略时，一定要注意三点：一是广告要真实，不说过头话，不做虚假广告，要实事求是地宣传自己的产品品牌和企业品牌；二是要考虑经济承受能力，选择适合自己承受能力的广告形式，在扩大广告效果的同时，努力节约广告投入成本；三是要突出重点，主题明确，语言精练，形象生动，恰到好处。

5. 市场战略

企业实施名牌战略必须扩大市场份额，提高市场占有率。为此，首先要搞好定位，确定目标市场。其次，要根据企业自身的实力和条件，采取切合实际的市场开拓和推进战略。例如，在实力较弱时，可实行市场缝隙战略，瞄准市场空当进行开拓；在实力强大时可实行市场主导战略，全面开拓国内国际市场空间。最后，搞好营销战略。要综合运用各种有效的营销手段和方法来开拓市场。这包括产品战略、渠道（分销）战略、价格战略、促销战略等各种营销战略的灵活运用。市场战略是企业实施名牌战略的主线，也是企业生存与发展的出发点和归宿点。

6. 人才战略

企业实施名牌战略，关键是人才。名牌产品也好，名牌企业也好，都是要靠人去努力实现的。但是这种人，必须是高素质的人才，是思想道德品质和业务技术能力都高尚和优秀的人才。企业的人才包括管理人才、技术人才、操作人才。管理人才的重点是要有一批德才兼备、懂得现代化管理的企业家以及各类专门管理人才。企业家特别要具有战略眼光和准确预见未来趋势的决策能力。技术人才主要是要有一批勇于技术创新和技术改革、熟悉技术业务的工程技术人员。操作人才则是劳动在第一线的工人。质量、技术、管理等，归根到底在人，在有高素质的人才去实现。总之，要把人才资源的开发和管理放在突出的位置。企业要有合理的人才结构，有合理的用人机制，培养人才、引进人才、使用人才、关怀人才，充分调动各类人才的主动性、积极性、创造性，做到人尽其才。

此外，企业实施名牌战略还应认真实施商标战略、公关战略、CI 战略（企业形象战略）以及其他战略，推动企业的发展，为企业创名牌、保名牌、发展名牌而发挥应有的作用。

【小思考 7-2】

企业实施名牌战略应该把握住：

（1）只要注意高质量就可以了。

（2）CI、公关是创名牌的唯一法宝。

（3）名牌就是靠广告宣传一夜成名的。

（4）名牌战略是一个系统工程，它要以质量为核心、技术为动力、人才为根本，并综合运用广告、公关、CI、商标及其他因素来共同实现。

【答案】（4）。

【实例 7-2】

史上最轻的报纸广告

美津浓是世界领先的运动品牌之一，该品牌为新推出的一款超轻型足球鞋做了一次有新意的尝试，巧妙地利用传统媒体报纸，将产品的特点表现得淋漓尽致。

为了强调鞋子的“超轻”概念，他们在一个整版报纸广告页上打了 7 000 个小孔，减轻广告版面的重量，仅保留完整的“鞋子”和品牌 Logo。该广告投放在相关的体育类报纸上，当人们翻开报纸看到这则广告时，就可以真切感受到报纸的轻盈，进而悟出鞋子的主要诉求点——轻盈。

在新媒体高歌猛进的时代背景下，传统媒体很落寞。营销者的普遍忽视，又为这层落寞加上了一丝冷清。这次美津浓的广告运作，采取匠心独运的策略，让以传统媒介为载体的广告妙趣横生，不仅摆脱了传统媒体固有广告形式的沉闷感，而且通过对载体的巧妙运用，将“轻”的概念由抽象落到具体，直击人心。这样以旧物创新形的方法，是传统媒体应对新媒体强势来袭的重要策略之一。好的创意，一定要选择适合的媒体。选择媒体的标准是合适，而不是新旧，这个观点在新媒体红火的时代尤为重要。

资料来源　佚名. 美津浓：史上最轻的报纸广告［J］. 销售与市场：评论版，2014（1）.

7.2.3　企业的名牌扩张战略

企业实施名牌战略是要使企业的产品名牌和企业名牌不断发展壮大，这就必须实施名牌扩张战略。企业的名牌扩张战略，主要包括名牌产品的市场扩张战略、名牌企业的规模扩张战略两个大的方面，这二者是密切相关的。

1. 名牌产品的市场扩张战略

企业的名牌产品只有实施扩张战略，才能由小名牌变成大名牌，发挥名牌产品的马太效应、磁场效应、扩张效应。

名牌产品的市场扩张战略是指名牌产品占领市场、开拓市场、扩大市场份额的总体谋划方略。按企业名牌产品的实力不同，有以下两种不同的战略：

（1）市场重点突破战略。当企业在创名牌初期阶段时，往往先要在市场上立足，站稳脚跟，这就必须瞄准市场的缝隙、空当，进行重点突破，然后逐步扩张。重点突破的方法一般有：①家门口市场抢占战略。企业对所在地市场情况熟悉，初创牌子时，先在本地市场站稳脚跟，打开市场，往往能取得明显的效果。这种抢占家门口市场的战略可以充分利用天时、地利、人和的优势得以扩展。但即使是家门口市场，也必须以质量和技术过硬为前提。②避实就虚、避热就冷战略。市场是多维的，只要留心注意，总可以找到市场空间的。某些企业往往在别的企业热衷于某一地区市场时，另辟蹊径打开另一地区市场，这样可以避实就虚，避热就冷，取得意想不到的市场扩张效果。

【实例7-3】

LOAD MAX：品牌再升级

一、LOAD MAX带来英伦风尚

LOAD MAX事实上是一个舶来品，2009年诞生于英国百利菲尔德有限公司（U. K. BRILED FIELD LIMITED）。百利菲尔德创始人充分利用英国时尚文化的特点打造了时尚鞋履配饰品集成店——LOAD MAX。该品牌店一经推出，就因浓郁的英国时尚文化购物氛围和多元化的产品，备受英国年轻人的追捧，成为他们纵览全球时尚文化的“魔镜”。2013年，LOAD MAX来到中国，与拥有国际化视野和本土化运营经验的奥康顺利联姻。业内人士认为，奥康2012年4月将公司战略定位为中国领先的鞋类零售服务运营商，此次引入LOAD MAX无疑是对这一战略的一次重要实践。

二、“万达速度”+“零租金、零库存”

对引进LOAD MAX后的布局，奥康同样有着清晰的规划，其品牌运营负责人称，当下网络、一站式、体验式购物逐渐成为主流，未来LOAD MAX要完成布局，将会借道在一站式体验购物中攻城拔寨的Shopping Mall。LOAD MAX已经与国内最大的Shopping Mall领导者——万达广场达成合作，成为其联发品牌，已经开出的14家店无一例外全都与万达广场实现了捆绑扩张。除了万达广场，万象城、正大广场、龙之梦、印象城等也都出现在奥康的洽谈名单中。有业内人士担心，与Shopping Mall实现捆绑圈地的LOAD MAX在后续设计研发、货品采购、产能匹配、物流库存等方面势必遇到不小的挑战。对此，其运营负责人表示丝毫不用担心，她认为好比阿里巴巴将天猫打造成一个电商平台，奥康要将LOAD MAX打造成一个线下时尚零售平台。奥康可整合的资源至少包含三方面：其一，掌握中国最优质快时尚线下零售渠道；其二，和国内外众多品牌建立合作联盟，建立品牌库；其三，培养组货能力极强的买手团队。

目前，LOAD MAX已与40多个品牌达成合作意向，这些品牌只要交纳一定的进场费，就可以进驻LOAD MAX。奥康将为其提供强大的运营支持。奥康将从销售产品中获得一定比例的利润分成。这两项收入都将用来支付给Shopping Mall作为店铺租金，未来“零租金”将完全成为可能。至于库存问题，因为LOAD MAX是一个平台，不承担库存的责任和风险，销售不佳的产品将直接返回原品牌，这就实现了零库存。

资料来源　周涵．LOAD MAX：奥康模式再升级［J］．销售与市场：评论版，2014（1）．

（2）市场全面推进战略。市场全面推进战略就是企业对市场进行全方位开拓的战略。这种战略一般是在企业取得较大发展、实力比较雄厚的情况下实施的。市场全面推进战略既包括国内市场推进，又包括国际市场开拓。在国内市场上，既包括城市市场，又包括农村市场，既包括本地市场，又包括外地市场。实施市场全面推进战略有三大好处：①有利于扩大市场份额，提高市场占有率。市场的全面推进既扩大了市场的覆盖面，又增加了市场销售额，并提高本企业产品在市场上的销售比重，从而在市场竞争中占据有利地位。②有利于节约成本，降低费用。市场全面推进必然扩大销售总量，它直接可以降低单位产品的成本和费用，有利于改善经营管理，增加利润，提高经济效益，提高企业的整体实力。③有利于企业提高档次，改进技术，扩大规模，增强企业的竞争力。市场扩大，市场占有率提高，利润增加和经济效益提高，使企业有更雄厚的经济实力进行技术改造、开展技术创新，开发新技术新产品，使企业有强大的发展后劲。

市场全面推进战略也是相对而言的，相对于重点突破的市场战略来说，它是一种全面推进，即从多个方面、多个角度拓展市场。但在全面推进市场时，也仍然要针对不同的消费者群体进行市场细分，把目标市场具体化，有针对性地拓展不同类型的市场。例如，就地区来说，农村市场与城市市场不同，国内市场与国际市场不同，而且不同的农村、不同的城市、国内不同的地区、国外不同的国家对商品的具体需求是很不相同的。又例如，不同的消费者群体，由于性别、年龄、职业、收入水平、宗教信仰、民族特点、风俗习惯等的不同，在需求上也有很大差异。因此，实施全面推进的市场扩张战略，也必须进行深入的市场调查和分析研究，掌握市场真正的脉搏，有针对性地采取切实有效的具体措施，拓展每一个可以拓展的市场空间。20 世纪 90 年代后期以来，在日益成熟的中国家电市场上，以名牌产品全面推进市场战略的企业越来越多。

【实例 7-4】

英菲尼迪的名牌多元化

英菲尼迪 2013 年在中国大陆市场的零售销量为 17 108 台，同比增长 54%，创造了其自进入中国市场以来的年度销量新纪录。2014 年 1 月单月销量达 2 385 台，同比劲增 161%。从大战略、战术角度上来说，公司制订了“品牌突围计划”，并通过新定位——更加清晰的差异化品牌定位、新受众——锁定最有增长潜力的目标人群、新方式——独特的品牌传播手段等三个“新”来实现品牌知名度的提升。用一句话来概括英菲尼迪的“品牌突围计划”就是：围绕最感性的豪华汽车品牌定位，围绕年轻心态高端消费者，通过贴近中国消费者的创新情感与体验的方式与他们进行沟通，从而赢得他们的青睐。

2013 年，英菲尼迪确立了打造“最感性的豪华汽车品牌”这一全新品牌方向。从 2013 年秋季以来，公司为英菲尼迪实施了一套营销组合拳，通过多平台的组合利用，对受众进行多触点、有深度、全方位的立体传播。为此，公司打造了赞助平台（《爸爸去哪儿》、《晓说》赞助）、移动互联平台（Infiniti Now 移动应用）和体验平台（创意外展、品牌秀、万人盛典等）。三大平台是互通互动、协同发挥作用的，实现了传播效果的最大化。因此，公司更看重的是对各种营销工具的整合利用，最终要实现 1+1>2 的效果。众所周知，公司与《爸爸去哪儿》的合作取得了巨大的成功。统计数据显示，《爸爸去哪儿》节目的收视率可比肩央视春晚，它以 33% 的市场份额峰值、5.43 亿的观众规模，超过 21 亿视频网站播放量以及高达 89% 的美誉度，收获了收视及口碑上的巨大成功。随着《爸爸去哪儿》节目人气的飙升，作为节目中明星家庭专属座驾的英菲尼迪 JX 订单增长迅猛，其 2013 年四季度销量环比增长率达 40%。

2014 年年初，公司举行了“启释录——2014 英菲尼迪万人盛典”，提出了“敢·爱”品牌传播概念。这将作为 2014 年英菲尼迪品牌传播概念，贯穿到所有主要的市场营销活动中，继续强调公司品牌的差异化特性。从 2013 年中国豪华车市场的销售数据已经可以看出，二线豪华汽车品牌的增幅远高于传统豪华汽车品牌。中国豪华车市场正逐渐走向成熟，消费者的选择也更多样化。在成熟的美国市场，三大传统德系品牌的市场份额不到 50%，而在中国市场，这个数字高达 78%。这就意味着市场不会长久地被有限的几家厂商垄断。2014 年，英菲尼迪将有 6 款新车上市，新的、丰富的市场活动会继续开展。

资料来源　刘旭．英菲尼迪豪车市场会更多元［J］．成功营销，2014（3）．

2. 名牌企业的规模扩张战略

名牌企业的规模扩张战略是指名牌企业在发展中不断扩张壮大的总体谋划方略。它一般是通过兼并、收购等资本营运方式进行的。

（1）企业兼并。企业兼并是指兼并企业对被兼并企业的资产进行吞并和吸收，被兼并企业将企业产权有偿让渡给兼并企业，兼并企业实现资产一体化，同时取消被兼并企业法人资格的一种经济行为。企业兼并通过产权有偿转让，使被兼并企业的资产流向兼并企业，一般是优势企业兼并劣势企业，它有利于优势企业迅速集中资产，扩大企业规模。被兼并企业虽然被取消法人资格，但并不是破产，因而对社会的震荡较小。企业兼并是资本营运以实现资本集中，优化资本配置的常见方式。从实现企业资本扩张，规模扩张的作用来看，企业兼并比企业通过内部资本积聚实现扩张要迅速得多，规模也大得多。

企业兼并的类型可以按不同标准来划分。

按照被兼并对象的所在行业部门来分，企业兼并有以下三种：①横向兼并。它是指兼并方与被兼并方都属于同一产业部门，其产品属于同一产品市场的一种兼并方式。②纵向兼并。它是指兼并方与被兼并方是前后生产工序、销售方与生产厂方之间的兼并方式。③混合兼并。它是指兼并方与被兼并方分属不同生产领域，产业部门间无特别生产技术联系的一种企业兼并方式。

按照兼并交易方式来分有如下两类：①友好协商兼并方式。它是兼并企业与被兼并企业双方高层之间通过协商以决定有关资产评估、收受条件等兼并事宜的一种兼并方式。②强迫接管兼并方式。它是指兼并方不经过协商，不顾被兼并方的意愿而强行兼并对方企业的兼并方式。

按照兼并方与被兼并方所在国情况来划分，有两类：①国内兼并，指兼并企业与被兼并企业同属一个国家的兼并。②跨国兼并，指一国企业兼并另一国企业的兼并。

【小思考 7-3】

甲国某汽车公司通过谈判、协商，兼并乙国某汽车公司，属于哪种类型的企业兼并？

（1）横向兼并；（2）纵向兼并；（3）混合兼并；（4）国内兼并；（5）跨国兼并；（6）强迫兼并；（7）协商兼并。

【答案】（1）（5）（7）。

（2）企业收购。企业收购是指一家企业通过购买另一家企业的部分股份或全部股份，从而取得对另一家企业控制权的产权交易行为。这是资本营运的又一种常见方式。这种资本营运方式的前提是企业产权股份化（或称证券化）。

企业收购可以有三种方式：①控股式。它是收购公司购买被收购公司（目标公司）一定的股份，成为后者的最大股东，掌握控制权的一种收购方式。②购买式。它是收购公司购买目标公司全部股份，使之成为自己的全资子公司，并拥有对后者的支配权的一种收购方式。③吸收式。它是收购公司的所有者将目标公司的净资产或股份作为股金投入收购公司，使之成为收购公司的一个股东的一种收购方式。

企业收购的类型，也有横向收购、纵向收购、混合收购之分，善意收购与恶意收购之分，以及直接收购和间接收购之分。

企业收购与企业兼并一样，都是企业资本扩张、规模扩张的有效途径。企业收购有利于企业迅速实现规模经济效益，增强资本扩张的能力，也有利于更好地优化资源配置，降低成本与费用，增加企业利润，增强企业经济实力，提高企业开发新产品、新技术的能力和抵抗市场风险的能力。企业收购也有利于扩大市场份额，提高市场占有率，提高企业在市场上的优势地位。在国内外资本营运的浪潮中，企业收购是一种常用的方式。

【实例7-5】

YouTube——收购加强视频清晰度

谷歌旗下的YouTube网站2011年3月15日证实收购了爱尔兰一家视频技术公司Green Parot Pictures。YouTube目前已发展为一家每分钟上传视频时长达35小时的视频网站。它称自己希望利用这家爱尔兰公司的技术来改进每天由非专业人士上传至网站的众多模糊不清、画面快进及不稳定的视频的质量。

在视频被上传到网站后，YouTube将对其进行处理并转换为自己网站的格式及不同的大小。爱尔兰公司的技术可用作进一步的滤镜来恢复并改善画质，如被整合到网站中，可成为几百万YouTube用户在线观看和分享视频时的一个工具。

YouTube做出了以下声明："在YouTube，我们专注于为视频创建者建立一个优秀的技术平台，因此我们将视频创造工作留给了最适合的人来做：我们的合作伙伴。新的爱尔兰技术团队和Next New Networks公司的加入不会改变这一点。但成为一个优秀平台同时也意味着帮助我们的合作伙伴获得必要的工具并提供指导，以开发质量更好的视频，并吸引更多的观众来观看这些视频作品。"

因此，YouTube并未要求Next New Networks公司团队创作视频，而是说，它将与各种各样的内容合作伙伴合作，利用新兴技术帮助他们在YouTube上获得成功，从而成为一个"试验和创新的实验室"。为实现这一目标，YouTube公司创建了一个新的部门，称为 YouTube Next（下一代的 YouTube）。

资料来源　本刊编辑部. YouTube 通过收购加强视频清晰度［J］. 投资与合作，2011（4）.

7.3 名牌的社会发展战略

7.3.1 名牌战略具有社会性

一提到名牌战略，人们往往认为这只是企业的事，与其他方面无关。这是一种误解。

的确，名牌战略首先是企业的事。企业是创名牌的主体，是实施名牌战略的基本力量。但是，实施名牌战略绝不仅仅是企业的事，而是一个庞大而复杂的社会系统工程。**名牌的社会发展战略**就是动员全社会力量推进名牌形成与发展的战略。企业不可能也不应该孤立无援地去创名牌，它需要各种社会力量的支持与促进，需要有良好的外部环境与条件，需要有各方面力量的协调与配合。否则，仅凭企业自己孤军奋战，而没有相应的环境和条件的配合，就很难创出名牌，即使创出了名牌，也会失去保护甚至受到摧残而凋谢和夭折。

实施名牌战略作为一项社会系统工程，包括方方面面。除了企业是实施名牌战略的主角、主体和基本力量之外，主要还应包括以下方面的内容：

1. 经济体制与机制

实施名牌战略必须建立在市场经济体制和市场竞争机制的基础上，这是产生名牌的土壤。在计划经济体制和行政运作机制之下，是不可能出现名牌的。建立市场经济体制和市场机制是实施名牌战略最重要的大环境。同时，要与市场经济体制和市场机制相联系，有一套完备的市场规则，良好的市场秩序，促进市场发育和市场体系的发展与完善，这是实施名牌战略的重要环境和条件。与此相适应，建立产权明晰、责权分明、政企分开、管理科学的现代企业制度，也是实施名牌战略的最基本的条件。

2. 法律的规范与法制的建设

市场经济就某种意义上说是法律经济，实施名牌战略更需要法律的规范和法制的建设，对名牌进行鉴定、识别、保护与推动。公司法、产品质量法、反不正当竞争法、商标法、合同法以其他一些法律的制定与实施，既是市场经济的需要，更是实施名牌战略的要求。

3. 政府的支持与推动

名牌是企业创建的，但政府对名牌战略的支持与推动可以创造良好的环境与条件，对名牌产品与名牌企业的形成、生长、发展、壮大有着巨大的作用。

4. 新闻媒体的宣传介绍

新闻媒体在实施名牌战略中，可以起到鸣锣开道、广为人知的重要作用。名牌要成名，离不开新闻媒体的参与和协助。

5. 丰富的文化底蕴

有人说，名牌的一半是文化。从名牌所产生的效果和它的特色来看，名牌的确蕴含了大量的文化信息，而且反映出不同国家、不同民族、不同行业、不同地区、不同产品的文化背景与文化特色。可口可乐反映了美国饮料文化，英特尔、微软反映了美国电脑文化，香奈儿香水反映了法国化妆品文化，皮尔・卡丹反映了法国服装文化，奔驰反映了德国汽车文化，同仁堂反映了中国医药文化，全聚德烤鸭反映了中国饮食文化，等等。优秀的文化将会更好地托起名牌的神韵，使名牌更加光彩照人。

6. 消费者的认同与参与

名牌的真正评价在市场，市场的评价又在消费者。因此，实施名牌战略若没有广大消费者的广泛认可和积极参与是不可能成功的。消费者对名牌战略的最终支撑作用，一是体现在对名牌的了解、认知、认可和忠诚上；二是体现在对名牌的热心购买上。名牌的高市场占有率来源于消费者对名牌热爱和忠诚所产生的强烈购买欲望和积极购买行为上。没有消费者的高购买率也就不会有名牌！从这个意义上说，消费者既是实施名牌战略的起点，又是名牌战略的最终决定因素。

此外，实施名牌战略还涉及其他一些方面的内容，这里不一一述及。总之，全社会对实施名牌战略都要给予高度的关注和重视。由于篇幅有限，下面仅就政府对名牌的支持和推动进行适当展开。

【小思考 7–4】

实施名牌战略，是一项宏伟的社会系统工程。各有关方面在实施名牌战略中所扮演的角色是：

(1) 政府是实施名牌战略的主角和主体。

(2) 企业是实施名牌战略的主角和主体。

(3) 新闻媒体对实施名牌战略起决定作用。

(4) 市场经济、市场机制、市场发育、市场体系、市场规则、市场秩序、现代企业制度、法制建设等是实施名牌战略的基本环境和条件。

(5) 消费者是实施名牌战略的最终决定力量。

【答案】(2) (4) (5)。

7.3.2　政府对名牌战略的推进

政府不是直接创名牌的主体，但政府对实施名牌战略也有重大的责任。各级政府对实施名牌战略的作用虽然是间接的，但却是必不可少的，对企业实施名牌战略有引导、组织、激励、推动和保护的作用。**名牌的政府推进战略**就是政府对企业创名牌与发展名牌进行支持和促进的战略。具体来说，名牌的政府推进战略的过程主要有：

1. 制订规划

各级政府应结合实际，制订出本地区实施名牌战略的长期规划和实施方案，推动企业创名牌活动的开展。

2. 宏观引导

政府要在国家经济发展战略、产业政策、技术政策、宏观调控等方面对企业进行引导、宣传，使企业在创名牌过程中了解全局，明确方向，少走弯路。

3. 组织协调

各级政府及其职能部门要成立有关促进企业实施名牌战略的组织领导机构，掌握企业实施名牌战略的动态，协调各企业创名牌的关系，交流企业间创名牌的经验，具体指导企业实施名牌战略的活动，推动名牌战略向纵深发展。

4. 积极支持

对企业实施名牌战略过程中提出的合理要求和出现的实际困难，要在力所能及的范围内积极支持和认真解决，例如在土地资源、能源保障、电力供应、财力支持、金融优惠、交通通信等方面，在符合政策要求的情况下，对创名牌企业予以优先考虑，提供各种有效的服务。同时，对企业的经营管理活动，政府应采取不干预的态度，让企业自己做主。

5. 营造环境

各级政府要为企业实施名牌战略创造良好的市场环境和法制环境。要在培育市场体系、完善市场机制、制定市场规则、维护市场秩序等方面提供好的环境，在立法执法上提供可靠的保障。

6. 大力保护

名牌需要保护。企业自己要自我保护，各级政府更应对名牌产品和名牌企业大力保护。政府及其职能部门对名牌的保护有很大的作用，一方面要打击假冒伪劣等各种侵犯名牌企业的违法犯罪活动，另一方面要弘扬正气，树立名牌企业和名牌产品的威信，发挥名牌战略对经济发展和经济运行质量的重要促进作用。

7.3.3 名牌的国际化战略

当今世界是一个开放的世界，经济全球化的潮流不可阻挡。实施名牌战略不能走自我封闭的道路，而应面向全球，走向世界。为此，必须走名牌国际化的道路，实施名牌的国际化战略，努力创造出中国自己的世界名牌。**名牌的国际化战略**就是名牌走向世界，参与国际竞争并占领国际市场的战略。

在国内市场上，中国企业名牌不仅要与国内企业竞争，而且要敢于同外国名牌竞争。随着开放度的扩大，外国名牌产品、名牌企业大举进军中国，中国市场日益国际化。中国名牌要发展，首先就要敢于在国内市场上与外国名牌较量，并逐步取得优势。家电产业的中国名牌在这方面显示出巨大的威力。20 世纪 80 年代，外国家电名牌几乎垄断了中国市场，在这种情况下，中国家电企业奋起应战，急起直追，创出了一大批中国家电名牌，足以与外国名牌家电抗衡并最终取得优势。长虹、海尔、海信、格力、格兰仕等一大批中国名牌成为中国家电市场的主流，外国家电品牌在中国市场上退居第二位。其他领域的中国名牌也应敢于与外国名牌一争高低。

在国际市场上，中国名牌要不断开拓，打进国外市场。要以企业为主体，政府和有关部门协同配合，把中国名牌推向国外，在国际市场上占有一席之地，并努力创造中国自己的世界名牌、世界驰名商标。

名牌的国际化战略主要包括：

1. 产品国际化战略

名牌产品必须适应国际市场需要进行开发，不同的国家和地区对产品的要求不同，应有的放矢，根据各国各地区各民族的消费特点进行产品设计和开发，以适应不同的需要。开发的国际产品应该实施本土化策略，使其在所在国家和地区站稳脚跟，得到发展。在产品国际化战略中，应重视产品质量的国际信誉，使产品质量水平国际化。中国企业的产品的质量应寻求国际认知，采用国际市场公认的高质量标准，并要适合进入国的消费需要。

2. 商标国际化战略

开拓国外市场，实施名牌国际化战略，商标是一个重要环节。商标国际化战略的内容包括：(1) 商标设计国际化。商标是产品的标志和通行证。商标的设计要符合国际通用习惯，具有国际气派，尊重商品进入国的文化背景。商标设计与取名，应尽可能做到国内、国外相统一，并有良好的开发前景。商标设计还应讲究音义相配，让国外消费者易懂、易读、易记。(2) 商标的国际注册。要根据《商标国际注册马德里协定》及其实施细则，结合其他国际公约或协定，积极申办中国名牌商品的商标国际注册。同时，应重视服务商标的国际注册，使中国的名牌商号走向世界。(3) 商标的国际广告。中国企业的商标在国际注册后，还要积极宣传，通过广告等途径以提高其在国外的知名度，为国外消费者所认知和熟悉。

3. 国际公关战略

名牌的国际化离不开国际公关。国际公关战略主要包括：(1) 媒介战略。利用外国新闻媒介进行宣传介绍，塑造中国国家形象、企业形象和产品形象。(2) 文化战略。中国名牌企业介入外国和国际的文化生活，参与世界文化尤其是消费文化活动，同时发挥中华民族文化的优势，推动中华民族文化的国际化。(3) 名流战略。接近外国和国际知名人士，通过国际名人效应扩大中国名牌在国外的影响。(4) 组织战略。中国名牌企业加入有关的国际行业组织或企业协会，参加外国或国际企业组织的活动，并发挥积极的作用。

4. 集团化国际战略

中国名牌企业应强强联合，以集团性企业组织进入国际市场，争创世界名牌。(1) 投资性企业、产品性企业、贸易性企业通过联合，组成企业集团，在国际上打出财团的牌子。(2) 采取适当的项目组织措施，名牌企业在国际市场上联手进入，互相呼应，形成集团效应，发挥集团威力，包括建立联合办事处、联合销售网、联合性的公司等。(3) 实行工贸一体化战略，把生产厂家与外贸部门结合起来，以一个名牌为龙头，产权联合起来扬长避短，发挥工贸双方的优势，扩大在国际市场占有的份额。

5. 资本国际化战略

名牌企业资本国际化，这是创建国际名牌的重要战略。(1) 熟悉外国和国际的金融业特点，利用国际游资扩大国内名牌产品的生产能力、营销能力，并在国外建立中国名牌产品的生产基地。(2) 以中国名牌为龙头，融进外国资本，扩大在国际市场上占有的份额。(3) 以中国名牌的知识产权价值在国外募股、融资，开设中国名牌的国外分支性公司。要注意保护中国名牌的知识产权。(4)开拓国际与国内金融业支持中国名牌国际发展的渠道。例如，寻求外国银行与中国名牌企业的合作；中国名牌企业参与外国金融业以取得金融支撑；国外的中国金融分支机构优先支持中国名牌企业在国外的营销和生产活动等。

6. 名牌国际化的国家支持战略

名牌国际化战略固然要以名牌企业的奋斗为主，但国家支持也是非常重要的。国家应调动各种手段支持中国名牌企业进入世界市场，创出中国自己的世界名牌。国家支持战略的内容主要有：(1)中国名牌企业必须享有对外经济贸易权，可自由开展进出口业务和其他外经贸活动；(2)国家间商务关系支持；(3)外交手段支持；(4)外汇金融支持；(5)名牌企业在国外要主动寻求中国政府驻外机构和中国参加的国际组织的支持。中国的这些驻外机构和国际组织参与者也应主动关注和支持中国名牌企业在国际上的发展。

【实例 7-6】

巴黎欧莱雅“第一”之后做什么?

2013 年，巴黎欧莱雅整体品牌销售额达到了市场两倍以上的增速。在护肤领域，根据 Kantar 市场研究集团 2013 年的市场销售数据调研，巴黎欧莱雅在 2013 年 12 月成为中国最大护肤品牌（男士+女士整体）；在洗护发领域，品牌也差不多有 5 倍于市场的增速。总体来说，这样的表现帮助巴黎欧莱雅保持了中国第一美妆品牌的地位。取得这么好的成绩，原因是多方面的。例如在营销创新层面，公司推出了专属年轻消费者的美白产品，代言人选用了李宇春，首发渠道选择了屈臣氏，并且上市的广告百分之百都是通过数字营销的方式——多种环节都是针对年轻人度身设计的，最后取得的效果也不错。在男士护肤领域，2013 年公司做了“抗痘到底”的针对火山岩控油清痘洁面膏这一产品的营销，这场营销战役让这个新品取得了中国男士洁面产品第一名的成绩（Nielsen 2013 年 7 月份调研数据）。男士护肤品在中国市场的增速出乎公司意料，它说明该市场甚至比发达国家的潜力更大。

公司也配合中国国情推出了一些产品和营销活动，例如推出了一个男士黑管 BB 霜，并配合上线了一个“一步就型站”的体验示例，最终网络销售非常红火。在选择李宇春做品牌代言人时，业内有一些质疑声音。也许是之前巩俐等代言人给人的印象十分深刻，但是对公司品牌来说，“多元化的美”才是公司要彰显和追求的主题。2014 年，相关主题的推广活动将会大规模启动。从整体上来讲，这几年数字化营销迅速发展，这是公司要面对的营销课题。网络渠道已经是一个非常正式而全面的渠道；在媒介传播层面，传统与数字营销是全面结合的，最终还是要以消费者为对象进行高效营销，以他们为中心进行整合营销——这是最关键的。对年轻消费者的招募，也一直是所有品类的一项长期工作。作为一个庞大的多品类、多渠道品牌，对公司多元化的营销手段和平台的要求一直是非常高的。公司面对的消费群体差异也很大，所以制订的每个营销方案必须是针对性特别强的。

在三到五线的市场，网点覆盖、品牌组合、媒体投放、客户关系和团队建设这五大方面，公司做了很多的努力。让更多的消费者可以在家门口享有我们的产品和服务——这是公司的一个未来长期发展方向。

资料来源 鲍燕悦．巴黎欧莱雅“第一”之后做什么？[J]．成功营销，2014（3）．

本章小结

品牌发展是企业发展的一个战略性问题。品牌发展的目标是创名牌。不但要创小名牌，而且要创大名牌；不但要创全国名牌，而且要创世界名牌。

品牌与名牌既有其同一性，又有其区别性。名牌也是品牌，而品牌则不一定是名牌，名牌与一般品牌的不同之处在于它知名度高，信誉度和美誉度高，创新度高，市场占有率高，文化品位高。

名牌与一般品牌（普通品牌）在一定条件下是可以相互转化的。普通品牌经过努力，可以在竞争中成为名牌；名牌如果不思进取，不再创新，也会变成非名牌，甚至被市场淘汰。

品牌发展的目标是创名牌，品牌战略的根本也是实施名牌战略。

实施名牌战略，首先要树立名牌意识。名牌意识是现代市场经济的重要意识。名牌意识源于市场意识又高于市场意识。名牌意识的核心是质量意识，但它又比质量意识的内涵更丰富、更深刻。

名牌意识是观念形态，要把它变成行动，就必须提倡和推进名牌战略。名牌战略是关于创建名牌、宣传名牌、保护名牌、发展壮大名牌的目标、措施、手段的总体规划和部署，是创名牌、保名牌、发展名牌的行动纲领。大力提倡实施名牌战略，是市场竞争规律的要求；是转变经济增长方式、提高经济运行质量的要求；是促进两个文明建设、推动经济与社会进步的要求。

名牌战略是一个庞大的系统工程，可以从不同角度进行分析。

从名牌战略实施或推动主体的角度看，有名牌的企业战略，名牌的社会战略。

企业是实施名牌战略的主角和主体。产品名牌是由企业创造出来的。企业不仅要生产产品，而且要生产品牌，并努力使品牌逐步变成为名牌。企业名牌也是企业创造的。除了制造企业名牌以外，还有服务企业名牌。

企业实施名牌战略的内容主要包括：（1）质量战略；（2）技术战略；（3）新产品开发战略；（4）广告战略；（5）市场战略；（6）人才战略。

企业要发展壮大，必须实施名牌扩张战略。企业的名牌扩张战略，主要包括两个大的方面：（1）名牌产品的市场扩张战略；（2）名牌企业的规模扩张战略。

名牌战略是一个社会系统工程。需要全社会各种力量的支持与促进。主要包括：（1）经济体制与机制；（2）法律规范与法制建设；（3）政府的支持与推动；（4）新闻媒体的宣传；（5）丰富的文化内涵；（6）消费者的认同与参与。

在实施名牌战略的社会系统工程中，政府的倡导、支持与推动具有特别重要的意义。各级政府虽然不是直接创名牌的主体，但对实施名牌战略负有极大的责任，有大量的工作可做：（1）制订规划；（2）宏观引导；（3）组织协调；（4）积极支持；

(5) 大力保护。

名牌的国际化战略主要包括：(1) 产品国际化战略。应重视产品质量水平的国际化，提高产品质量的国际信誉。同时，要针对不同国家和地区的需求差异，设计和开发适应不同需要的产品。(2) 商标国际化战略。要注重商标设计的国际化、商标的国际注册、商标的国际广告。(3) 国际公关战略。通过外国新闻媒体宣传介绍中国名牌，塑造良好形象；通过国际名人效应扩大名牌在国外的影响；通过国际组织推荐中国名牌；参与世界文化交流推出中国名牌。(4) 集团化国际战略。中国名牌企业应实行强强联合，组成具有优势的企业集团，参与国际竞争。(5) 资本国际化战略。融进国际资本来壮大中国名牌实力。扩大中国名牌在国际市场上的份额。(6) 名牌国际化的国家支持战略。名牌企业应享有对外经济贸易权，国家间商务关系支持，外交手段支持，外汇金融支持，中国驻外机构对中国名牌的支持。

关键概念

品牌发展　名牌战略　名牌产品的市场扩张战略　名牌企业的规模扩张战略　名牌的社会发展战略　名牌的政府推进战略　名牌的国际化战略

思考题

7.1　品牌发展的目标是什么？为什么？

7.2　名牌与一般品牌有哪些区别？

7.3　名牌意识的基础何在？怎样提高名牌意识？

7.4　为什么说企业是实施名牌战略的主角和主体？

7.5　企业为什么要实施名牌扩张战略？怎样进行名牌扩张？

7.6　为什么在企业兼并过程中，一般总是优势企业兼并劣势企业，名牌企业兼并非名牌企业，而不是相反？

7.7　怎样理解实施名牌战略是一项社会系统工程？

7.8　政府不是实施名牌战略的主角和主体，为什么也要关注名牌战略？

7.9　名牌的国际化战略是在什么时代背景下提出来的？为什么必须实施名牌国际化战略？

7.10　名牌的集团化国际战略在整个名牌国际化战略中处于什么地位？如何实施集团化国际战略？

练习题

7.1　名牌的信誉度和美誉度是怎样形成的？

7.2　怎样理解名牌意识源于市场意识又高于市场意识？

7.3　名牌战略包括哪些基本内容？

7.4 在“欧洲的农村”芬兰，为什么能崛起移动通信的世界名牌——诺基亚？它对我们有何启示？

7.5 名牌产品的市场扩张战略包括哪些内容？

7.6 YouTube 收购了爱尔兰一家视频技术公司 Green Parot Pictures，体现了怎样的企业扩张模式？

7.7 汇泰龙的展会文化与品牌发展有何关系？文化如何融入品牌？品牌如何体现文化的力量？

7.8 绵阳市政府对长虹名牌的支持有哪些特点？

7.9 名牌的产品国际化战略应注意什么问题？

7.10 名牌的国际公关战略主要有哪些内容？

自测题

7.1 名牌和非名牌是一成不变的吗？

7.2 在建立社会主义市场经济体制过程中，为什么必须大力提倡名牌战略？

7.3 海信在合资问题上坚持的两条原则的内容是什么？海信提出先强后大的理念是否正确？

7.4 企业实施名牌战略的内容主要包括哪些方面？

7.5 奇强牌洗衣粉实施“广阔天地”战略是什么内容？它为什么能取得成功？

7.6 企业兼并按被兼并对象的所在行业部门划分有几种类型？

7.7 实施名牌战略最重要的大环境是什么？为什么？

7.8 政府在推进企业实施名牌战略的过程中，可以起到哪些作用？

7.9 名牌的商标国际化战略主要包括哪些内容？

7.10 名牌国际化的国家支持战略有哪些主要内容？

案例分析

大地保险：体育营销吹响品牌升级的号角

2012年10月8日，中国大地保险正式签约中国男子篮球职业联赛，成为CBA联赛官方合作伙伴。这是中国保险企业首次联袂CBA赛场，与中国最火爆的顶级体育赛事的一次合作。纵观2012年整个CBA赛季，风起云涌，大地保险借力CBA赛事这一高公众关注度的平台，进一步强化了公司在市场、行业、客户、员工中的认同感和吸引力，公司品牌和社会影响力大大提升。

一、携手CBA品牌传播硕果累累

2012年对于CBA来说，是一个收获爆棚的赛季。7届NBA全明星球员、2届NBA常规赛得分王麦迪的加入，在国内掀起让人惊叹的“麦迪狂潮”，马布里、阿里纳斯、兰多夫等大牌外援悉数踏上CBA赛场。大牌球星的到来无疑带动了中国球迷的观赛热情和球市的火爆。国内实力球员易建联的回归，为广东宏远队重夺桂冠立下汗马功劳，并荣获了常规赛、全明星赛、总决赛三项 MVP。经过 18 年的发展，CBA 北京旭日五环体育营销机构总裁朱辉说，联赛已经成为国内首屈一指的体育赛事。

多年从事 CBA 联赛推广、深谙体育营销之道的北京旭日五环体育营销机构总裁朱辉先生认为："中国大地保险和 CBA 联赛是一次完美的强强联手。选择牵手 CBA，看中的就是 CBA 联赛的重大影响力与号召力，这与大地保险的全国性经营布局以及全国性品牌传播相得益彰。CBA 联赛积极进取、团结拼搏的精神和大地保险的企业精神也极为契合。"

伴随着 CBA 赛事不断升温，大地保险的品牌传播也可谓硕果累累。这些可以从央视索福瑞的权威数据统计得到强有力的证实：在电视转播方面，包括 CCTV-5 在内的 20 家电视台共播出 1 870 场 CBA 联赛，合计 3 429 小时，累计收视人次超过 7 亿。仅通过电视这一媒体，大地保险广告的曝光时间就达到 257 小时 25 分 20 秒，曝光时长清晰度 74.86%，媒体价值近 2 亿元。仅 CCTV-5 的转播在全国就覆盖了 5.32 亿观众，占推及人口的 41.84%。大地保险在赛场的主广告牌画面就是公司直销车险号码 4009-666-666。随着比赛的热播，大地保险直销车险号码曝光率不断提升，为推广公司直销车险业务提供了有力支持。

网络媒体方面，搜狐直播了全部 296 场比赛，日均视频点播量为 80 万；PPTV 直播了全部 296 场比赛，累计独立访客量超过 3.5 亿，视频点播量为 6.7 亿；乐视通过互联网电视一体机播出了所有比赛，CBA 平均全天直播在线人数超过 17 万；覆盖北美的 One World Sports 共播出了 40 场比赛，每周 2 场；国际篮联在线视频网站（www.fibatv.com）首次转播 CBA 联赛，每周 2 场。

平面媒体方面，463 家媒体参与报道，报道量超过 2.6 万篇。CBA 联赛新闻首登《人民日报》头版，彰显赛事空前的影响力。对于 2012—2013 赛季的 CBA 联赛球市，朱辉介绍说："上赛季各地球市火爆，常规赛现场平均上座率为 78.64%，季后赛及总决赛平均上座率为 92.37%，一些主场出现一票难求的现象。"而大地保险享有贯穿整个赛季的门票支持，这为赛区所在机构进行线上线下等客户促销活动提供了强大支持。CBA 联赛元素的 T 恤及帽子，于赛季开始后分发到大地保险各分支机构，各类促销品广泛用于各主场的外场展台，对于维护老客户及开发潜在客户群起到了积极作用。

此外，除每场 5 分钟的 LED 屏画面曝光之外，大地保险在 17 支球队所在的 19 个城市共举办了 28 场"竞投大地，寻'球'精彩"的主题三分球活动，分别由 17 场常规赛、8 场季后赛、2 场全明星周末赛和 1 场总决赛构成。现场观众和公司客户广泛参与，为大地保险赢得了在场观众的广泛关注。

二、找准契合点助力品牌全面升级

近年来，很多保险公司选择将体育营销作为公司品牌策略的重要突破点。大地保险作为率先入驻 CBA 赛场的保险公司，在实施这一首创合作案例前，也是做了充分的测评和分析。首先，CBA 赛事适合公司的目标消费群体。CBA 球迷群体年龄覆盖非常广泛，从 25 岁至 45 岁都是主力观看人群，其中以中、高收入水平男性为主，是具有消费及购买能力的人群，这与大地车险的客户群高度吻合。CBA 球队分布在 12

个省的 19 个大中城市，一周三赛持续近半年，涵盖节假日及营销旺季，持续不断的精彩碰撞，六位一体的广告支持，贯穿始终的门票回报，近距离的展示推广，都对公司品牌大众知名度的提升起到了至关重要的作用。

其次，CBA 赛事与大地品牌的定位及产品特性相符。大地保险通过与 CBA 长期合作，不断为 CBA 提供更多更专业的保险服务，使大地保险的品牌文化与 CBA 的运动精神潜移默化地融合在一起，深刻诠释大地保险砥砺奋发、持续向上、追求卓越的精神，使球员和观众从心里认可并接受大地保险。而 17 支球队的球员也是 19 个城市的城市英雄和球迷偶像，他们都是大地保险面向当地省市最有力的代言人和推销员。

再次，CBA 赛事被普遍认同，且处于上升趋势。赛事呈上升或下降趋势，将影响品牌的美誉度，赞助一个充满生机正在上升的赛事，往往让消费者感觉到你的品牌是年轻而具有活力的。Millward Brown 的品牌金字塔研究结果表明，篮球联赛在熟悉度、接受度、吸引力、亲和力和忠诚度 5 个指标上都比其他赛事要高，是最具品牌价值的体育赛事。而据最新的“中国体育赛事现状及发展”的调查研究结果，在全部 16 项国内顶级赛事中，CBA 在认知度、关注度和喜爱度的排序中均居首位。

最后，赞助赛事获得的品牌推广效果远远大于单纯的广告方式。赞助是一种全面的市场推广行为，通过赞助将大大提高大地保险品牌的市场认知度，并提供与目标消费群体直接接触的机会。比较竞争对手的赞助情况，准确寻找一个适合自己的定位、又能与竞争对手相区别的赞助活动，所有的有利条件都指向正在上升期的 CBA 联赛。

在过去的一年里，借助 CBA 这一平台，大地保险逐渐明确了以“建设具有大地特色的高品质保险公司”为内核的集约化、专业化、市场化品牌发展之路。随着新赛季 CBA 扩军，四川队也加入了 CBA 的大家庭。作为人口大省和保费大省，四川的体育市场和保险市场都极具潜力，我们期待 CBA 和中国大地保险的品牌有更好的表现。

资料来源　段小西．大地保险：吹响品牌升级的号角［J］．销售与市场，2013（12）．

问题：

1. 试分析体育营销具有怎样的品牌传播功能。
2. 为什么说大地保险与 CBA 联赛是一次完美的强强联手？
3. 大地保险的目标顾客与 CBA 赛事的球迷群体具有怎样的适配效应？
4. 大地保险的体育营销对于企业的品牌发展策略有哪些成功的经验可以借鉴？

补充阅读材料 @

1. 杨军．名牌战略与知识产权法律保障制度研究［M］．北京：知识产权出版社，2010：76-93.

2. 陈培爱，等．品牌发展与企业创新［M］．广州：暨南大学出版社，2014：10-99.

3. 王红君，等．中国品牌科学发展报告（1998—2012）［M］．北京：中国经济出版社，2013：100-153.

4. 周云．品牌管理学科化发展研究［M］．北京：企业管理出版社，2013：

141-153.

5. 孟雷，等．辽宁沿海经济带区域品牌发展研究［J］．经济研究参考，2014（28）：26-228.

6. 王秋月．建设北京自主服装品牌群对策研究［J］．山东纺织科技，2014（2）：45-48.

7. 卢曦．中国奢侈品牌须先在本土成功［J］．国际品牌观察，2014（7）：34-36.

8. 郭玉杰．品牌伞策略在中原经济区农产品产业发展中的应用［J］．企业科技与发展，2014（15）：13-17.

9. 解艾兰．有关中国品牌国际化的几点建议［J］．中国名牌，2014（2）：36-37.

10. 刘文旭．企业品牌建设发展对企业的影响［J］．经济研究导刊，2014（12）：13.

第 8 章

品牌决策

学习目标

品牌战略的目标是创名牌。品牌决策是把品牌战略转化为具体行动过程的策略和办法。决策的正确与否关系到品牌的成败和兴衰，因此必须重视品牌决策的研究。要通过本章的学习了解品牌决策的必要性和主要内容，学习运用品牌决策以推动名牌的生成和发展。

本章导读

与上述学习目标相适应，本章以 3 节篇幅分别论述品牌化决策、品牌使用者决策、品牌决策的主要内容，以加深对品牌决策问题的理解。

在学习过程中，要掌握品牌决策的具体内容，根据不同的情况，从实际出发来运用不同的品牌决策方式。

8.1 品牌化决策

8.1.1 什么是品牌化决策

品牌化决策是指企业对其生产和经营的产品是否采用品牌的抉择，包括采用品牌、不采用品牌两种情况。

在市场经济的萌芽和早期阶段，产品都没有品牌，因而不存在品牌化决策的问题。随着市场经济日趋发达，市场竞争日益激烈，产品在市场上越来越多地采用品牌，但也仍然有一些产品不用品牌。用品牌或不用品牌，除了客观经济环境的原因以外，也有一个品牌化决策的问题。

品牌化则是企业为其产品确定采用品牌，并规定品牌名称、品牌标志，以及向政府有关部门注册登记的一切业务活动。品牌化是品牌化决策的一种主要决策。当代世界，大多数商品都有品牌，因此品牌化是一种主要形式。但仍然有一部分商品并不使用品牌。

8.1.2 无品牌商品

有些产品（商品）不使用品牌，我们称它为无品牌商品。不使用品牌的无品牌商品主要有以下几种情况：（1）大多数未经加工的原料产品，如小麦、大豆、棉花、矿砂、黄沙等等。(2) 很难形成独特风格的初级工矿业产品，如煤炭、生铁、普通钢材、石灰等，不同的生产者生产这类产品不大容易形成特色。(3) 消费者在习惯上不考虑品牌的商品，如食盐等。(4) 某些生产比较简单、选择性不大的小商品、日用杂品，如粗制陶瓷品、普通炊具（锅、碗、瓢、盆）、扫帚、拖把以及其他杂品。(5) 临时性、一次性出售的商品。(6) 蔬菜、水果、肉类食品、水产品等。

20 世纪 70 年代以来，西方一些国家的某些制造商对某些消费品和某些药品不规定品牌名称和品牌标志，也不向政府注册登记，实行非品牌化。企业推出非品牌化的无品牌产品，其主要目的是节省包装、广告等费用，降低价格，扩大销售。在超级市场上出售这种无品牌、包装简易、价格低廉的普通商品既对商家有利，也使消费者得到实惠，尤其是那些挑选性不大的商品更是如此。

不过，也有许多原来不使用品牌的商品开始使用品牌了，且有日益发展的趋势。例如，人们原来习惯于不使用品牌的大米、面粉、食油，甚至一部分水果和蔬菜，现在越来越多的人选择使用品牌产品了。品牌化又有扩大的趋势。

8.1.3 品牌化是一种大趋势

虽然在现实生活中，某些品牌商品在向无品牌方向转变，但就多数情况来说，无品牌商品向品牌化转变则更为普遍，更有代表性，是一种大的趋势。这是因为，虽然品牌化会给企业增加成本费用，但它也会给企业带来许多好处：(1) 品牌名称和品牌标志易于识别不同厂家生产的同一种产品的不同牌号，可以使卖主易于管理订货，选择好的品牌商品进行营销；(2) 品牌的注册商标可以使企业的产品特色得到法律保护，防止别人仿冒，有利于打假；(3) 品牌化有利于突出品牌特色，提高品牌知名度，使卖主有可能吸引更多的品牌忠诚者，扩大市场份额；(4) 品牌化有利于针对不同消费者进行目标市场选择，使企业更好地细分市场；(5) 好的品牌有助于提高信誉度和美誉度，树立良好的企业形象，增加企业对消费者的吸引力。

品牌化对广大消费者也有好处：(1) 消费者从品牌化中可以获取大量的商品信息，从各种不同的品牌中得到许多可供选择的对比资料，有利于消费者认牌购物；(2) 消费者通过品牌可以了解各种商品质量的优劣，名牌商品具有明显的优势；(3) 品牌化有助于消费者提高购买效率，这是因为有了品牌，就可以使消费者减少甚至摆脱盲目挑选商品的麻烦；(4) 对一部分消费者来说，品牌化尤其是名牌的使用，可以满足他们某种特定的心理需要，如成就感、身份地位的象征等。

由于品牌化对企业、消费者都有利，且利弊相衡量，总是利大于弊，因此品牌化愈来愈发展，成为一种势不可挡的大趋势。

【小思考 8-1】

某种水果有其特色，生产者和经营者意欲将这种水果冠以一个特有的品牌名称，制定品牌标志，到工商行政管理部门进行注册登记，这种行为属于哪一种：

(1) 品牌化决策；(2) 品牌化；(3) 无品牌商品。

【答案】(2)。

8.2 品牌使用者决策

8.2.1　品牌使用者决策的含义

品牌使用者决策是指使用谁家品牌的抉择。具体地说，制造商在决定给其产品规定了品牌之后，究竟是使用本企业（制造商）的品牌，还是使用经销商（中间商）的品牌，或者是两种品牌同时兼用，这就叫做品牌使用者决策。

一般来说，在品牌使用者问题上，可以有三种决策：(1) 使用制造商自己的品牌。这种品牌叫做制造商品牌、生产者品牌、全国性品牌。一般来说，品牌是制造商（厂商）的制造标记。这是因为，产品的设计、质量、特色都是由制造商决定的。在品牌世界，制造商品牌占多数，占明显优势，也是一种最常见的品牌使用者决策。(2) 使用中间商的品牌。制造商还可以决定将其产品大批量地卖给中间商，中间商再用自己的品牌将货物转卖出去。这种品牌叫做中间商品牌、经销商品牌、分销商品牌、私人品牌。在欧美一些市场经济发达国家，许多有实力和有特色的中间商，比如大百货公司、超级市场、服装商店，都使用自己的品牌。如法国的家乐福、美国的沃尔玛等大型超市和百货公司，都广泛使用自己公司规定的品牌，一般要占到本公司经营品牌总数的10%～30%，有的公司自有品牌比例竟高达90%以上。某些实力雄厚的批发商也有使用自己品牌的，其目的是增强对价格、厂商等方面的控制能力。至于中小型商店或无特色的商店，则一般没有自己的品牌。(3) 两种品牌结合使用。制造商还可以决定有些产品用自己的品牌（制造商品牌），有些产品用中间商品牌。

8.2.2　制造商品牌的支配地位

自发达市场经济国家进入品牌时代以来，制造商品牌一直居于支配地位。**制造商品牌**是指产品的生产制造者所确定的有自己知识产权的品牌。

制造商品牌处于支配地位，是由经济发展的主导面和时代历史变迁所造成的。(1) 200多年的工业化发展，出现了一大批工业品制造业企业，它们成为经济发展的支柱和主导，产生了为数众多的工业品品牌。品牌萌芽的出现虽然可以追溯到一千年以前，传统的手工业产品品牌有的也可以追溯到数百年以前，但是真正意义上的大规模出现的现代品牌，则是在近100多年工业化过程中产生的制造商品牌。(2) 当代信息产业的发展，不但没有削弱制造商品牌，而且为制造商品牌扩充了队伍，增添了活力。电脑、无线通信设备，以及其他一些高技术信息产品都涌现出了一批新的制造商品牌。(3) 有形产品品牌仍然是主流。随着时代的发展，无形产品、服务产品在逐步增加，但至今为止，有形产品仍居于主要地位。有形产品的生产是要靠厂商来进行的，因此制造商品牌仍处于支配地位。但是，制造商品牌的这种支配地位日益受到来自中间商品牌的挑战。**中间商品牌**是中间商确定的有其自主知识产权的品牌。

8.2.3 中间商品牌的崛起与“品牌战”

虽然中间商使用自己的私人品牌会带来一些问题，例如增加广告费用，扩大库存占压资金，承担较大的经营风险等，但是，中间商使用自己的品牌也会带来许多好处。比如：(1) 增强对市场的控制能力。中间商有了自己的品牌，就可以更好地控制价格，并且可以在某种程度上控制供应商，因为中间商可以用更换供应商的办法来威胁制造商。通过这些办法，中间商就可以掌握市场的主动权。(2) 降低成本费用，扩大利润空间。中间商可以从制造商那儿大批量地进货，进价较低。或者可以找到具有过剩生产能力的制造商，这些制造商能以较低的成本生产出使用私人标记的产品。此外，中间商的其他成本，如广告费用，产品实体分配费用也比较低。这就意味着中间商可以制定出较低的产品销售价格，有较强的市场竞争力，因而有可能获得较高的利润。(3) 利用商业信誉和商业实力来扩大中间商品牌的影响力，一些实力雄厚、信誉良好的大中间商特别是大零售商、大批发商，用自己的“金字招牌”来吸引顾客，招徕生意。这就可以进一步提高中间商品牌的声望。由于以上种种原因，中间商品牌正在崛起，有越来越多的中间商采用自己的品牌，从而引发了制造商品牌与中间商品牌的地位之争。

制造商品牌与中间商品牌相互之间的竞争被称作“**品牌战**”。在这种“品牌战”中，制造商品牌与中间商品牌各有优势，但中间商品牌的优势更为明显，有更多的有利条件。

制造商品牌的优势是：(1) 掌握产品源头，具有第一选择权。产品品牌是由制造商生产出来的，因而制造商天然具有第一选择权，赋予制造商品牌的第一形象，从而给消费者以明确的品牌导向。(2) 品牌竞争向名牌集中，制造商品牌中的名牌一般都是实力雄厚、管理优异的大型制造企业所生产的，因此更能突出制造商品牌的名牌效应。综观世界大名牌，多数都是制造商品牌，是制造商品牌中的佼佼者。(3) 具有技术优势。制造商品牌来自于制造企业，其产品的技术性能、技术结构、技术参数，制造企业都了如指掌，因此在技术服务、维修安装等方面，制造商具有很大的优势，这对制造商品牌信誉度的提高是大有好处的。

中间商品牌的优势是：(1) 掌握市场龙头。中间商尤其是零售商是直接面向市场、面向消费者的。零售商的营业面积、货架空间是有限的，零售商可以优先安排中间商品牌，从而占领市场主动权。许多制造商，特别是新制造商和小制造商难以用它们的品牌打入零售市场。(2) 维护中间商品牌信誉。虽然消费者都知道，以私人品牌出售的商品通常都是大制造商的产品，但是，由于中间商特别注意维护其私人品牌的质量，这样就能赢得消费者的信任，从而提高中间商品牌的信誉。(3) 具有价格优势。中间商品牌的价格，通常定得比相同产品的制造商品牌价格要低。这就能迎合那些喜欢购买价格较低品牌商品的消费者，在通货膨胀时期尤其如此。价廉物美是多数消费者的共同心理，在质量相同的情况下，消费者当然要青睐价格低的中间商品牌了。(4) 陈列优先。大零售商通常把自己的品牌陈列在商店醒目的地方，从而为消费者提供便利，使中间商品牌更易为消费者所认知和熟悉。同时，还保证中间商品牌的产品有充足的储备，源源不断地保证供应，满足消费者需要，从而使中间商品牌更加信誉日增，深入人心。

由于中间商品牌的以上优势，尤其是市场优势，使制造商品牌的支配地位下降，中间商品牌的地位上升。生产中间商品牌的商品不但会为制造商扩大生产提供基础，还能有助于制造商和零售商建立亲密的合作关系。所以，在中间商和制造商之间，主动权在中间商手里，中间商可以据此从容地挑选合适的制造商作为自己商品的供应者。

开发中间商品牌，首先可以救许多困难企业于水深火热之中，大力减轻政府的负担；其次可以通过低价刺激消费，刺激社会需求，带动市场的繁荣，从而推动经济的发展；再则可以使零售商扩大规模，增强实力，提高知名度，加强抵抗外来竞争的能力。在我国现阶段，开发中间商品牌具有极其重要的现实意义。

【实例8-1】

汽车行业：开启O2O模式

“汽车行业是较早运用互联网新工具的行业。”刘均说，“作为以传统渠道为主要销售渠道的标致汽车，我们在天猫的官方旗舰店，既让消费者多了一个入口，又能为线下引流。”东风标致在天猫的官方旗舰店成为汽车行业网络营销的先行者。线上不仅具有品牌传播、销售等功能，而且能进一步提升消费者体验。消费者不仅“足不出户”就可以随时上网看车、评论以及进行线上即时互动交流，而且奉上“口不砍价”的促销惊喜。2013年7月18日—8月11日，东风标致为满足消费者购买需求，在其线上官方旗舰店通过多种促销组合拳，在淡季掀起一波线上销售高潮。“‘双11’当天，我们累计预订销售达到千万元。”刘均说道。显然，标致借助天猫平台强大的用户基础，充分发挥自身产品优势，是其网络营销模式取得骄人成绩的决定性的胜负手。除了产品本身的卓越品质，其在网店中打出的亲民价格以及在各种活动中的大幅度让利也是吸引网友关注的重要因素。“线上主要承载的是引流功能，将消费者引导到线下实体店实现成交。”刘均说，“目前，我们也正在和汽车之家等平台谈O2O合作。”多平台运作将是东风标致的未来规划。显然，东风标致的O2O模式很清晰，通过新媒体宣传造势，再结合线上专卖店的促销组合拳，以及线上优良的服务，最终达到从线上引流到线下，转化为实际销售的目的。

资料来源　张旭．三种行业升级路径指南［J］．销售与市场：管理版，2014（1）．

8.3 品牌决策的主要类型与内容

8.3.1 品牌质量与价格决策

品牌质量决策与品牌价格决策有其联系的一面，但也有区别。

1. 品牌质量决策

品牌质量决策主要是制造商的一种品牌决策，它是对品牌质量水平和质量目标的一种决策。对品牌质量起决定作用的是制造环节。制造商在作品牌决策时，必须决定其品牌质量水平，以确定和保持其品牌在目标市场上的地位。所谓品牌质量，是指反映产品耐用性、可靠性、精确性、时代性等价值属性的一个综合尺度。

制造商对品牌质量决策时，要考虑品牌质量的市场定位。其质量水平的确定应以目标市场的具体需求为转移。目标市场是高消费人群，应定为高档质量；目标市场是中低消费人群，则应定为中、低档质量。这里所说的高、中、低档是根据对质量的附加要求而区分的，但高、中、低档的质量都必须是符合使用要求和安全目标的。比如服装的质量无论质量如何都必须具有保暖、耐用等基本质量要求，但高档质量服装则还必须考究面料、做工、时尚、华丽和体现身份高贵等附加要求。住宅的质量即使是低档质量住宅也必须保证居住适用、方便和安全，而高档质量住宅除上述要求外，则对建材、工程设计、居室美化和舒适、豪华程度、环境优雅及其他方面有更高的特殊附加要求。高档豪华别墅的质量水平比普通经济适用住房的质量水平要高出很多，但后者也必须保证居住安全等基本质量或最低质量要求。制造商对品牌质量可针对不同消费档次人群分别确定不同质量水平，实施高、中、低档的不同质量决策。过高的质量必然导致价格过高，从而抑制中低档消费层次人群的购买，缩小市场覆盖面。

制造商在对品牌的最初质量水平进行决策以后，随着市场情况的变化，还可适时调整其决策。其可供选择的决策有三种：（1）提高品牌质量。这是一般的趋势，尤其是在技术进步和消费者消费档次普遍提高以后，应及时提高品牌质量以适应消费者的新需求，这有利于提高市场占有率和增加效益。（2）保持品牌质量。在一定时期消费者需求变化不大时应保持质量。（3）降低产品质量。当消费者购买力下降时采取这种办法，例如在经济紧缩或衰退时期，高档质量产品销不出去应改变为中、低档质量。这是一种暂时的过渡办法。当经济繁荣或高涨时，又应以提高产品质量为主。

值得注意的是，一些发达国家的企业非常注意产品的质量管理，维护其品牌质量信誉，以提高其品牌的市场竞争能力。在当代市场竞争条件下，质量管理已不是单纯的生产组合的一部分，而成为市场营销组合的一个组成部分。加强质量管理要从市场需求出发，最终又落实到市场营销活动的全过程中，品牌质量管理已成为企业战略决策的一项重要内容。

2. 品牌价格决策

与品牌质量决策相衔接，品牌价格决策也是企业品牌决策的重要内容之一。**品牌价格决策**是指对价格水平和价格调整方案的决策，包括两个方面：（1）品牌最初价格水平的确定，要根据市场目标分别确定低档价格、中档价格、高档价格。（2）品牌价格动态调整决策。要根据市场变化，分别采取降低价格决策、保持价格决策、提高价格决策。它们一般与品牌质量决策相一致，即低档质量低档价格、中档质量中档价格、高档质量高档价格。质量提高价格也提高。

品牌价格决策与品牌质量决策也会有不衔接或不一致的情况。在某些情况下，品牌质量提高并不一定相应地提高品牌价格，而采取维持价格甚至降低价格的决策，尤其是在技术进步、成本降低和供大于求实行价格战的情况下往往会出现这种决策。彩电价格战就是这种情况的一种反映，彩电质量提高了，而价格却降下来了。

【小思考 8-2】

美国派克品牌金笔最初质量水平定位是高质量、高价格，而当该品牌采取低价格决策时却失败了，中国红豆品牌衬衫由高价位转而采取低价位决策却成功了，其原因何在？

(1) 国情不同；(2) 商品种类不同；(3) 目标市场消费者层次定位不同；(4) 供求关系变化。

【答案】(3)。

8.3.2　品牌延伸——单一品牌决策

品牌延伸就是**单一品牌决策**，又称同一品牌决策或统一品牌决策。它是指企业的多种产品使用同一品牌的决策，一种品牌成功后，又延伸到其他产品上，使用该成功产品的同一品牌。按照其单一化的程度和范围不同，单一品牌决策又可分为以下三种类型：

1. 产品线单一品牌决策

产品线单一品牌决策是一种局部性的单一品牌决策，它是指企业对同一产品线上的产品采用同一种品牌。由于同一产品线的多种产品面对的往往是同一顾客群，它们在功能上互为补充，可以满足同一顾客群体的不同方面的需求，在化妆品、护肤品等领域更为明显。

产品线单一品牌决策有以下优点：①有利于创建统一的品牌形象；②可推出系列产品以满足目标顾客的多方面需要，易于产品线的延伸；③可以节约促销费用，由于同一产品线有多种产品使用同一品牌，可以取得品牌规模效益。但产品线品牌决策也有其局限性，例如，囿于产品线范围之内，不能发挥品牌的潜在价值；新产品开发受到产品线的制约而不能扩大到新的领域等。

2. 跨产品线单一品牌决策

跨产品线单一品牌决策，又称范围品牌决策，它也是一种局部性的单一品牌决策，但其范围要比产品线单一品牌决策的范围要大一些。这种品牌决策是企业对具有同等质量或能力的不同产品，使用同一品牌。这种不同的产品是跨越同一个产品线的。例如，一个服装企业，它有多条服装生产线，生产不同类型、适合不同消费者需要的不同的服装，但这些不同类型的服装都使用同一个品牌。其他如食品、日用品也可以如此实施品牌决策。

跨产品线单一品牌决策也有其明显的优点：①有利于在消费者心目中建立统一的品牌意识和品牌形象；②有利于树立稳定的质量形象，不会产生质量错位现象；③有利于集中进行品牌宣传、降低费用。这种品牌决策也有其局限性。例如，个性不鲜明，品牌的透明度不高，新产品开发难以突出新的特色因而不易为消费者所接受等。

3. 完全的单一品牌决策

完全的单一品牌决策，又称伞形品牌决策。这种品牌决策的特点是高度统一，即企业生产的所有产品都使用同一品牌。伞形品牌决策实际上是以企业的品牌与产品品牌完全融合一致，企业品牌就是产品品牌，无论企业生产的产品品种有多少，其产品的性质、功能各不相同，产品的目标市场和定位也不一样，但都使用同一品牌。荷兰的飞利浦公司（Philips）是成功运用品牌伞方式进行完全单一品牌决策的范例。飞利浦公司生产的所有产品，从电视机、音响、计算机，到灯泡、剃须刀、电咖啡壶、电果汁机等产品，全都采用“飞利浦”（Philips）这一品牌。中国的海尔集团也是实施伞形品牌决策的成功企业之一。该集团生产的冰箱、空调、洗衣机、彩电、手机、电脑以及其他产品，都冠以“海尔”的品牌。日本许多著名的公司也采用这种完全单一的伞形品牌决策。例如，雅马哈公司（Yamaha）生产的摩托车、钢琴、电子琴等不同类型的产品均使用“Yamaha”品牌。佳能公司（Canon）公司生产的照相机、传真机、复印机、打印机也都使用“Canon”品牌，等等。这样的例子还有很多。

完全的单一品牌决策之所以被许多公司竞相采用，是因为它有许多明显的优点：

（1）有利于提高品牌知名度进行市场扩张。伞形品牌决策可以充分发挥完全单一品牌的作用，使品牌知名度不断提高，直至深入人心，极大地发挥名牌效应，从而有利于以品牌（尤其是名牌）为核心的不同产品在市场上的扩张，更好地开拓国内外市场。当今世界上一些跨国公司在向国外扩张时常常使用伞形品牌决策，利用已有品牌知名度打开市场，既能较迅速地进入国际市场，又能节约进入市场的费用和时间，提高品牌的经济效益。

（2）有利于培育顾客忠诚。伞形品牌决策由于集中使用资源加强核心产品主导地位，并通过大力宣传企业单一品牌的某一种产品，培养品牌的亲和力，树立和巩固顾客对该产品的品牌忠诚。有了深厚的品牌忠诚，就易于发挥品牌的扩张效应，由对该产品品牌的忠诚，进而扩张到对与该产品品牌相一致的完全单一品牌决策的其他产品，向消费者传达完全单一品牌的其他产品的信息，使该品牌的忠诚度进一步提高。尤其是一些强势名牌使用这种品牌决策更为有效。

（3）有利于在消费者心目中建立品牌形象和企业形象。由于伞形品牌决策的连带效应和波及效应，使消费者不断加深对单一品牌的印象，从而在消费者心目中树立起唯一品牌形象和企业形象。品牌的美誉度和企业的美誉度融合在一起，加强该单一品牌在市场上的地位，消费者也很容易在市场上找到自己信任和赞赏的企业的产品。飞利浦品牌、海尔品牌等都是采取单一品牌决策而在消费者心目中树立起它们的品牌形象和企业形象的。单一品牌形象有利于企业形象的升华，建立顾客忠诚，由品牌形象发展到企业形象，对企业的发展具有极为重要的意义，使企业在产品开发和市场开拓中处于十分有利的地位。

完全单一的品牌决策也有其不利的一面。其局限性主要表现在：

（1）容易忽视产品的个性宣传，降低名牌的影响力。完全单一的品牌决策最初往往是以某一种产品而著名，但扩展到其他产品时，就容易忽视产品个性宣传，误以为既然单一品牌在甲产品上出了名，运用在乙产品上也一定会成功，因而对乙产品个性宣传不够，使消费者缺乏对乙产品的了解而失去吸引力，该单一品牌作为名牌的影响力也会削弱。

（2）不利于单一品牌的纵向延伸。在使用完全单一的品牌决策时，品牌在同一档次产品中的横向延伸一般问题不大，但向不同产品档次的纵向延伸则较困难。这是因为，纵向延伸意味着同一品牌要包括不同质量和水平的产品，从而给消费者造成购买心理障碍。前已述及的定位在高档次的派克金笔在向中低档次延伸时，就顿失派克笔高贵形象，结果既不能开拓中低档笔市场，又丢失了高档笔的市场份额。又如凯迪拉克是通用汽车公司的豪华型高档小汽车，但一度推出凯迪拉克品牌的经济车就影响到其高档车的市场销售。高档产品的品牌向低档产品延伸必须十分慎重。

（3）不同的定位造成品牌形象的冲突。品牌应有其独特的品质特征与形象特色，但是完全单一的品牌决策却将原有的成功品牌使用到不同定位的产品上去，使不同定位的产品都使用同一品牌，必然造成品牌形象的冲突，使消费者难以接受，从而影响市场销售。假如一个在洗衣粉产品上成功的品牌而运用伞形品牌决策扩大到饮料产品上，消费者定会拒绝饮用。成功的药品品牌运用到啤酒产品上也难以被消费者接受。因此在实施完全单一的品牌决策时，应从实际情况出发，注意掌握分寸和适度，尽量减少不利因素，而充分运用其有利因素以达到更好的效果。

【实例8-2】

春纪联手搜狗：海量精准传播

2014年1月，丸美股份旗下“HARUKI春纪”护肤品品牌启用近年炙手可热的新星、国际一线大牌宠儿吴莫愁为2014年全新代言人，电视广告片随即在央视、江苏卫视等平台引爆。2月，春纪更在全国99个重点城市的重要商圈掀起一场“爱她，就养她”的品牌推广活动。这样来势汹汹的春纪，如果没有网络推广，市场怎么沸腾得起来？于是在搜索营销上，春纪与欧莱雅、雅诗兰黛、倩碧等国际知名护肤品品牌一样，选择了搜狗搜索，打造无界的传播热链。

一、带来真正有商业价值的流量

春纪选择搜狗，首先看重的是搜狗4.69亿的覆盖人群，和腾讯、搜狐双矩阵的资源优势。2013年9月，腾讯战略入股搜狗，并将旗下的腾讯搜搜业务和其他相关资产并入搜狗。这样，除了之前的搜狐、搜狗输入法、搜狗浏览器、搜狗搜索、搜狗壁纸资源外，腾讯优势资源的带入让搜狗的覆盖人群又上了一个台阶，直接导致3个月后，仅搜狗搜索月度用户（含搜搜）覆盖就蹿升至2.75亿人，在搜索市场的占有率（含搜搜）达到13.14%，持续增长的势头不减。

二、精准很重要

春纪和这些国际一线护肤品品牌选择搜狗的另一个重要理由是：搜狗独有的无界传播、创意传播、深层次传播，能在其海量覆盖基础上，精准地筛出春纪的目标消费者！搜狗独有自媒体、聚媒体、动媒体的传播矩阵，从用户开机（包括PC和手机）起，即通过输入、搜索、浏览的动作与搜狗发生交互，形成一张无界的信息传播网。比如腾讯QQ已嵌入搜狗搜索功能，在聊天过程中出现“春纪”即可实现即时搜索，在搜狗输入法中也可以一键直达官网或销售平台。这样的流量导入不但可观，而且有极高的销售转化率。用户主动搜索春纪某款产品时，搜狗会在醒目位置显示产品信息窗口，将流量直接引导进消费场景。

搜狗还拥有许多独一无二的品牌推广“利器”，如输入法皮肤、桌面壁纸等，这些能更丰富、立体地展现品牌信息。此次搜狗就配合春纪的“爱她，就养她”活动推出壁纸产品，通过长期、静态占据用户的智能终端，让品牌信息深入人心。

资料来源 杨启敏．春纪如何联手搜狗实现海量精准传播［J］．销售与市场：渠道版，2014（4）．

8.3.3 品牌分立——多品牌决策

与单一品牌决策采取多种多样产品使用同一品牌的决策相反，**多品牌决策**就是指一种产品采用一个品牌的品牌决策。它是品牌分立的决策，一个品牌只用于一种产品上，适用于一种市场定位，因而能最大限度地形成品牌的差别化和个性化。美国宝洁公司（P&G）是实施多品牌战略的突出代表和成功范例。该公司拥有300多个品牌，每个品牌都有其独特的属性，且知名度很高，例如飘柔、潘婷、海飞丝洗发液，舒肤佳香皂，玉兰油护肤品，碧浪、汰渍洗衣粉，以及佳洁士牙膏等，都是著名的品牌，都出自宝洁公司。百丽鞋业自1992年开创自有品牌，目前拥有的鞋类品牌包括：BELLE（百丽）、STACCATO（思加图）、TEENMIX（天美意）、TATA（他她）、SENDA（森达）、JOY&PEACE（真美诗）等。这些品牌的定位各不相同，分别满足不同消费者的不同需求，其中BELLE（百丽）为中国女鞋第一品牌，其他品牌也分获多项殊荣，市场占有率均在全国前十名之列。

多品牌决策有以下明显的优点：

（1）有利于企业全面占领一个大市场，扩大市场覆盖面。这是因为，一个大市场是由许多具有不同期望和需求的消费者组成的，推出一种品牌只能迎合某一消费群体，而不能赢得其他消费群体，这样，其市场占有率也就很有限了。而如果根据不同消费群体的不同消费需求和期望，推出不同的品牌，就可以吸引各类不同的消费者群体，从整体上提高企业的市场占有率。多品牌决策还可以为制造商取得更多的货架面积，增加销售机会，也使零售商增加了对制造商品牌的依赖。

（2）有利于细分市场的需要，推进品牌的个性化和差异化，满足不同消费者群体的不同需要。实施多品牌决策，采用不同的品牌，可以突出每一种产品的特色，从而在消费者心目中形成比较明显的产品差别，以适应不同消费群体的品牌喜好和消费特点。每一品牌可以吸引不同的消费者。

（3）获取品牌转换的利益。实践表明，虽然消费者心目中存在着品牌忠诚信念，但却很少有消费者会对某一品牌忠诚到绝对的程度，也不会对其他品牌毫无兴趣。因此，获取“品牌转换者”的光顾和利益就成了企业认真考虑的问题，而多品牌决策，提供好几种品牌，就可能锁住大部分品牌转换者，使他们继续使用企业的其他品牌。在一定条件下，多品牌决策提供多个品牌，是获取“品牌转换者”的主要办法甚至是唯一办法。

（4）有利于激发企业内部的活力，提高企业的效率。由于一个企业内部有多个品牌，一种产品就有一个品牌，使每位品牌经营者感到竞争的压力，力图搞好自己担负的品牌营销与市场开拓工作，推动企业效率的提高。

(5) 有利于提高企业抗风险的能力。由于实行多品牌决策的公司赋予每一种产品一个单独的品牌，每一个品牌之间又是相互独立的，即使个别品牌失败了，也不会影响到其他品牌和整个企业的形象。在这一点上，单一品牌决策就存在着较大的风险。

不过，多品牌决策也有其局限性：

(1) 耗费的资金多，时间长。每一种产品都有一个品牌，而每一个品牌的创建都需要大量的投资，花费很长的时间。这只有实力雄厚的大公司尤其是大跨国公司才能做到，而一些实力较弱的中小企业就难以做到，因而多品牌决策的适用范围受到了较大的限制。

(2) 增加品牌管理难度。由于实行多品牌决策，企业拥有的品牌数目很多，从而增加了品牌管理的复杂程度，难以管理，公司要为每一个品牌的管理投入大量的人力、物力、财力，增加企业的费用开支。

【实例8-3】

"欲擒故纵"的品牌决策

成为顶级赛事赞助商，一个品牌会做什么？如果它没有借此大肆宣传自己一番，反而推出了一个跟自己利益还有点冲突的"公益广告"，你会不会觉得它是傻瓜？尊尼获加，最近就做了一回"傻瓜"。正值F1赛季达到高潮，作为迈凯轮赞助商的尊尼获加，用1 750个玻璃杯完成了一辆玻璃版的迈凯轮赛车，希望通过"玻璃车"的脆弱本质揭示酒后驾车的危险性，呼吁理性饮酒。该广告拥有极富冲击力的画面、别具一格的创意，宣传了酒驾的危害却没有直接宣传尊尼获加。看似"傻瓜式"的做法，其实是典型的"欲擒故纵"。尽管没有直接宣传尊尼获加，但是酒与酒驾的微妙关系，谁人都知。一个酒品牌，主动呼吁理性饮酒，显示了一个品牌的社会责任感，尊尼获加站的高度可比一般品牌高很多。同时，从传播时机来看，在一个赛车比赛上，也不适宜直接表现饮酒画面或者是做产品说明式广告，所以做点跟驾车有关又能表现业界良心的广告，是一个更聪明的选择。

尊尼获加的"欲擒故纵式"营销，值得每一个品牌去琢磨。并不是每一次赞助，都要处处有广告，处处都传播，看时机、看场合做点"有高度"的宣传很有必要。这样，消费者才能在这一"纵"中慢慢被品牌擒住。

资料来源　可潇．尊尼获加的"欲擒故纵"[J]．销售与市场：评论版，2014（1）．

8.3.4　品牌组合——复合品牌决策

所谓**复合品牌决策**，是指对同一种产品赋予其两个或两个以上的品牌。它又可分为下列两种类型：

1. 注释品牌决策

这是一种最基本的复合品牌决策。它是指在一种产品中同时出现两个或两个以上的品牌，其中一个是注释品牌，另外的是产品的主导品牌。主导品牌通常是产品品牌，它说明产品的功能、价值和购买对象。注释品牌则通常是企业品牌，它为主导品牌提供支持和信用。也有人把注释品牌决策称为母子品牌决策或总分品牌决策。母子品牌决策是以企业品牌为母品牌，产品品牌为子品牌。总分品牌决策则是把企业品牌称为总品牌，产品品牌称为分品牌。这两种称呼方法一般是母品牌、总品牌更有影响力。注释品牌决策最重要的优点是把具体的产品和企业组织联系在一起，可以增强顾客的购买信心。因此这种品牌决策也被许多企业采用。例如，吉列公司生产的一种刀片品牌为“Gilletle，Sensor”，其中，Gilletle是注释品牌，表明是吉列公司所生产的，为该刀片提供了吉列公司的支持和信用，而Sensor则是主导品牌，说明了该刀片的特点。据有关学者研究发现，在全世界位列前20名的日用品品牌中，有52%的产品使用注释品牌决策。

2. 合作品牌决策

这种复合品牌决策是指两个企业的品牌同时出现在一个产品上。它体现了企业间的相互合作。

合作品牌决策的最大优点在于合作双方互相利用对方品牌的优势，提高自己品牌的知名度，从而扩大销售，提高市场占有率，并且可以节约成本费用和缩短产品进入市场的时间。

运用合作品牌决策的典型范例是美国的英特尔（Intel）公司与世界主要计算机厂家的合作。英特尔公司是世界最大的计算机芯片制造商，曾开发和生产过8086、286、386、486等86系列计算机芯片，由于该系列芯片没有得到商标保护，受到AMD和Cyrix等公司的侵害，这些竞争对手也大量生产86系列芯片，严重损害了英特尔公司的利益。为了改变这种局面，英特尔公司从1991年起逐步放弃86系列芯片的生产，并推出奔腾系列芯片，随后制订了耗资巨大的促销计划，通过价格折扣优惠等方式，鼓励计算机制造商在其产品上使用“Intel Inside”的标识。对参与这一计划的购买奔腾芯片的计算机制造商，给予3%的折扣；如果他们在计算机外包装上也注有“Intel Inside”，则给予5%的折扣。后来，几乎所有主要的计算机制造商都参加了这个计划。市场上销售的IBM、Dell、HP等名牌计算机，除企业原有品牌外，都加上了“Intel Inside”的标识。HP公司还在某些地区市场开展了“Intel Inside，HP outside”的促销活动。

【实例8-4】

异业合作塑造品牌

面对金融海啸的冲击，众多信息技术企业都在寻求有效的抵御之路，长城电脑也不例外。通过多年的发展，长城电脑深知抵御金融危机最有效的方式是让公众与长城电脑品牌产生共鸣，将长城多年来积淀的创新精神及产品品质深入到每一个消费者心中。

2009年长城电脑走上了一条不同于其他高新技术企业品牌战略的发展道路，企业通过异业合作突出品牌形象，将品牌精神植入消费者心中，以体现出长城电脑的产品品质。而在这一年最值得称道的是，长城电脑根据“正确的品牌定位以及合理的异业合作”精神，与航天事业及文化事业进行合作。

2008年神舟七号的成功发射以及航天员的成功出舱，见证了中国航天技术的又一个突破，爱国强国、自主创新的航天精神鼓舞着每一个中国人。“中国航天”已经成为一个世界性的强势品牌，对提升企业品牌知名度、助推企业拓展国际市场等有着很好的拉动作用。长城电脑抓住航天事业高速发展的机会，将航天精神与长城电脑的自主创新精神相结合。

此外，随着生活水平的提高，人们在消费中越来越注重产品与自身品位、价值的一致性，希望产品能彰显自己的身份。长城电脑坚信任何品牌定位都是产品功能与品牌精神文化定位的融合，因而长期以来一直以技术为核心，以创新研发为企业的发展根本，通过长期自主创新的积累，将品牌定位为“技术·创新”。有外界评价，长城电脑正是借助“航天营销”成功确立行业领导者的形象，也增强消费者对产品和品牌的信赖，增强了品牌美誉度。长城电脑通过与航天事业的合作，将“中国航天”这一耀眼的光环融于自身，把自身的品牌形象提升到了另一个高度，进一步满足了今天的消费者对于价值、品位的隐性追求。

如同许多品牌喜欢请明星做代言一样，长城电脑用“中国航天”来做代言，使受众对长城品牌的认知程度上升到一个层次，品牌得以提升。

资料来源　刘然．长城电脑：异业合作塑造品牌［J］．成功营销，2010（1）．

【小思考8-3】

日本东芝公司生产的音响系统取名为“东芝火箭炮”，它属于哪一种品牌决策？

（1）合作品牌决策；（2）注释品牌决策；（3）多品牌决策。

【答案】（2）。

8.3.5　品牌重新定位决策

某一个品牌在市场上的最初定位即使很好，但随着时间的推移和市场的变化，也必须重新定位。品牌重新定位决策主要基于以下两个原因：

（1）竞争者推出一个品牌，并把它定位于本企业品牌的旁边，侵占了本企业的品牌的一部分市场定位，使本企业的品牌的市场占有率下降，这就要求本企业对品牌重新定位。

（2）在市场发展中，有些消费者的偏好可能会发生变化，影响本企业的品牌的市场份额，这些消费者原来喜欢本企业的品牌，后来却喜欢其他企业的品牌，因而市场对本企业的品牌的需求减少，这也要求企业进行品牌重新定位。

品牌重新定位决策一般要从以下几个方面进行：

（1）深入进行市场调查研究。品牌重新定位必须准确，因此对市场情况及其变化趋势要认真进行调查研究，防止盲目重新定位造成更大的损失。市场调查研究主要侧重在对竞争对手情况的调查研究和对顾客需求（包括现在顾客需求与潜在顾客需求）的调查研究两个方面。

（2）寻找本企业品牌的发展空间。这就要求从本企业实际情况出发，以市场为导向，发挥本企业的优势以及化劣势为优势的种种措施，找出市场空隙，瞄准市场空当，开拓出新的市场空间，并与本企业的品牌重新定位相衔接，使品牌重新定位获得较大的市场发展空间而重振雄风。

(3) 要对本企业的品牌进行形象策划，重塑新的形象。通过新的设计以及导入CI策划系统，使自己品牌在市场上闪现新的亮点，为消费者所接受，从而使品牌重新定位在市场上站稳脚跟，有新的气氛和新的发展。

(4) 要研究品牌重新定位对本企业收益的影响。力争使收益更多、效益更好一些。这就要考虑：品牌重新定位后，这个市场部分或偏好群有多少消费者；他们的平均购买率的大小；在这部分偏好群有多少竞争对手；本企业品牌在这个市场部分的销售价格要定在什么水平才合适，既能卖得快卖得多，又能获取较好的收益、较高的利润。企业必须权衡品牌重新定位的多种收入和费用，然后进行品牌重新定位决策。要把品牌重新定位在消费者新的追求和企业收益预期看好的结合点上，把市场的拓展与企业的效益结合起来。

本章小结

品牌决策是实现品牌战略的具体策略、方法和途径，关系到品牌的生成和发展，加强品牌决策的研究是企业必须重视的课题。

品牌决策首先遇到的问题就是品牌化决策。所谓品牌化决策，就是指企业对其生产和经营的产品是否采用品牌的抉择。可以采用品牌，也可以不用品牌。

品牌化则是指企业为其产品确定品牌，并规定品牌名称、品牌标志以及登记注册等一切业务活动。品牌化是品牌化决策的主要内容。

有些产品不使用品牌，称为无品牌商品。无品牌商品主要是那些未经加工的原料产品，很难形成独特风格的工矿业初级产品，消费者在习惯上不考虑品牌的商品，某些生产简单、选择性不大的小商品，临时性一次性出售的商品，蔬菜、水果、肉食、水产等农副产品等。

品牌决策的又一个重要课题是品牌使用者决策。所谓品牌使用者决策是指使用谁家品牌的抉择。品牌使用者决策可以有三种情况：一是使用制造商自己的品牌，称为制造商品牌，或生产者品牌、全国性品牌；二是使用中间商的品牌，称为中间商品牌，或经销商品牌、私人品牌；三是制造商品牌与中间商品牌结合使用。

在品牌使用者决策中，制造商品牌一般处于支配地位。这是由经济发展的主导面和时代变迁所造成的。但中间商品牌也逐步在发展，并对制造商品牌形成挑战。制造商品牌与中间商品牌相互之间的竞争被称为“品牌战”。在这种“品牌战”中，制造商品牌与中间商品牌各有其优势，中间商品牌的优势更为突出。

品牌决策的又一个重要内容是品牌质量和价格决策。品牌质量决策是制造商对品牌质量水平及其品牌质量在目标市场上的地位的决策。品牌质量的市场定位应以目标市场的具体需求为转移而确定其质量水平。制造商对品牌的最初质量水平进行决策之后，还应根据市场情况的变化而适时调整其决策。品牌价格决策也包括品牌最初价格水平的决策和品牌价格动态调整的决策。品牌价格决策既有其与品牌质量决策相衔接、相一致的一面，又有其不相衔接或不一致的一面。

品牌延伸——单一品牌决策是品牌决策的一项重要决策。品牌延伸决策就是单一品牌决策，又称同一品牌决策或统一品牌决策。它是指企业的多种产品使用同一品牌的决策。一种品牌成功后，又延伸到其他产品上，使用该成功产品品牌的同一品牌。单一品牌决策有三种类型：（1）产品线单一品牌决策；（2）跨产品线单一品牌决策，又称范围品牌决策；（3）完全的单一品牌决策，又称伞形品牌决策。

品牌分立——多品牌决策也是品牌决策中的一项重要决策。多品牌决策就是品牌分立决策，它的主要特点就是一种产品赋予其一个独立的品牌。美国宝洁公司（P&G）是实施多品牌战略的突出代表和成功典型。多品牌决策的优点是：有利于企业全面占领一个大市场，扩大市场的覆盖面；有利于细分市场的需要，推进品牌的个性化和差异化，满足不同消费者群体的不同需要；有利于获取品牌转换者的利益；有利于激发企业内部活力，提高企业效率；有利于提高企业抗风险的能力。多品牌决策也有其局限性：一是耗费资金多，花费时间长；二是增加了品牌管理的难度。

单一品牌决策和多品牌决策各有优缺点，也各有成功的范例或失败的例证，企业应根据自己的实际情况，灵活运用，选择适合于本企业的品牌决策，而不宜生搬硬套。

还有一种品牌决策，就是复合品牌决策。它是一种品牌组合决策。即对同一种产品赋予其两个或两个以上的品牌。复合品牌决策又可分为两种类型：（1）注释品牌决策。它是指一种产品有两个（或两个以上）品牌，其中一个是注释品牌，一个是主导品牌。主导品牌通常是产品品牌，注释品牌则是企业品牌。（2）合作品牌决策。它是指两个企业的品牌同时出现在一个产品中，它体现了企业间的相互合作。

品牌重新定位决策是指某一品牌在市场上最初定位后，随着时间推移和市场变化进行再定位。品牌重新定位是基于竞争者推出的品牌侵占了本企业品牌的一部分市场定位，以及某些消费者的偏好发生变化。品牌重新定位必须深入进行市场调查研究，寻找本企业品牌的发展空间，对本企业的品牌进行形象策划，以及品牌重新定位对本企业收益的影响等，使品牌重新定位尽可能准确，防止盲目决策。

关键概念

品牌化决策　品牌化　品牌使用者决策　制造商品牌　中间商品牌　品牌战　品牌质量决策　品牌价格决策　单一品牌决策　多品牌决策　复合品牌决策　品牌重新定位决策

思考题

8.1　为什么说品牌化是一种大趋势？

8.2　在一些市场经济发达国家，为什么中间商品牌能大行其道？

8.3　什么是品牌战？品牌战的发展趋势如何？

8.4　制造商在对品牌质量进行决策时，其质量水平的确定是否越高越好？为什么？

8.5　品牌延伸决策有几种类型？它们各有些什么好处？又有些什么局限性？

8.6　品牌分立决策有什么优点？有什么不足之处？

8.7　什么是品牌组合决策？它具体有哪几种情况？

8.8　品牌重新定位决策的原因是什么？怎样进行品牌重新定位决策？

练习题

8.1　无品牌商品主要是哪些商品？近年来无品牌商品的发展趋势有些什么变化？

8.2　品牌化对企业有什么好处？对消费者又有什么好处？

8.3　品牌使用者决策包括以下哪几种决策？

（1）制造商品牌决策；（2）中间商品牌决策；（3）消费者品牌决策；（4）制造商品牌与中间商品牌结合使用决策；（5）消费者品牌与制造商品牌结合使用决策。

8.4　在“品牌战”中，制造商与中间商各有什么优势？

8.5　品牌的质量决策是不是一劳永逸的？有无必要调整其决策？

8.6　品牌的价格决策包括哪些内容？

8.7　完全的单一品牌决策有什么特点？试举例说明之。

8.8　什么是多品牌决策？试以某种例证加以说明。

8.9　注释品牌决策属于什么样的品牌决策？它又有何种另外的说法？

8.10　品牌重新定位决策应考虑哪些问题？

自测题

8.1　品牌化决策与品牌化是不是一回事？请加以说明。

8.2　为什么说品牌化是一种大趋势？

8.3　为什么迄今为止，制造商品牌一直居于支配地位？今后有无可能发生变化？

8.4　在品牌质量决策时，制造商为什么要考虑品牌质量的市场定位？

8.5　何谓单一品牌决策？它有几种类型？

8.6　何谓多品牌决策？它有哪些优点和局限性？

8.7　何谓复合品牌决策？它有几种类型？

8.8　美国莫里斯烟草公司在推出酸奶、咖啡、啤酒等产品时，为什么不采用“万宝路”品牌？

8.9　英特尔公司是如何实施合作品牌决策的？

8.10　为什么要进行品牌重新定位决策？如何进行品牌重新定位决策？

案例分析

国产运动品牌发展战略——三大短板待补

中国运动品牌正在缓慢复苏，但同时阿迪达斯与耐克等国外品牌却已开始逆势增长。业内表示，本土运动品牌只有加快转型调整，迅速补齐与国际品牌的短板差距，才能在下一轮高增长期来临之前保证不掉队。

李宁、安踏、特步、匹克、361°、中国动向等国内六大体育品牌已经交出 2013 年“成绩单”。从营业额来看，2013 年国内体育品牌仍整体下滑，不过跌幅与 2012 年相比有所收窄，关店速度也较 2012 年有所放缓。

运动行业初现回暖

从运动品牌李宁发布的 2013 年年报来看，其 2013 年收入为 58. 24 亿元人民币，与上年同期相比下跌 12. 8%。至此，国内六大运动品牌无一例外地出现了营收下滑。其中安踏 2013 年营业额同比下降最少，为 4. 5%；361°则出现了 27. 6% 的大幅下滑。不过，经过积极转型调整，中国体育用品行业已传递出“回暖”迹象。如李宁公司去年权益持有人应占亏损为 3. 9 亿元，与 2012 年 19. 79 亿元的亏损额度相比，大幅收窄 80. 2%。安踏的净利和营收降幅也分别比去年缩小了 3. 2% 和 4. 5%。此外，从关店的情况来看，六大运动品牌共关闭了 3 077 家店，而 2012 年这一数字近 5 000 家。记者走访市场还发现，各大体育品牌的终端促销力度与去年同期相比也有明显缩减，目前新款折扣最高在 8 折左右，而去年许多新款的折扣力度可达到 7 折。

渠道转型推动复苏

北京关键之道体育咨询公司 CEO 张庆接受采访时表示，过去两年，李宁、安踏等从原来的批发模式转向零售模式，目前来看初步收到了成效。

“过去一年渠道复兴几近完成，直接零售约占总销售量的三分之一；渠道库存中新产品占比回升至 2011 年水平。”李宁公司相关人员介绍说，该公司已从传统的、缺乏与消费者直接沟通的批发经营模式，转向通过差异化的零售体验，建立快速时尚零售直销运营模式。“有指导性的订货+快速补货+快速反应”的产品调配模式，已改善了经销商的订单及储货安排，这也得到了超过 90% 以上的经销商参与支持。

安踏方面则表示，以“零售为导向的转型”将组织架构全面贴近消费者，开始重点提升终端店铺和零售商的竞争力。在渠道方面，则向零售商提供了更精准的订货指引，从而稳定其库存水平，同时鼓励零售商灵活补单，以降低库存风险。

国际品牌已回归增长轨道

经梳理发现，与国内品牌的缓慢复苏相比，此前同样遭遇下滑危机的耐克和阿迪达斯，则已经提前步入正轨。

阿迪达斯发布的 2013 年全年业绩情况显示，按汇率不变的情况计算，2013 年其在大中华区销量收入增长 7%。耐克公布的 2013 第三财季报告显示，其大中华区销售额也增长了 7%。从市场反应来看，阿迪达斯与耐克等国际品牌仍占据绝对优势。据重庆劲浪体育方面相关负责人透露，目前耐克、阿迪等国际品牌仍会占据 70% 左右的市场，品牌效应影响明显。

"国外品牌前几年在中国也遭遇销售放缓的难题，但由于调整较早，提前进入复苏阶段。"张庆表示，国际品牌过去在中国基本都是采取代理的销售模式，由于来自百货业态的压力，其销售一度有所放缓，但后来通过采取渠道下沉的策略，目前在抢占市场方面仍领先了一步。"与国际品牌相比，本土运动品牌除转型较晚之外，也与其自身缺少运动'DNA'相关。"他还表示，国内大部分品牌都是从代工、工厂做起来的，对运动本身的理解并不够，同时在供应链管理方面也有所欠缺，目前国际品牌的周转期多在40~50天，而本土品牌最长的在80~90天。

本土品牌如何赶超？互动、研发、差异化三翼齐飞

张庆表示，在2015—2020年期间，国内运动品牌行业还将迎来高增长期，但在此之前，都将处于调整转型状态，本土运动品牌只有借机转型，才能迎来真正的春天。他表示，现在本土品牌最需要的就是从粗放式变为精细化运营，加强市场反应，明确产品定位，加强对新一代80后、90后消费者消费习惯的洞察和把握。"例如，目前耐克在'数字互动营销'领域运用网站、网上社区、游戏活动等，加强与消费者的互动，值得借鉴。"

中国服装协会专家顾问团成员、服装品牌经营战略专家闵光亚则表示，本土运动品牌在原材料的把关上"同化现象"明显。要在这一轮洗牌中取胜，只有加强原材料研发，走差异化路线，打造自主产品的核心竞争力。这其中，加大在研发上的投入，提高研发团队职业素质、专业能力，以及紧跟世界潮流，避免信息滞后显得十分必要。

资料来源　孙琼英．国产运动品牌缓慢复苏 三大短板待补［N］．重庆商报，2014-03-28.

1. 国产运动品牌的渠道转型模式是什么？转型后的模式有哪些优势？
2. 国际运动品牌在复苏阶段采取的是哪种发展模式？
3. 本土运动品牌要想赶超国际运动品牌，应该采取哪几种品牌发展策略？
4. 国产运动品牌在缓慢复苏阶段的品牌发展战略与国际运动品牌的发展战略的区别是什么？

补充阅读材料@

1. 应轲，等．品牌战略决策研究——以加多宝、王老吉为例［J］．现代商贸工业，2014（9）：73-74.

2. 尤晨．消费者品牌决策排序问题研究［J］．商业时代，2013（34）：52-53.

3. 冯浩．产品知识对成分品牌联合的调节效应研究［J］．统计与决策，2014（8）：106-110.

4. 何利娟，等．品牌模仿类型对消费者决策的影响：基于认知需求与消费者知识的调节视角［J］．商业研究，2014（8）：119-128.

5. 张梦，等．负面事件对餐饮服务品牌关系影响［J］．旅游学刊，2014（4）：69-78.

6. 刘达成，等．基于理性行为理论视角的家具品牌购买决策模型构建［J］．市场周刊：理论研究，2014（3）：44-45.

7. 詹刘满，等．品牌化 VS 非品牌化——品牌敏感性理论研究评析［J］．现代管理科学，2014（3）：30-32.

8. 黎春燕，等．同质化商品的消费者品牌决策影响因素研究——基于手机购买的归纳性探索研究［J］．华东经济管理，2012（8）：102-106.

9. 费鸿萍，等．品牌决策过程中消费者自信的形成机制研究——基于理性行为理论［J］．经济与管理研究，2012（3）：112-121.

第 9 章

品牌竞争

学习目标

品牌战略与决策都集中通过品牌竞争体现出来。市场经济就某种意义上说就是竞争经济。有市场经济就有市场竞争。在当代，市场竞争又集中体现为品牌竞争。通过本章的学习，要从品牌战略与决策的高度，充分认识品牌竞争是市场经济和市场竞争的必然趋势，从而提高对品牌竞争自觉性的认识。

本章导读

与上述学习目标相适应，本章以 4 节内容分别论述市场竞争与品牌竞争、品牌竞争因素、品牌竞争内容、品牌竞争优势，以期对品牌竞争有比较系统的了解。

在学习过程中，要掌握品牌竞争的必然性及发展趋势，正确运用品牌竞争优势来推动企业发展和社会进步。

9.1 市场竞争与品牌竞争

9.1.1 市场经济实质上是竞争经济

市场经济是一个复杂而庞大的体系，但是它的基本元素只有两个：一是供求；二是价格。而竞争则是供求和价格的集中点。供求和价格的关系及其变化，供求矛盾、价格矛盾、供求与价格的矛盾等，集中通过竞争反映出来。

市场经济的规律也很多，大大小小可以列出几十条、上百条，诸如商品生产规律、商品交换规律、购买力形成与发展规律、生产技术规律、供给形成与发展规律、成本规律、交易费用规律、剩余价值规律、利润率规律、风险规律等，举不胜举。但是，市场经济最主要的规律也就是两个：一是价值规律；二是供求规律。而价值规律与供求规律的集中反映和体现，就是竞争规律。竞争规律代表和体现了价值规律和供求规律的基本要求和趋势。在市场经济中，竞争无时不在，无处不在。竞争也成为市场经济发展的动力，推动市场经济由一个阶段向一个新的更高的阶段发展。因此，市场经济实质上是竞争经济。

当然，不可否认，市场经济和市场竞争也不是十全十美的，而是有缺陷和不足之处的。例如，竞争会对某些方面（尤其是弱者）带来伤害；市场也有失灵、失控、无序的一面，等等。但是，应该看到，市场经济和市场竞争从总的方面来说，从主流上看，它是有利于经济发展和社会进步的。尤其是市场竞争能激励市场主体的活力，发挥人们的主动性、创造性、积极性，推动技术进步，促进生产力发展，降低成本费用，改善经营管理等方面的巨大作用，充分显示了它的优越性和生命力。至于它本身存在的某些不足和缺陷，人们正在通过其他途径，如加强政府宏观调控，建立与规范市场经济运行和市场竞争活动的各种环境如法制环境、制度环境和其他必要的环境，以解决或纠正市场经济和市场竞争本身的不足或缺陷问题，使市场经济和市场竞争能更健康地得到发展。为此，人们正在努力改进，并且已经开始取得一些成效。

【小思考9-1】

为什么市场经济必然出现市场竞争，怎样理解市场经济实质上是竞争经济？

(1) 人们好斗的天性导致竞争；

(2) 沿袭已久的竞争历史习惯；

(3) 市场经济内在规律的必然要求。

【答案】(3)。

9.1.2 市场竞争的类型

市场竞争是竞争主体相互之间为了争夺市场发展空间，争夺市场优势，获取市场利益而进行的较量与角逐。

市场竞争可以按不同标志进行分类，从而形成不同的市场竞争类型。

(1) 按市场参与主体来分，有买者之间的竞争、卖者之间的竞争、买者与卖者之间的竞争。

(2) 按市场竞争内容来分，有价格竞争与非价格竞争。其中，非价格竞争的内容又可以再细分为产品竞争、服务竞争、质量竞争、技术竞争、人才竞争等。

(3) 按市场竞争的品牌化及其程度来分，有非品牌（无品牌）之间的竞争、品牌与非品牌之间的竞争、品牌与品牌之间的竞争、名牌与非名牌（杂牌）之间的竞争、名牌与名牌之间的竞争等。

(4) 按市场竞争的发展阶段来分，有自由竞争和垄断竞争。自由竞争的结果造成垄断，而垄断并不消除竞争，而是在更高层次、更大规模上进行竞争。

(5) 按市场竞争的规范与否来分，有规范竞争和不规范竞争。规范竞争是在法制比较健全、竞争规则比较完善、竞争秩序比较良好基础上的竞争，它是市场经济比较发达的情况下的竞争形式，规范竞争也是一种有序竞争、公平竞争、正当竞争。不规范竞争则是市场经济不发达阶段常见的竞争形式，表现为无序竞争、不公平竞争、不正当竞争。它是市场经济法制不完善、市场竞争秩序不好的情况下的一种竞争。

(6) 按市场竞争的结局来分，有淘汰式竞争、协同式竞争、双赢式竞争。淘汰式竞争是一个竞争对手消灭另一个竞争对手的竞争，协同式竞争是一种合作性竞争，既竞争又合作，双赢式竞争是在竞争中双方都能取得进步和发展。

(7) 按市场竞争的领域来分，有部门内部的竞争和部门之间的竞争。前者是同一部门内部生产类似产品的企业相互之间的竞争，后者是不同部门之间生产不同类型产品的企业的竞争。部门内部竞争与部门之间的竞争同时存在。

(8) 按市场竞争的空间范围来分，有国内市场竞争和国际市场竞争。国内市场竞争又按其范围大小可分为本地市场竞争、地区间市场竞争、全国性市场竞争。国际市场竞争也可按其范围大小再分为个别国家之间的竞争、多国之间的竞争、国家集团之间的竞争、全球范围的竞争等。

市场竞争还可以按其他一些标志进行不同的分类，每一种分类都有其特殊的情况和用途，在不同的场合分别采用。有时候各种不同的分类还可以交叉或结合使用，以便从不同的角度对市场竞争进行多维分析。

9.1.3 品牌竞争是当代市场竞争的焦点

市场经济经过多年的发展，市场竞争日益激烈，全方位、多层次的市场竞争在各个领域持续进行，引发了品牌竞争。**品牌竞争**是指不同的品牌在市场上进行较量的竞争。在当代市场竞争中，品牌竞争日益突出、日益重要，已经成为市场竞争的焦点。当代市场竞争集中体现为品牌竞争。这是因为：

1. 市场经济的向前推进使品牌化趋势日益发展并形成主流

尽管在某些经济领域仍然存在无品牌现象，甚至在个别领域还存在着由品牌化向非品牌转化的现象，但就总的情况来说，在多数经济领域，品牌化趋势已日益普遍、日益扩大，已成为不可阻挡的潮流。随着市场经济的发展，不仅在工业消费品领域的品牌化趋势日益加强，使这块品牌化的主要阵地更加品牌化，而且在原来不讲究品牌或无品牌的许多领域，也越来越普遍地出现了品牌化趋势，例如，某些农副产品及其加工品、某些生产资料或投资品、建筑产品、房地产及物业管理、商业与市场、服务行业、旅游行业以及其他许多领域，都出现了品牌化趋势，都打出了自己的品牌。不仅有产品品牌、服务品牌，而且有企业品牌、公司品牌。不仅传统产业的品牌化趋势在继续发展，而且新兴产业尤其是高新技术产业的品牌化趋势也十分明显，例如电脑（包括硬件、软件）、内部网、互联网、现代通信（如移动通信）及其他高科技领域，都涌现出了一大批新品牌，有的则是一些原有的老品牌向新技术领域延伸。

2. 各种竞争内容和形式日益集中体现在品牌竞争上

产品竞争已经不再直接以产品与产品之间的竞争来表现，而是以产品的品牌之间的竞争体现出来。价格竞争、服务竞争等也通过品牌之间的竞争体现出来。例如国内家电产品的竞争，已不是家电产品本身的竞争，彩电产品是通过长虹、康佳、海信、TCL、创维、厦华等彩电品牌进行竞争；空调产品是通过海尔、格力、春兰、美的等空调品牌进行竞争；其他如洗衣机、冰箱、电话机及各种产品，也都是通过各类产品的品牌之间的竞争来进行的。国际上一些世界大名牌的竞争更加激烈，如可口可乐与百事可乐的竞争，麦当劳与肯德基的竞争，波音与空客的竞争等，都是通过品牌竞争集中体现了产品、价格、服务、资本营运以及其他方面的竞争。因此，品牌竞争成为当代市场竞争的焦点。

3. 品牌竞争反映了企业之间、地区之间、国家之间经济实力的竞争

经济实力是市场竞争取胜的后盾。企业有了强势品牌、市场领先品牌、有生命力

的品牌，企业就能生存发展壮大，由小变大，由弱变强。一个城市、一个地区有那么几个强劲的大名牌，就能带动该城市、该地区的经济发展，提高其整体经济实力。美国、日本、德国和其他一些发达国家，都有一大批在世界上叫得响的大名牌，成为支撑它们经济发展的支柱，也是它们经济实力强大的象征。中国和其他一些发展中国家总的经济实力较发达国家落后的原因，可以从许多方面进行分析，而缺乏世界级的一大批大名牌，也是一个重要的原因。海尔、格力、美的等名牌企业向世界进军，立志创世界名牌，从某种意义上说，也体现了中国提高总体经济实力的一种精神和力量。当中国大名牌进入国际市场与国际上的大名牌能旗鼓相当地进行品牌竞争的时候，中国的经济发展就会进入一个发展的新台阶。

4. 品牌竞争体现了市场竞争的新趋势

当代市场竞争的新趋势，一是高新技术的竞争、管理的竞争、人才的竞争日益突出，谁拥有高新技术、现代化的先进管理、高素质的优秀人才，谁就能开发出新技术产品，占领市场制高点，掌握市场主动权，在市场竞争中就能处于优势地位。而高新技术、管理、人才等的竞争，又集中体现在品牌竞争上，尤其是信息时代、知识时代新涌现出的品牌更有强大的优势，在市场竞争中能斩关夺隘走向胜利。新兴高技术产业的新名牌层出不穷、不断更新，反映了品牌竞争的新趋势。二是随着各国经济联系的日益紧密，经济全球化的趋势日益发展，以大的跨国公司为代表的大名牌、全球名牌越来越受到人们的重视。跨国兼并和收购、大名牌的强强联合形成更大实力的名牌，反映了经济全球化时代品牌竞争的新特点、新趋势。在当代，不仅发达国家以拥有众多世界名牌为荣，不断扩展壮大世界名牌，而且许多发展中国家和地区也纷纷提出创世界名牌的目标，以期跟上时代的步伐，赶上先进国家，缩小与发达国家的差距。因此，品牌竞争不仅将在一国国内市场竞争中大显身手，而且在国与国之间的国际竞争中越来越重要。品牌竞争不会随着知识经济时代的到来而消失，它改变的只是竞争的具体内容和方式，而不会改变品牌竞争的本质，当然会出现新的竞争内容和方式，具有新的竞争特点，例如在互联网上已出现了很多网络新名牌，它们的运作方式和规律就与传统品牌存着一些不同的新特点。名牌与名牌的联合和重组，收购和兼并，涌现出超级大名牌已成为当今世界市场竞争的奇特景观。波音与麦道的合并、奔驰与克莱斯勒的联合、美国在线与华纳公司的合并等，都反映了这一趋势。中国国内强势品牌兼并弱势品牌的事例已司空见惯，强势品牌之间的联合与合作也很多。在世界进入品牌竞争新时代的今天，中国的品牌竞争也随着市场经济的发展而更上一层楼。

【实例 9-1】

无法停歇的品牌竞争

背靠着阿里、腾讯两大金主，快的、嘀嘀两大打车软件“烧钱”还在继续。业内人士分析，双方都是“不差钱”的主，“烧钱”还将持续，因为哪一方先停止补贴，就意味着前面投入的钱全部打了水漂，而这也不是单纯的两个打车软件在竞争，其实是两个互联网巨头在竞争。据了解，目前打车软件并没有有效的盈利模式。

资料来源　佚名．打车软件“补贴”谁先停谁亏［J］．中国品牌，2014（3）．

9.2 品牌竞争因素

美国哈佛商学院教授迈克尔·波特认为，决定竞争强度的结构因素即竞争作用力有五种：进入威胁、替代威胁、买方竞价能力、供方竞价能力、现有竞争对手的竞争。这一分析对于研究品牌竞争因素也有很好的借鉴意义。

9.2.1 竞争对手状况

竞争对手状况是指现有竞争对手间争夺的激烈程度。现有竞争对手主要是指那些生产或经营同类同种商品或服务的企业，但这些企业生产或经营的同类同种产品却具有不同的品牌。例如，同是生产小汽车，不同的企业有不同的品牌，如红旗、比亚迪、别克、丰田、日产、福特等；同样是啤酒产品，有燕京、青岛、朝日等不同品牌。在现有竞争对手之间，常以人们熟悉的方式争夺市场地位，主要竞争战术和方式通常是价格竞争、广告战、产品引进、增加顾客服务及保修业务等。发生这种争夺，有的是因为一个或几个竞争者感到有压力，有的是因为它们看到了改善自身处境的机会。在大多数产业的品牌竞争中，一个企业的竞争行为对其竞争对手会产生显著影响，因而可能引起竞争对手们对该行动进行报复或设法采取一些应付措施。品牌竞争对相关企业都有十分重要的利害关系，它可能使一部分企业得利，另一部分企业受损，也有可能使整个产业的整体情况得到改善，但也可能使产业中所有的企业都受到损害。价格竞争是普遍采用的典型形式。它极不稳定，很可能使整个产业受损，整个产业利润率下降，产业内所有公司的收入都减少，除非该产业的需求对价格的弹性足够大。中国家电品牌的价格战、服装品牌的价格战，都有这种情况。与价格战相反，广告战则有可能提高品牌认知度和扩大需求，从而使产业中所有公司受益。

现有竞争对手之间竞争的激烈程度取决于多种因素：

（1）竞争对手的数量多少和实力对比。如果竞争对手众多，各竞争对手企业往往各行其是，竞争处于松散无序状态。当某个产业中从业的公司数量很少且各公司势均力敌时，竞争的激烈程度就很高，这些公司相互之间为争夺资源和市场将长期持续地进行争斗，甚至有可能出现恶性竞争势态。当一个产业高度集中化或由一个或几个公司居主导地位时，则可能建立起较好的竞争秩序，例如通过价格领导等手段，在产业中建立秩序，并起协调作用等。

（2）产业增长速度的快慢。增长速度缓慢的产业，其竞争对手之间的竞争可能会更激烈一些。在这种产业中，竞争的内容主要是争夺市场份额，尤其是那些寻求扩张的公司更是会频频发动攻势进行抢占市场份额的竞争。而在市场增长快的产业中，由于发展空间大，产业快速增长，企业只要保持与产业同步增长就可能收益，因而竞争对手间为争夺市场份额的竞争要相对缓和得多。

（3）价格与服务水平。在产品与服务属于日常消费的产业中，消费者的选择在很大程度上要看价格与服务，因而该产业的企业将会有价格与服务的激烈竞争带来的压力，价格竞争与服务竞争将异常活跃。相反，由于消费者对特定的品牌有偏好并具有很高的忠诚度，因此品牌忠诚又在这种竞争中对该品牌提供一种特殊的保护。

(4) 产业规模与供求平衡关系。当产业规模扩张与市场需求一致时，竞争是相对平和的；当产业规模迅速扩张，生产能力大幅度增加，但需求并未相应扩张，造成严重生产过剩时，产业的风险增加，产品价格下跌，产业内的企业之间的竞争就会空前激烈。

(5) 战略利益的考虑。如果在某一产业取得成功对企业具有很高的战略利益，那么该产业中企业之间的竞争就会更加变化多端。有的企业为了市场扩张不惜牺牲其利润的潜在意向，对其他企业的品牌发展就会带来严重威胁。某些发达国家的跨国公司到发展中国家以牺牲暂时利润为代价，通过低价扩展市场，甚至控制该国市场，从而抑制甚至扼杀该国同类产品品牌的发展。

(6) 退出壁垒的大小。如果一个产业退出壁垒小，可以减弱竞争程度；如果产业的退出壁垒大，则该产业内部企业之间的竞争也会更加激烈。这是因为，退出壁垒高，企业不易退出该产业，使该产业生产能力过剩，无法释放到产业之外的产品中去，必然使产业内竞争加剧。退出壁垒主要有：资产的专用性强，转移成本高；退出的固定成本高；内部战略联系紧密，企业生产与经营的业务网络关系密切，使该企业认为在该产业中具有战略重要性而不愿退出。此外，感情因素以及政府和社会约束等因素都会增加退出壁垒，从而加剧产业内部的企业之间的竞争。

9.2.2　进入威胁程度

进入威胁程度意味着潜在竞争对手出现的可能性大小及其影响。进入威胁或入侵威胁，通常是指一个产业加入了新对手，这些新对手往往引进新的业务能力，具有夺取市场份额的欲望，也常常带来可观的资源。他们是进入产业中的新的竞争者、“入侵者”。新竞争者进入，其结果可能使产业中的价格被压低或导致守成者的成本上升，利润率下降。造成进入威胁的潜在竞争对手并非只是新建企业，还可能是有一些企业从其他市场通过兼并扩张进入某产业，他们通常用自己的资源对该产业造成冲击。

一个产业进入威胁的大小，取决于进入壁垒的高低，以及准备进入者可能遇到的现有守成者的反击情况。如果进入壁垒高筑，或者新进入者遇到严阵以待的守成者的坚决报复，则这种进入威胁就会较小。

潜在竞争对手要进入一个产业，也会遇到种种障碍。阻碍其进入的主要壁垒源是：

(1) 规模经济。大规模的经济性表现为在一定时期内产品的单位成本随总产量的增加而降低。规模经济的存在阻碍了对产业的侵入。因为进入者一开始就要巨额投资进行大规模生产，并承担遭受原有企业抵制的风险。如果进入者以较小投资进行小规模生产，又必然会因产品成本居高不下而处于劣势。这两种情况都是进入者所不情愿的。规模经济几乎可以表现在一个企业经营的每一个职能环节中，包括采购、制造、研究与开发、市场营销、售后服务网、销售能力的利用及分销等方面。当产业内现有企业潜在的可共享规模经济得到充分利用，以及存在整合成本优势，尤其是品牌和专有知识等无形资产优势时，对新竞争者的进入壁垒就会很高甚至很难进入。

（2）产品差异化形成的品牌忠诚。产品差异化意味着现有的企业由于过去的广告、顾客服务、产品特色或由于第一个进入该产业而获得品牌商标信誉及顾客忠诚度上的优势。产品差异化形成的对现有品牌的顾客忠诚，对新“侵入者”造成了进入壁垒，它迫使“入侵者”耗费大量资金以消除原有的顾客忠诚。在这种情况下，“入侵者”期望建立一个品牌的投资就有很大的特殊风险，因为如果进入失败，就会血本无归。

（3）资本需求。竞争需要的大量投资，也构成了一种进入壁垒。不仅生产设施，而且顾客信用、库存及启动费用造成的亏损等都需要资本，特别是高风险或不可回收的前期广告、研究与开发等。进入的高风险形成的壁垒，构成了产业中现有企业的优势。

（4）转换成本。转换成本会造成一种进入壁垒，即买方由原供应商处采购产品转换到另一供应商那里时，所需支付的一次性成本。转换成本可以包括员工重新培训成本、新的辅助设备成本、检测考核新资源所需的时间及成本，由于依赖供应方工程支持而产生的对技术帮助的需要、产品重新设计，甚至包括中断老关系需付出的心理代价。如果这些转换成本很高，则新进入者为使买方接受这种转换，必须在成本或经营方面作出重大改进。

（5）获得分销渠道。新的进入者需要有足够的渠道以确保其产品的分销，这也构成进入壁垒。一般来说，产品的理想分销渠道已为原有的企业所掌握，新进入者要想利用这些渠道往往要付出更大的代价，例如通过压价、协同分担广告费用等方法以促使分销渠道接受其产品，这就会降低其利润。而且，一种产品的批发或零售渠道越少，现有企业对它们的控制就越多，新竞争者企图进入该产业就越艰难。有时这种进入壁垒高得几乎难以逾越，以至新的企业必须建立全新的渠道。

（6）原有企业与规模无关的成本优势。这也会形成新竞争者的进入壁垒。原有企业具有潜在进入者无法比拟的成本优势，诸如：专有的产品技术，原材料来源优势，地点优势，政府补贴，学习或经验曲线（在某些产业中，成本随经验增长而下降）等，这些都使原有企业的成本降低而形成优势。

（7）政府政策。政府政策也会形成进入壁垒。政府能够限制甚至封锁对某些产品的进入。例如，通过许可证的要求和限制获取原材料的方法加以限制。政府对进入的约束也可通过控制诸如空气和水的污染标准、产品安全性和效能的条例而巧妙地表现出来。例如，对控制污染的要求可能会使进入产业所需资金增加，并可能导致对所使用的技术的成熟程度甚至设计的最佳规模的要求有所提高。在品牌竞争中，竞争对手必须充分考虑这些因素进行慎重的决策。

【实例9-2】

小虫米子：我追求的是粉丝复购率

我们现在看到的几家淘品牌，都经受了残酷的市场考验才存活下来，每一家都有着自己的风格特点。韩都的韩国风，裂帛的民族风，茵曼的小清新，而小虫专注的是欧美风。

在这几家淘品牌女装纷纷走向天猫时，小虫选择了坚守淘宝C店市场。几年的沉淀后，小虫的欧美风终于在2013年“双12”席卷了整个淘宝，成为C店第一、阿里全网第六的女装品牌，晋级一线淘品牌女装。欧美风也分很多种，例如天使之城的可爱公主系，小虫米子属于知性成熟系。早期电商消费群体年轻人居多，与小虫的欧美知性风格不太相符。这两年越来越多的消费者从线下转向线上，网购年龄结构不断提升，80后到了走成熟路线的时候，加上美剧、英剧在国内走热，喜欢欧美成熟知性风格的消费者越来越多，坚守自己定位的小虫终于等到了大爆发的市场时机，独特的欧美风格设计与划算的价格鹤立鸡群，吸引了一大批拥趸。

市场机遇对每个做欧美风的淘品牌都是公平的，那为什么脱颖而出的是小虫？小虫非常重视与消费者的沟通，日常会通过微博、微淘、微信、QQ群等多种方式，积极参与到用户的讨论中。这种沟通不讲求粉丝量的多少，而是追求粉丝复购率的高低，讲究的是深度沟通。在沟通中小虫发现，淘宝上有很多销售欧美服饰的C店，往往都是从国内的工厂直接拿外贸单来卖。欧美人体型高大，身体比例特征与亚洲人有差异，所以很多欧美服装看起来好看，国人穿起来就感觉怪怪的。因此，他们结合国内消费者的意见和建议，设计了符合东方女性的欧美范儿服装。很多小虫消费者在离开小虫后吃了亏就又回来了，时间久了，就赢得了一大票的铁杆粉丝。

据说，小虫的复购率高得惊人，大约有40%，以至于并购小虫的骆驼总经理万金刚看到小虫的运营数据时颇感惊讶，本来只是为了全面进军淘宝女装市场借机进行的并购，没想到并购对象的底子出奇地好。传统零售业有一铁律：客流终究会被分流的，因为你不可能阻止对手在你旁边开店，因此门店一定要追求客单价。电商何尝不是如此？顾客跳转品牌的成本比线下还低。因此，顾客的忠诚度和复购率将是下一个争夺焦点。

资料来源　阿汤哥. 小虫米子：我追求的是粉丝复购率［J］. 销售与市场：渠道版，2014（1）.

9.2.3　替代产品压力

替代产品一般是指采用其他材料制成的具有与原有产品同样的功能因而可以取而代之的新产品。例如，某些金属制品代替木制品，某些塑料制品代替金属制品等。

广义地说，一个产业的所有企业都与生产替代产品的产业进行竞争。替代产品给产业中的企业设置了获利的定价上限，从而限制了一个产业的潜在收益。替代产品在价格-性能比方面提供的选择机会越有吸引力，产业利润的“上限”就压得越紧。

替代产品不仅限制着平时情况下的利润，而且在繁荣时期也使可能获得的厚利减少。原有产品虽然有高的需求，但替代品的出现却限制了原有产品的发展空间，使其提价能力受到限制，利润率的提高也受到限制。替代产品对原有产品的这种影响，即为**替代产品压力**。

如何识别替代产品？就是要去寻找那些能够实现本产业产品同种功能的其他产品。为此，有必要去分析相关业务甚至与该产业看来相去甚远的业务。要顶住替代产品的压力和攻势，往往需要整个产业的集体行动。例如，全产业大做广告以改善产业的整体处境；该产业的企业都重视改良产品质量、努力做好营销工作，提供更大的产品供货能力等，也能抵制替代产品的迅速进入。有两种替代产品应当引起极大重视：一是具有改善产品价格-性能比从而排挤原产业产品的趋势的替代产品；二是由盈利很高的产业生产的替代产品。在第二种情况下，如果该产业的某些发展变化加剧了那里的竞争，从而引起产品价格下跌或其性能改善，会使替代产品立即脱颖而出。分析这类情况，对于决定是否就替代产品进行战略抵制，或者是将替代产品作为战略计划中的一个必定包括的关键力量，是十分重要的。

替代产品对原有产品形成巨大的压力，二者在竞争中将呈现三种局面：

（1）替代产品与原有产品将长期共存，各自发挥自己的作用。例如，化纤纺织品虽然部分地替代了棉纺织品，但棉纺织品仍然继续存在并有其良好的发展空间。在可以预见的将来，棉纺织品不仅不会被淘汰，而且会有一定的发展。

（2）替代产品受到抵制得不到发展，原有产品仍占据主导地位。例如，钢制家具受到抵制，木制家具仍然是家具的主流。

（3）替代产品具有强劲发展势头，将逐步取代原有产品。例如，塑料脚盆取代木制脚盆、电脑打字和激光照排取代铅字排版等。有的是原材料来源发生变化，有的是技术进步带来变化。对于这样的替代产品，则不应盲目去进行抵制，而应顺应潮流，发展替代产品以取代原来落后行将淘汰的产品。

9.2.4 买方竞价实力

买方即购买者，它包括买方企业，制造商、批发商、零售商都可以是买方，而不仅仅是指最终消费者。买方的产业竞争手段是压低价格，要求较高的产品质量，或索取更多的服务项目，并且从竞争者彼此对立的状态中获利，这些都是以产业利润作为代价的。买方竞争能力的强弱取决于众多市场情况的特性，也取决于这种购买对买主整个业务的相对重要性。

出现下列情况，就意味着买方竞价实力是强有力的：

（1）相对于卖方的销售量而言，购买是大批量和集中的。如果销售额的很大一部分由某个特定买方购买，就将提高买方业务的重要性。

（2）买方从产业中购买的产品占其成本或购买数额的相当大一部分。这时，买方总是不惜为获得优惠价格耗费精力并且有选择地购买。而当产业售出的产品只占购买者成本的很小一部分时，购买者对价格的敏感程度则要小得多。

（3）从产业企业中购买标准的或无差异性产品。买方显然总是可以找到可供选择的供应商，在讨价还价中，购买者占据主动地位。

（4）买方转换成本低。如果卖方有转换成本，则会加强买方力量。

（5）买方赢利低。低利润促使其极力压低购买成本，使产业企业也承受压力。

（6）买方采取后向整合的现实威胁。这样，买方就在讨价还价中处于迫使对方让步的有利地位。

（7）产品对买方产品的质量及服务无重大影响。这时买方对价格就比较敏感。如果买主的产品质量受卖方产业产品影响极大，则买主通常对价格不大计较。

（8）购买者掌握充分的信息。这样，买方就掌握更多的讨价还价的筹码，使买方处于有利的位置。在品牌竞争中，企业必须认真研究买方竞价能力，以便从战略上确定企业可供选择的客户群，从而削弱或减少来自购买者的压力。

9.2.5　供方竞价实力

生产企业的压力还可能来自供应商通过提价或降低所购产品的质量和服务所形成的威胁。供应商施加的压力可以迫使一个企业因无法使价格跟上成本的增长而失去利润。

供方实力的强弱是与买方实力相互消长的。具备下述特点的供应商将更强有力：

（1）供方产业由几个企业支配，且其集中化程度高于买方产业。这样，供应商在向较为零散的买主销售产品时，往往能在价格、质量及交货期上施加相当的影响。

（2）供方在向某产业销售中，不必与替代产品竞争，因为这种竞争会削弱供方竞价实力。

（3）该产业并非供方的主要客户。这时，供方往往会显示其实力。

（4）供方产品是买方业务的主要投入品。由于这种投入品对买方的生产工艺或产品质量的成功至关重要，从而使供方实力大增。

（5）供方的产品差异化或已建立起转换成本。这样，买方就失去了利用供方矛盾的可能性。

（6）供方表现出前向整合的现实威胁。

应该指出的是，供方不仅是一些其他公司，而且劳动力也应视作供方。他们也对许多产业施加巨大压力。短缺的、高技能员工，以及紧密团结起来的员工，可以通过讨价还价从而削减相当一部分产业利润潜力。

在品牌竞争中，企业要寻找供应厂商，排除或克服供方竞价实力的影响。例如通过分散购买、避免转移成本、促进标准化、分级联合等措施，以降低购买中的长期成本，提高企业的竞争实力。

【小思考9-2】

进入威胁的大小取决于下列哪几种因素：

（1）现有竞争对手的竞争激烈程度；（2）替代产品压力；（3）进入壁垒的高低；（4）现有守成者的反击程度；（5）产业增长快慢；（6）高固定成本。

【答案】（3）（4）。

9.3　品牌竞争内容

9.3.1　品牌价格竞争

品牌竞争的内容很多，但归纳起来，大体上就是价格竞争和非价格竞争两大类。此外，还有二者相结合的品牌综合竞争。

品牌价格竞争是指品牌及其所代表的产品或服务在价格水平与定价策略方面的竞争。品牌价格竞争一般是在同品种、同质量（或相近质量）的产品与服务的不同品牌之间的价格竞争。

1. 品牌价格水平竞争

品牌价格水平的竞争包括高价竞争和低价竞争。

高价竞争也称为涨价竞争，这一般是在卖方市场条件下商品供不应求时出现的情况。随着市场经济的发展并出现买方市场格局的情况下，高价竞争已不具有普遍性，也很少被人们所采用。

低价竞争也叫降价竞争。在买方市场的条件下，这种价格竞争内容和方式具有代表性和普遍性，是品牌价格水平竞争的主要形式。

降价竞争的基本手段是在保持质量稳定的前提下降低成本，实行成本领先（即成本更低）的战略。一个企业的成本低于同行业同种产品的平均成本，它就有较大的降价空间而保持赢利，而企业成本高于同行业平均成本，则降价就会出现亏损。因此，降价竞争实质上是降低成本的竞争。企业降低成本的根本途径是加强管理。加强管理以降低成本的具体内容主要有：（1）采用先进技术，提高劳动生产率以降低单位产品成本。（2）提高劳动者素质有利于降低成本。（3）严格各项管理制度，降低能耗、物耗、劳耗以降低成本。（4）扩大规模，降低单位产品成本。（5）实施成本控制计划，制定降低成本目标，采取多种措施降低成本。在成本降低的基础上，实行降价竞争才有获胜的可能。

降价竞争是一柄双刃剑。在正常情况下，合理的、适度的降价竞争，有利于鼓励先进，淘汰落后，促进企业加强管理，降低成本费用，采用先进技术，提高劳动者素质和技术水平等，并给消费者带来长期的实惠，同时，降低后的价格水平仍然高于平均成本水平，使行业的先进企业也都有利可图。但是，降价竞争如果运用不当，出现过度降价、恶性降价竞争则会带来不良的后果。过度降价或恶性降价的一个基本特点是不顾成本，使行业内的价格水平低于平均成本，行业内大多数企业都无利可图，甚至严重亏损，这无异于饮鸩止渴的自杀政策。其附带的恶果可能是引发质量降低，以假充真，最终对消费者不利，也毁了这个行业的前程，参与竞争的企业可能两败俱伤，全体受损。

2. 品牌定价策略竞争

在品牌价格竞争中，定价策略的竞争也很重要。市场行情是经常变化的，品牌的定价策略也应根据市场变化而灵活掌握，应既有利于开拓市场，也有利于企业经济效益的提高。根据品牌价格竞争的不同情况，具体定价策略可以灵活多样，变通处理。

（1）成本加成定价。它是指在产品的成本之上加上一定幅度的毛利来确定产品售价。加成率在国家规定的范围内由企业自行确定。

（2）目标利润定价。它是指企业预期在一定销售目标下对投入的总成本能获取一定报酬率的定价方法。这种定价策略的优点是能激励企业为实现销售目标而努力，其缺陷在于目标利润的确定很难与市场发展趋势相一致，不易实现。

（3）市场需求导向定价。它是以消费者的理解力及需求强度作为定价的基础，而不是以成本为定价基础。品牌在消费者心目中的形象和价格定位是其关键因素。在消费者心目中处于高贵、豪华形象的品牌应定高价，如果价格定低了反而会失去顾客；反之，大众化品牌则切忌定价太高。

（4）竞争取向定价。它是指品牌的定价参照竞争对手的价格水平而相应变动。只要竞争对手价格变动（主要是降价），本企业即使成本和市场需求没有变化也必须随之进行调价，否则就会失去市场。

（5）折扣定价。它是指以现有价格水平按一定比例或数额降低价格档次的一种定价。折扣定价包括现金折扣价（一次性付款的大额商品或服务，如住房、汽车、组团旅游等往往实行现金折扣）、批量折扣价（购买数量达到一定批量标准后的折扣）、季节性折扣、功能性折扣等。

（6）短期促销定价。它是指企业在某些特定的时期较大程度地降低商品售价，待时期一过又恢复原售价的方法。这种方法一般在新店开张和节假日以及重大庆典期间采用。

（7）心理因素定价。它是利用消费者的心理和习惯来确定价格的一种方法，主要有尾数定价法、整数定价法、谐音定价法。

（8）公开透明定价。向顾客公开价格制定依据和办法以取得顾客信任。通常在价格标签上标明进价、销价、毛利。中国零售行业20世纪80年代末90年代初风行一时的“十点利”、“八点利”（即10%或8%的毛利）定价法即属此列。

（9）差别性定价。它是指对不同对象、不同时间实施不同价格待遇的定价方法。例如教师节期间对教师购物打折，寒暑假对学生返家车船票打折，长途电话夜间打折，电力公司的电费分时段差价制等。

（10）不同运距差价法。它是指根据运输距离的远近和货物的性质实行不同的差价定价。

（11）新产品定价。新产品定价的情况特殊，方法也很多，主要有两种定价策略：一是速取策略，即利用消费者求新心理，将新产品价格定得很高，满足“新潮派”顾客的需求；二是渗透策略，即薄利多销策略。它是利用消费者求廉心理，将新产品定价较低（微利甚至保本即可），以最快速度将新产品渗透到市场的每个角落，争取市场领先地位。

（12）其他。此外，还有溢价销售策略、让利定价策略、领先定价策略、跟随定价策略、甩卖定价策略、产品组合定价策略等等，应根据不同的具体情况灵活运用。

9.3.2 品牌非价格竞争

品牌非价格竞争是除了价格竞争以外的一切竞争，诸如品牌的产品质量竞争、产品功能竞争、品种规格竞争、服务竞争、品牌形象竞争等。这一切非价格竞争可以归结为产品差异化竞争。产品差别化竞争作为非价格竞争手段，是与品牌价格竞争手段相对应的另一种竞争手段。在非价格竞争中，产品质量、原材料、设计、样式、功能、包装、容器、结账条件、销售网络、服务项目、销售促进、广告宣传、形象策划等，从有关产品的形成和实体的所有要素，到该企业为品牌提供的所有有形服务和无形服务，以及各种传媒、公关活动，都作为竞争手段而发生作用。随着市场经济的发展和竞争的日趋激烈，品牌的非价格竞争愈益成为比价格竞争更重要的竞争方式。

品牌的非价格竞争主要包括如下内容：

（1）品牌的质量竞争。在价格相同或相近的情况下，往往以质取胜。质量包括产品内在质量、外在质量、包装质量以及品牌在消费者心目中应有的质量。改进质量又涉及机器设备和工艺技术的改造和更新，涉及原材料的优选、把关和改进，涉及新技术的研究开发与采用，涉及质量管理与监督的全过程。

（2）品牌的功能竞争。功能从广义来说也是一种质量。但功能主要是适应时代性需要和消费者需求目标的一种设计和配备。功能应有针对性并定位准确。有的需要多种功能，有的则只需要单一功能。有的功能重在创新和时尚，如信息化、数字化、环保化（风行绿色产品）、方便化、高智能化、操作简易化等；有的功能则重在传统和怀旧，如古玩、收藏品、某些装饰品等。功能设计与开发要有针对性，根据不同的消费群体的特殊需要，设计与开发出具有不同特色功能的产品和服务。

（3）品牌的品种竞争。品种、规格、款式、花色等，广义地说也应属于质量的内容，但它又有不同的要求。消费者的需求是多样化的、多层次的，也是多变的，因此品种、规格、款式、花色应丰富多彩，以适应不同消费群体的不同需求。

（4）品牌的服务竞争。售后服务是消费者最关心的，如家电（空调等）上门安装、维修、调试等。海尔的星级服务主要是售后服务。服务不仅是指售后服务，而且包括售前服务和售中服务。在品牌竞争中，企业纷纷打起“服务牌”，提供全过程、全方位服务，在服务中树立品牌形象和品牌忠诚。

（5）品牌的形象竞争。品牌形象是一个综合性的意念，是消费者对某一品牌的总体看法和评价，它应该是品牌的质量、品种、功能、服务等的综合体现。但是品牌形象的塑造则需要宣传和介绍，把品牌的内在优点推荐给广大消费者，因此品牌形象的具体运作是通过广告、公关、CI设计以及其他形式予以推介，使品牌在消费者心目中树立起良好的形象和信誉。但是，品牌形象的塑造一定要符合品牌本身的内在品质和具体实际，否则就会适得其反。

9.3.3 品牌的综合竞争

在现实的市场竞争中，品牌竞争总是各种要素的全面竞争或综合竞争。品牌的价格竞争和品牌的非价格竞争总是交织在一起的。在品牌的价格竞争中，也会对品牌的产品质量、品种、功能、服务、形象等方面提出一定的要求和选择；在品牌的非价格竞争中，也往往与成本、费用相联系，与价格有着密切的关联。因此，在品牌竞争中，没有绝对的价格竞争或非价格竞争，而只有相对的以何种形式为主的竞争。有的时候以价格竞争为主，同时附带有非价格竞争；有的时候以非价格竞争为主，同时附带有价格竞争。更多的情况下，则是价格竞争与非价格竞争同时采用，或交替采用。这是一种全面的综合的竞争。例如电脑品牌的竞争，人们感觉到的主要是功能、技术含量的竞争，新品种不断出现，旧品种不断被淘汰，但同时电脑的价格也在不断下降，价格竞争也相当激烈。其他各种品牌的竞争也莫不如此。因此，在品牌竞争中，既要根据实际情况，交替使用价格竞争和非价格竞争，又要不失时机地把价格竞争与非价格竞争结合起来，实行品牌的综合竞争、全面竞争。从发展趋势看，随着科技的进步、时代的前进、经济的发展、人民消费水平的不断提高，在品牌的综合竞争中，其主导面将逐渐由价格竞争转向非价格竞争，也就是由以价格竞争为主的综合竞争逐步转到以非价格竞争为主的综合竞争。但两种竞争形式仍将同时存在，并发挥各自不同的作用。

【实例 9-3】

功能饮料品牌角逐“三国杀”

从前段时间功能饮料市场竞争态势来看，启力以挑战者姿态“火力全启”高调上市后，通过体育营销持续发力，乐虎则采取跟随策略“与牛随行”，两者能否撼动红牛？我们可以从决定功能性饮料旺销、长销的要素进行对比分析。

要素一：品牌对比。红牛源于泰国，是中国功能性饮料的开创性品牌，具备国际化品牌基因，通过多年来对运动明星、体育团队的赞助，已经具备非常深厚的运动气质。“红+牛”既有中国元素，又有口彩之利，品牌基础非常牢固。听到“启力”我们很容易联想到“起立”，起立是学生一族标志性的语言符号，也是留存于人们心目中关于校园生活记忆的关键词。背书品牌娃哈哈与产品品牌启力，对青少年群体具有天然的亲和力。此外，启力应善用英文品牌的力量，以提升品牌的国际化与现代感，毕竟功能性饮料是作为舶来品进入中国市场的。乐虎虽是新生品牌，但拥有良好的快消品牌基因，具备快速流行的能力。其品牌命名非常适宜推出“快乐”主题活动、赞助竞技体育运动。

要素二：口感对比。严格来说，盲饮测试中除了甜度，三者口味并无太大差别。启力上市之初个别消费者反馈的整罐饮料口感不均（由于糖类成分沉积导致）问题，已得到解决。如果要求消费者进行品牌转换，他们会有更高的期望值，所以后来者乐虎更需在口感上下工夫。

要素三：产品组合。红牛一直是以 250 毫升普通型与牛磺酸强化型两款产品主打市场。从市场发展趋势看，通过强化牛磺酸浓度来提升产品附加值的空间已经很有限，未来将从以补充为主向“补养结合”过渡。此外，两款产品价差较小，难以发挥组合效应立体覆盖不同消费群体。乐虎的 380 毫升 PET 瓶装是其亮点：瓶形富有动感，手握小巧，提升了驾车者、运动人群饮用的便利性。启力以 250 毫升“银罐”为基础产品，配合足球赞助推出了衍生产品“曼联组合套装”，另有 350 毫升 PET 瓶装，瓶装终端价位与罐装类似。三款产品价格区间重合，成分相同，称之为“准大单品”更为合适。

要素四：人群定位。红牛作为国内功能性饮料的主导品牌，具备统合市场的能力：司机、熬夜职场人士、运动爱好者皆入囊中。启力的定位则体现了饮料巨头“赢者通赢”，期望对不同目标群体“全面出击、兼收并蓄”的市场思路。这在上市阶段或可通过蚕食策略积小胜为大胜，但要实现产品长销、培育忠实消费群体没有捷径可走。

要素五：核心诉求。“你的能量超乎你想象”，应该说红牛的诉求已突破产品层面，一语双关，意在暗示目标受众要敢于突破自我设限，变不可能为可能。启力的诉求是“标本兼顾，提神不伤身”。这其实为消费者提供了实质性承诺，虽然有效，但仍需推敲。对于功能性饮料是否“伤身”的争议，主要集中在“牛磺酸补充过量”与“咖啡因是否形成依赖”两大方面。当然，针对成长阶段的青少年，如果产品创新能够彻底打消他们与家长们的疑虑，上述诉求仍具有现实价值。

要素六：渠道策略。不管是红牛的深度分销、协销与重点终端直控相结合，还是启力的以联销体为主的大流通模式，以及乐虎的以经销商主导的密集分销模式，三者在市场控制能力、分销速度与渠道重复利用率上各有优势。

整体来看，红牛的霸主地位短期内不会动摇；启力已经度过生存期，其全国性市场布局的规模效应，有望助其坐稳功能性饮料的第二把交椅；乐虎还面临心智战、渠道战、终端战等市场战役，后续如何破局，要看其下一步怎样发力。

资料来源　秦剑．功能饮料“三国杀”［J］．销售与市场：管理版，2013（11）．

9.4 品牌竞争优势

9.4.1 品牌竞争力

1. 竞争力、品牌竞争力与国际竞争力

品牌竞争优势来源于强劲的品牌竞争力，研究品牌竞争优势就必须首先研究品牌竞争力。

关于竞争力，人们虽然广泛使用这一概念，但至今尚没有一个公认的定义。从一般意义上说，**竞争力**是竞争主体之间的实力、活力和在较量中获胜的能力。从经济学的角度来说，竞争力有产品竞争力、企业竞争力、产业竞争力、国家竞争力等的分析。而竞争力不仅应表现为国内的竞争力，而且应表现为国际竞争力。在经济全球化的今天，国际竞争力更有其特殊的意义。一个国家的竞争力是通过其产品国际竞争力、企业国际竞争力、产业国际竞争力表现出来的。产品国际竞争力是企业国际竞争力、产业国际竞争力的基础，而品牌国际竞争力则是产品国际竞争力、企业国际竞争力、产业国际竞争力的核心和集中表现。

品牌竞争力是品牌的内在实力及其在市场上取胜并获利的能力。品牌是市场竞争的产物，品牌竞争力也集中体现其具有较高的市场竞争力。品牌竞争力是具有高度的产品竞争力、企业竞争力以至产业竞争力的集中体现。

品牌竞争力最终要体现为品牌的国际竞争力。在开放的世界和经济全球化趋势下，只有具有国际竞争力的品牌才真正具有竞争力，因为已经不可能关起国门来竞争了。品牌不但要到国外去竞争，而且在国内市场上也有国际竞争。

什么是国际竞争力，有各种说法，而且不断在改变提法。《世界经济论坛》1985年《关于竞争力的报告》认为，国际竞争力是“企业主目前和未来在各自的环境中以比它们国内和国外的竞争者更有吸引力的价格和质量来进行设计生产并销售货物以及提供服务的能力和机会”。1994 年《国际竞争力报告》又将国际竞争力定义为“一国一公司在世界市场上均衡地生产出比其竞争对手更多财富的能力”。美国《关于产业竞争力的总统委员会报告》的提法是：“国际竞争力是在自由良好的市场条件下，能够在国际市场上提供好的产品、好的服务同时又能提高本国人民生活水平的能力。”

在吸收了上述定义的合理内涵之后，中国社会科学院工业经济研究所《我国工业品国际竞争力比较研究》课题组对国际竞争力的定义是：“在国际自由贸易条件下（或在排除了贸易壁垒因素的假设条件下），一国某特定产业的产出品所具有的开拓市场、占据市场并以此获得利润的能力。”并强调：“就国际竞争而言，国际竞争力的核心就是比较生产力，国际竞争的实质就是比较生产力的竞争。”本书基本赞同这一定义。由此推导，品牌的**国际竞争力**，就是品牌及其所代表的产品、服务与企业在国际上开拓和占领市场并获取利润的能力。

2. 影响品牌竞争力的主要因素

影响品牌竞争力的因素很多，但集中起来主要有以下几方面：（1）生产水平和技术先进程度；（2）规模经济的比较；（3）开拓、占领国内外市场的能力；（4）决策、管理和获得利润的能力；（5）品牌的知名度；（6）品牌信誉与品牌忠诚度；（7）品牌受到法律保护的程度；（8）品牌的成长和发展预期；（9）品牌与购买力的结合度。

3. 衡量品牌竞争力的主要标准或指标

根据对品牌竞争力的基本理解和实际操作的可能，品牌竞争力的衡量标准或指标主要有两条：

（1）品牌的市场占有率。这应该是衡量品牌竞争力的基本标准或基本指标。市场占有率有不同的层次：国内地区市场占有率、全国市场占有率、国际区域市场占有率、国际市场（世界市场）占有率。品牌的市场占有率层次愈高，所占比例愈大，与竞争对手比较处于领先地位，就愈有竞争力。在市场充分开放的情况下，随着经济全球化和国内市场国际化的趋势日益发展，品牌的国际竞争力不仅表现在国外市场上，同时也表现在国内市场上，即在本国市场上与国外品牌竞争的能力。品牌的市场占有率从长远和总体来看，应该把品牌的国内市场占有率与国际市场占有率结合起来。2014 年 BrandZ 全球最具价值品牌百强排行榜中，11 个中国品牌榜上有名，除了腾讯、百度外，中国移动、中国工商银行、中国建设银行、中国农业银行、中国银行、中国石化、中国石油、中国平安、中国人寿也上榜。

（2）品牌的利润率。品牌竞争力不仅要看市场占有率的高低，而且要看盈利能力的大小。只有获取更大的利润，品牌及其产品与服务以及整个企业，才能生存、发展、壮大。扩大市场份额是获取利润的前提，但并不完全等同。利润率可以采用销售利润率，也可以采用资金利润率，或二者结合使用。品牌的利润率所体现的品牌竞争力，应该是一种超值创利能力，即这种利润率不是指一般的或平均的利润率，而应是高于同行业平均利润水平的利润率。超出行业平均利润率水平的超额利润部分，才能体现出品牌竞争力。超出同行业平均利润率的幅度大小，是衡量品牌竞争力又一主要指标。

品牌的高市场占有率和超出平均利润水平的利润率是衡量品牌竞争力的两个主要指标。可见，品牌竞争力比一般所说的市场竞争力，产品竞争力又有更高的标准和要求。只有当品牌具有高市场占有率和超平均利润率的时候，这种品牌竞争力才具有品牌竞争优势。

【小思考 9-3】

品牌竞争优势集中体现在哪一方面：

(1) 产品竞争力；(2) 市场占有份额；(3) 平均利润率；(4) 品牌竞争力。

【答案】(4)。

9.4.2 品牌技术领先竞争优势

品牌竞争力所体现的品牌竞争优势，首先就集中在品牌技术领先的优势上。技术领先优势是品牌竞争优势的永不枯竭的动力和永葆青春的活力。**品牌技术领先竞争优势**体现在许多方面，主要有高新技术竞争优势、核心技术竞争优势、常规技术竞争优势等。

1. 高新技术竞争优势

高技术和新技术的领先地位，是品牌竞争战胜对手的最大优势。在当今社会，以现代信息技术为主导的高新技术，已成为各国竞相角逐的竞争焦点和掌握竞争主动权的制高点。谁开发出了高新技术，并用高新技术开发出高新技术产品，通过专利、专有技术保护、商标专用权等手段保持高新技术领先地位，谁就可以把竞争对手远远抛在后面，大大加强自己的品牌竞争优势和企业竞争优势。当 20 世纪 80 年代日本在家用电器领域占有巨大优势时，美国没有亦步亦趋，而是在电脑硬件与软件的新领域开发高新技术，到 90 年代就超过了日本，并涌现出一大批诸如英特尔、微软等新的企业、新的品牌。当日本精心研究并完善电传手段时，美国却在加快高速信息公路建设，在网络时代的因特网领域处于领先地位，并涌现出诸如美国在线、雅虎等网络新品牌。当日本在完善模拟技术时，美国却在开发数字技术并处于领先地位。在这些领域不但出现了许多新品牌，而且许多老品牌也在高新技术方面大力开发，使之重新焕发出新的生命力，例如 IBM 在大型计算机领先的基础上，又在开发个人电脑新技术方面获得成功，从而为 IBM 的进一步发展增添了活力。当然，日本也不甘落后，在高新技术领域迎战美国。欧洲一些发达国家也相继在高新技术开发与研究方面有新的动作。21 世纪在高新技术领域的竞争，将是取得品牌竞争优势的焦点所在。

2. 核心技术竞争优势

核心技术是决定技术领先程度的关键技术，是高新技术的灵魂和心脏。它是技术领先中最关键并对整个新技术起决定作用的那一部分。例如，电脑中的 CPU（中央处理器）技术、生物工程中的基因技术、汽车的新动力及环保技术、火箭发射中的新型燃料控制技术等。有了核心技术领先优势，就能在一个或长或短的时间内，掌握这一领域的制高点和主导权。用核心技术领先优势所创立的品牌（无论是新创立的品牌还是原有老品牌)，无疑在竞争中处于明显的优势地位。核心技术都是绝对保密的。任何国家、任何企业都不会在合资过程中公开自己的核心技术，而是控制其核心技术不放，并牢牢掌握核心技术领先优势。中国在技术开发过程中，一定要把主攻目标放在核心技术的研究与开发上，并在某些重要领域取得核心技术领先优势；否则，合资、合作都不可能改变我国技术落后的局面，我们的产品只能是国外核心技术的组装品，并拉大与发达国家的技术差距。在高新技术领域更应集中科技力量攻关，在核心技术方面取得突破，并使核心技术成为品牌竞争优势的动力，中国的企业、中国的总体经济实力才会有突破性的进步。中国的一些名牌大企业正在各自的领域开展核心技术攻坚战，是一个很好的兆头。取得核心技术竞争优势是品牌竞争优势的关键。

3. 常规技术竞争优势

技术竞争中，带头的固然是核心技术，高新技术，但大量的还是常规技术。许多常规技术在过去也曾经是高新技术甚至核心技术，但随着技术的传播、转移和更新，它已成为成熟技术，被人们普遍掌握，就变成了常规技术。

在常规技术方面也应取得竞争优势。一是要在技术上精益求精，二是要在技术更新上不断有所改进，从而在市场竞争中取得优势地位。要不断改进常规技术，使品牌的技术含量不断提高，以适应消费者不断提高的需求，符合时代进步的需要。

要取得技术领先优势，在一定时期内需要较大的投入，可能会增加成本，但是在技术提高以后，又可以提高劳动生产率，有利于降低单位产品成本。从长远来看，技术进步对降低成本的作用是更重要的。因此，技术领先从长远来看也有利于成本领先，做到质量更好，价格更便宜。技术领先竞争优势是品牌竞争与品牌成长发展的根本出路。

9.4.3 品牌市场营销领先竞争优势

品牌竞争，决胜在市场。市场营销领先是品牌竞争优势的集中体现。在技术、质量、品种、价格等方面具有竞争优势或与竞争对手旗鼓相当的情况下，**品牌市场营销领先竞争优势**就是品牌竞争取胜的关键。

1. 制订市场营销计划

要在市场营销中领先，就必须根据主客观情况制订出具有竞争力的市场营销计划。制订市场营销计划必须考虑以下因素：

（1）掌握市场营销活动的有关情况和数据，做到心中有数，头脑清醒，为制订出符合实际的市场营销计划提供可靠依据。诸如：企业本身的概况，包括企业机构组织、规模、产品、成本与利润及其在市场上的地位等；竞争对手情况，包括现有竞争对手的实力及其发展势头，进入壁垒与潜在竞争对手的状况等；市场结构、市场占有份额和市场发展趋势及竞争力量对比；市场需求状况及其变化预测；竞争性产品与竞争性活动情况；政府的有关政策等。有关与本企业开展市场营销的各方面因素、条件、历史、现状及未来分析与预测，都应确切了解或有明确认识，知己知彼才能百战百胜。

（2）确定市场营销计划的具体内容。根据各方面实际情况的综合分析，要制订出企业及其品牌的市场营销计划，其具体内容主要包括：市场营销现状分析，包括提供与市场、产品、竞争、分销等有关的各种实际资料；市场机会与问题分析，包括新的市场增长点、热点，对本企业有利因素与不利因素等；制定营销目标，主要根据市场需求与本企业实际情况，确定企业的销售额、毛利及毛利率、净利及净利率、市场占有份额及市场占有率等；制订行动方案，即根据营销目标确定各项重大的营销活动、实施步骤，并针对不同消费者对象采取不同的营销措施；确定市场营销策略，包括广告策略、促销策略、公共关系、营销渠道策略、价格策略、包装策略、区域营销分布及推进策略、销售网点与方式策略等；营销计划执行与控制，在营销计划中应明确安排企业如何掌握计划执行进度及控制事项，以及执行营销计划所需的费用预算等。

2. 大力开展市场营销活动

要根据市场营销计划认真组织实施，大力开展各种市场营销活动，并根据情况的变化灵活变通地运用和及时调整，促进市场营销实际绩效的最大化。市场营销活动主要包括：

（1）广告与公关。广告与公关是市场营销最常见、最普遍的营销手段和营销活动，对开拓市场、提高品牌知名度、促进商品销售和提高市场占有率有着极为明显的作用。要确定广告与公关的具体目标，实施方案，正确制定广告与公关的策略，提高广告与公关的技巧方法，充分发挥广告与公关的营销效果。

（2）渠道与网络。市场营销最大量、最具体的活动，是通过分销渠道的营销网络而具体运行并取得实际营销效果的。分销渠道的选择要考虑商品性质、产销特点、供求关系等因素，分别采取直接渠道或间接渠道。直接渠道即由生产者直接出售给消费者，表示为：生产者→消费者，没有中间环节。间接渠道又可因商品而异有不同层次。如，制造商→零售商→最后消费者，或制造商→批发商→零售商→最后消费者，或制造商→代理商→批发商与零售商→最后消费者。营销网络是营销渠道的具体化和组织化。同一分销渠道可以有众多的营销网络，例如批发商可以有许多家，零售商更是网点纵横，由许多的商店、门市部、超市、专卖店等多种零售形式组成。品牌市场营销一定要建立起畅通无阻的分销渠道和纵横交错的营销网络，才能开拓品牌的市场阵地，增加品牌营销总量，扩大品牌营销规模。

（3）产品与价格。品牌市场营销必须有很好的产品策略和定价策略。品牌的产品策略着重要解决产品的市场需求、产品分类与组合、产品品牌决策、产品包装策略、新产品开发与市场试销等问题，在产品决策中突出品牌效应。定价策略则要解决定价目标、定价程序与方法、价格决策、价格调整与应变、品牌价格战中的因应对策等问题，使价格策略有利于营销目标的实现。

（4）推销与促销。市场营销说到底还是要把商品卖出去。把营销说得天花乱坠，但最终不能把产品卖出去就一切落空。而这都是需要一系列具体的推销和促销活动来实现的。这里的推销指人员推销，包括销售队伍的设计与组织、销售队伍的结构与地区分布、销售队伍的规模与层次、销售队伍的激励与培训、销售队伍的控制与管理、销售方法包括各种推销术的运用与创新等。这里的促销指的是销售促进，是运用各种促销工具以激发市场销售的活动。例如，针对消费者的促销工具有价格折让、样品赠送、以旧换新、赠奖、竞赛、展览会、促销会、商品陈列和示范表演、节日大减价等；针对中间商的促销工具有购买折让、免费货品、推广津贴、合作广告、销售竞赛、推销金等；针对销售队伍的促销工具有红利、竞赛、销售集会等。要根据具体情况确定促销目标，选择促销工具，制订和实施销售促进方案，总结和推广销售促进经验，提高销售促进效果。

3. 勇于进行市场营销创新

品牌营销领先的竞争优势，必须立足于创新。只有创新，才能适应时代的发展和市场的变化，掌握市场主动权。

（1）营销组织创新。营销的组织及其结构必须适应形势的发展变化而不断创新。以零售组织来说，经历了百货公司、连锁店、超级市场、购物中心等多种形式的变革，今后还会有新的变化，应在继承好的组织形式的同时不但进行创新。

（2）营销方式创新。其宗旨是要适应情况的变化不断提高对消费者服务的质量，让消费者感到更方便、更满意。例如，在坐店经营的同时，开展送货上门、上门维修与安装、上门服务等新的营销方式；商店售货由全封闭式的柜台阻隔改变为大多数商品实行敞开售货，让顾客自由挑选；营销组织由单一售货向售货、服务、餐饮、提供娱乐、游玩场所和其他方面的多种内容相结合的方向发展。

（3）营销手段创新。随着科学技术的进步和经济的发展，人们消费水平的提高，营销手段也日益现代化，在这方面的创新也是没有止境的。尤其是随着信息革命的迅速推进、计算机的普及和网民人数的迅速增加，网上购物、网络营销、电子货币结算等新的营销手段将日益发展，营销手段的革命也将促进营销方式、营销组织的革命。要取得品牌营销竞争优势，就必须在这些方面创新走在前面。电子商务、网络营销的出现，对传统的商业形式和营销方式提出了挑战，它代表了营销革命的方向。

【实例9–4】

“贾君鹏，你妈妈喊你回家吃饭”

2009年7月16日，有人在网上发帖“贾君鹏，你妈妈喊你回家吃饭”，短短两天内回复数达300 621，点击数达7 607 617。匪夷所思的网络创作使此事在互联网上的震撼如此之大，波及如此之广，连外媒也给予关注和报道，是什么让“贾君鹏”如此之火？

在“贾君鹏”事件接近平息时，北京一传媒公司爆料此事是公司为某一款网络游戏保持人气所创作的事件，为此将广大网民的眼球也引到了这款游戏上。该策划总计动用网络营销从业人员800余人，注册ID20 000余个，回复10万余条。

“贾君鹏事件”中，网络公司抓住了魔兽世界玩家在停服以后的无聊、不满，甚至想寻求一种发泄的渠道或方式的心理，以简单的12个字的主题帖抓住了玩家最敏感的那根神经，获得了极大的共鸣。因为“×××，你妈妈喊你回家吃饭”之类的句式，对于大多数80后、90后的魔兽世界玩家来说并不陌生。每年在高考、母亲节等特殊时期或节日，在魔兽世界游戏的一些公共贴吧或是社区聊天室里都会多次出现

“×××，你妈妈喊你回家，你已经通宵多天了”等帖子。其实，这样一句话对于很多陌生玩家来说也是具备了很强的心理基础的。网络营销以其互动、开放和信息共享的特点发挥了真正的力量和价值。

资料来源　孟韬. 市场营销策划［M］. 大连：东北财经大学出版社，2009：201.

9.4.4 其他方面的竞争优势

品牌竞争优势除了品牌技术领先竞争优势、品牌市场营销领先竞争优势之外，还包括许多方面的竞争优势，主要有品牌最低成本领先竞争优势、品牌差异化领先竞争优势、品牌人才领先竞争优势等。

1. 品牌最低成本领先竞争优势

成本是价格的基础，成本最低的优势也会带来价格竞争的优势。在价格战中处于优势地位并最终获胜的，都是那些最低成本领先竞争优势的企业。降低成本有多种因素和途径。主要的有：（1）制定成本降低目标，实施成本控制责任制。（2）推动规模经济效应，随着规模经济的发展而不断降低单位产品成本。（3）通过学习和培训，提高员工的素质和技术水平。（4）通过技术进步降低单位成本。（5）持久深入地开展增产节约活动，降低原材料消耗，节约能源消耗，降低各种费用。

2. 品牌差异化领先竞争优势

品牌差异化建立在产品差异化、服务差异化基础上。差异化就是具有独到的特色以形成优势。它既与技术领先优势、成本领先优势有着内在的联系，又有着它自身的特点。产品与服务的特色最终形成品牌的特色，通过差异化领先而取得竞争优势而占领市场。例如，服装品牌的特殊款式，家电产品的某种特别功能，餐饮行业的某种特殊风味，中医中药中的某种特殊配方和特殊疗效，连锁经营的特殊服务形式等，都以其特有的差异化特点取得品牌竞争中的优势地位，并从中涌现出一大批名牌。

3. 品牌人才领先竞争优势

品牌竞争，从表现形式上看，是产品竞争、价格竞争、服务竞争、技术竞争、市场营销竞争等，但最终起决定作用的是人才的竞争。人才的竞争也是很激烈的。对优秀人才的争夺战历来是企业之间竞争的重头戏。企业的人才有不同的层次和类型，从层次上分有高级人才、中级人才、初级人才；从结构上分有决策人才、管理人才、技术人才、经营人才、操作人才。一个优秀的企业，应该人人都是人才。但是，各种人才当中，最关键、最核心的是企业家人才，他们对企业的生存与发展起着最为重要的作用，因为他们处于企业的决策和高层管理岗位。企业家最重要的是人格品质、决策能力与水平、创新意识与竞争意识，以及充分调动各类人员积极性的本领。同时，还要有良好的心理素质，具有胜不骄、败不馁、坚忍不拔的意志和毅力。真正的企业家只会在市场经济的土壤上，在市场竞争的环境中，在市场的拼搏中涌现出来。随着我国市场经济体制的建立和市场竞争的发展，一大批企业家正在开始形成。但是旧体制的束缚和国有企业改革尚未完全到位，也制约着我国企业家的发展。必须深化改革，加快市场经济发展步伐，创造良好的市场竞争和法律环境，我国企业家就一定会大量涌现并茁壮成长。实践证明，每一个名牌产品、名牌企业的后面，都站着一个或一批优秀的企业家，国外如此，国内也如此。因此，品牌竞争优势的最终决定因素是人才竞争优势，志在创名牌尤其是创大名牌、世界名牌的企业，一定要在各类人才竞争尤其是企业家竞争中取得优势。

此外，在可持续发展、资本营运、品牌形象、文化品位等各方面都存在竞争，在竞争中取得优势的企业就有进一步发展的光明前景。

本章小结

市场经济实质上是竞争经济。竞争规律是市场经济最重要的一条规律。

市场竞争可以按不同标志进行分类。而品牌竞争是当代市场竞争的焦点。

品牌竞争因素主要包括：（1）竞争对手状况。它是指现有竞争对手间争夺的激烈程度。（2）进入威胁程度。它意味着潜在竞争对手出现的可能性及其影响程度。（3）替代产品压力。那些可以取代现有产品的具有同样功能的新产品所形成的威胁。（4）买方竞价实力。（5）供方竞价实力。

品牌竞争的内容很多，大致可以分为两大类：（1）品牌价格竞争。包括品牌价格水平竞争和品牌定价策略的竞争。（2）品牌非价格竞争。主要包括品牌的质量竞争、品牌的功能竞争、品牌的品种竞争、品牌的服务竞争、品牌的形象竞争。此外，还有品牌的综合竞争，它是品牌的价格竞争与品牌的非价格竞争交织在一起的竞争。

品牌竞争优势来源于强大的品牌竞争力。品牌竞争力是品牌的内在实力及其在市场上取胜并获利的能力。品牌竞争力最终要体现为品牌的国际竞争力。

影响品牌竞争力的因素很多，而衡量品牌竞争力主要标准或指标主要是两个：（1）品牌的市场占有率。这是衡量品牌竞争力的基本标准。（2）品牌的利润率。它是高于同行业平均利润水平的超利润率。

品牌竞争优势有许多具体表现。主要有：

（1）品牌技术领先竞争优势。包括高新技术竞争优势、核心竞争技术优势、常规技术竞争优势。高新技术领域的竞争是品牌竞争优势的焦点。核心技术竞争是品牌竞争优势的关键和动力。品牌竞争力所体现的品牌竞争优势，首先就集中在品牌技术领先的优势上。

（2）品牌市场营销领先竞争优势。品牌竞争决胜在市场。市场营销领先是品牌竞争优势的集中体现。市场营销领先必须关注：制订市场营销计划，大力开展市场营销活动，努力进行市场营销创新。

广告与公关是重要的营销活动，对商品销售与市场占有率有显著作用。

分销渠道的选择和营销网络的建设是扩大市场营销的重要内容，是营销活动的重要方面。

产品与价格对营销目标的实现具有重要意义。

推销与促销是实现市场营销目标的最具体的工作，是营销活动的实际开展。

市场营销创新包括营销组织创新、营销方式创新、营销手段创新。营销创新推动了营销革命，21 世纪将出现更多新的营销方式与手段。

除了技术领先竞争优势、市场营销领先竞争优势之外，品牌竞争优势还包括最低成本领先竞争优势、差异化领先竞争优势、人才领先竞争优势等许多内容。品牌竞争优势将推动企业的发展，使企业更具活力，有更强的竞争力。

关键概念

市场竞争　品牌竞争　竞争对手状况　进入威胁程度　替代产品压力　品牌价格竞争　品牌非价格竞争　竞争力　品牌竞争力　国际竞争力　品牌技术领先竞争优势　品牌市场营销领先竞争优势

思考题

9.1　为什么说市场经济实质上是竞争经济？

9.2　市场竞争按参与主体、竞争内容、品牌化程度等标志来分，各有哪些类型？

9.3　为什么说品牌竞争是当代市场竞争的焦点？

9.4　美国哈佛大学商学院波特教授关于决策竞争强度的五种结构因素（即竞争作用力）对研究品牌竞争因素有何借鉴意义？

9.5　品牌价格水平竞争在买方市场条件下的主要形式是什么？为什么？

9.6　品牌的服务竞争是一种什么性质的竞争？它在品牌竞争中为什么越来越重要？

9.7　品牌竞争力为什么最终要体现为品牌的国际竞争力？

9.8　为什么说21世纪在高新技术领域的竞争将是取得品牌竞争优势的焦点？

9.9　市场营销领先的竞争优势对品牌竞争取胜有何作用？

9.10　人才领先竞争优势在品牌竞争中处于何种地位？为什么？

练习题

9.1　价值规律、供求规律、竞争规律是什么关系？

9.2　市场竞争按空间范围来分有哪些类型？

9.3　为什么说品牌竞争体现了市场竞争的新趋势？

9.4　替代产品对原有产品的压力，其结果将出现几种局面？

9.5　在品牌竞争中，怎样对待买方竞价实力？

9.6　供方竞价实力有哪些表现？

9.7　品牌定价策略竞争主要有哪些内容？

9.8　品牌形象竞争如何具体运作？

9.9　影响品牌竞争力的主要因素有哪些？

9.10　品牌竞争优势主要包括哪些内容？

自测题

9.1 怎样理解当代市场竞争集中体现为品牌竞争?

9.2 现有竞争对手之间竞争的激烈程度取决于哪些因素?

9.3 造成进入威胁的潜在竞争对手有哪些进入壁垒?

9.4 有哪两种替代产品应当引起极大重视?

9.5 为什么说降价竞争是一柄双刃剑?

9.6 品牌的非价格竞争包括哪些内容?

9.7 什么是品牌的综合竞争?其发展趋势如何?

9.8 衡量品牌竞争力的主要指标是什么?

9.9 何为核心技术?核心技术在品牌竞争中处于什么地位?

9.10 如何取得市场营销领先的竞争优势?

案例分析

鲜花电商的品牌竞争策略:卖概念

提出新鲜概念,或许就能帮你从红海中跳出来。鲜花电商做到了,礼品公司找准目标、主动变革,你也一样能行。

随着电商格局的日渐清晰,资本对电商领域的兴趣已大不如前。在这样的市场环境下,鲜花电商 Roseonly 成功获得高达近千万美元的 B 轮融资,再次引起业界关注。据悉,这已经是鲜花垂直电商 Roseonly 在成立不足一年的时间里获得的第三轮投资,融资速度之快几乎创下纪录。

用尽浑身解数将“卖商品”转化为“卖感情”,从而赋予平台内商品独特价值观,是 Roseonly 留给业界的主要印象。

一、“唯一爱你”的爱情概念

Roseonly 主营玫瑰,以“一生只送一个人”为经营理念,售价往往是情人间用以表达甜言蜜语的数字组合,如3朵售价520元,意为“我爱你”,18朵售价1 314元,意为“一生一世”。

Roseonly 将“买卖商品”变为“守护爱情”,以爱情的概念将自己打造成鲜花行业的电商品牌。

目前,Roseonly 大多通过网络渠道销售产品,当消费者前往 Roseonly 官网填写资料购买产品时,会接到提醒:Roseonly 的玫瑰,一辈子只能送给一位佳人。产品借此想传递一个信号:Roseonly 见证,你是他此生的唯一。一位女性研究学家曾对此分析,男生要想俘获女生芳心,除了表达“我爱你”以外,更重要的是“我只爱你”的宣言。

虽然“一生只送一个人”是 Roseonly 的主要经营理念,但 Roseonly 并没有将市场局限在情人间,Roseonly 的鲜花也可以送给父母和其他亲人。这在扩大其市场的同时,也被其他鲜花电商认为“一生只送一个人”的理念只是 Roseonly 的噱头。

不过女性消费者对这种理念营销却相当买账。据一电商从业人士分析，就像对待钻石和奢侈品，女性总是喜爱这种概念性的浪漫。从 Roseonly 微博转发的用户好评来看，普通用户大多在求婚、情人节等特殊情况下购买该品牌鲜花。

二、解决货源供应商问题

针对如何打造产品在货源层面的独特性，Roseonly 也有相应的解释。

创始人蒲易曾向媒体介绍，店内的玫瑰大多来自亚马逊流域、坐落在安第斯山海拔 3 000 多米高处的厄瓜多尔地区。这里是赤道地区，海拔又高，加之阳光充足，火山土壤肥沃，是玫瑰华最美好的生长环境，在这里，它可以全年绽放。

蒲易表示，选择要采摘的玫瑰时，只有花朵足够大、花茎长度超过 1. 5 米的玫瑰才会被选中。他讲述，给他们提供玫瑰的供应商是一家经历了几代人经营的家族企业。他们拥有年产值 5 000 万美金的玫瑰园，通过供给欧洲皇室发家，因此把产品叫做皇家玫瑰。为此，Roseonly 不得不为此付出最高的采购价格。

采摘环节完成后，玫瑰将在 48 小时内通过空运进口，再通过联邦快递、顺丰快递在 24 小时内送达全国 300 个城市。这种线上预售加第三方配送使得 Roseonly 基本实现零库存。

同时，Roseonly 也将纸材、花盒作为产品设计重要的一部分，并为 Roseonly 花、花盒、外观等设计申请了专利。

三、注重社交经济

Roseonly 官方微博粉丝数目前已达 48 万，据消息人士透漏，通过微博进入其官网的流量比例高达 50% 以上。而事实上，Roseonly 最初也是通过微博、微信营销被众人所知的。

Roseonly 于 2013 年 2 月 14 日正式开始出售玫瑰，创始人在春节前就开始疯狂“扫荡”微信朋友圈和微博。

搜狗的王小川、新希望的刘畅、世纪佳缘的龚海燕，以及部分明星都转发了它的微博。之后，Roseonly 又将林志颖、朗朗等明星手捧 Roseonly 鲜花的照片在社交圈进行大规模传播，同时还配以事件性营销，如贾乃亮手捧 Roseonly 向李小璐示爱等，频频出现在各种赚人眼球的娱乐性新闻中，提升品牌知名度。

而在 2013 年 9 月份，Roseonly 专爱花店开办首家线下实体店，立刻又给品牌加入公益元素，同李亚鹏合作，推出大爱之花“嫣之花”，将固定销售利润都捐赠给嫣然天使基金。

四、“高富帅”快递员

为打造品牌形象，工作人员的仪表也有要求。据了解，目前，很多奢侈品牌除对员工的穿着、外貌等要求严格外，对出行工具也有明文规定，如员工上下班必须打出租，不可挤公交等。

除了专业的递送服务外，Roseonly 还希望递送人员的形象同品牌相匹配。在北京 CBD，Roseonly 甚至雇用了一位高大帅气、金发碧眼的外国小伙送货。高规格的包装盒，加上帅气“老外”，赚得足够的眼球。

五、控制规模

据媒体报道称，Roseonly 网站在 8 月份的销售额已近千万。但目前除了已开设一家实体店外，并没有大规模扩张渠道。在蒲易看来，品牌还需要花时间培育。

不过，Roseonly 也在不断探索产品多元化。除了 Roseonly 原有的鲜花产品，永生玫瑰品类也已上线。而近期，Roseonly 还推出了新的品类——Roseonly 巧克力，一盒 9 颗，售价 999 元。

六、困境：低门槛易复制

借助一系列的概念牌，Roseonly 定位的高端轻奢侈品营销效应起到了作用。不过，在目前的鲜花市场，Roseonly 商业模式并没有起到创新性革新，概念、质量、社交、包装等都极易被模仿，缺乏核心竞争力和不可复制性，难以判断热度可以保持多久。竞争对手中，以野兽派花店为代表，也通过故事营销发力社交渠道，将花束价格卖得很昂贵，却销量递增，同 Roseonly 抢食市场。

高端鲜花市场未来还将有源源不断的模仿者去效仿 Roseonly 的经营模式。如何在保持高盈利的同时，维持用户持续购买力，是不得不思考的问题。

资料来源　徐淑芝 . Roseonly：卖概念的鲜花电商［J］. 销售与市场：礼品版，2013（6）.

问题：

1. Roseonly 的品牌竞争战略核心是什么？

2. Roseonly 如何解决货源供应商问题？

3. 请用品牌竞争的相关理论，分析 Roseonly 的品牌竞争战略，并分析在未来市场竞争中，Roseonly 应采取怎样的竞争策略应对模仿者？

补充阅读材料

1. 施春来 . 企业品牌竞争力［M］. 上海：上海社会科学院出版社，2014：41-53.

2. 胡志刚 . 市场结构的品牌经济分析——以中国电冰箱行业的品牌竞争为例［M］. 北京：经济科学出版社，2013：25-99.

3. 曾晓洋 . 品牌竞争时代的营销创新：500 强企业市场营销经典策略评价［M］. 长春：长春出版社，2013：36-67.

4. 斯登格 . 增长力：如何打造世界顶级品牌［M］. 王幸，等，译 . 北京：机械工业出版社，2012：36-59.

5. 包亚芳，等 . 旅游品牌竞争力——理论 · 案例［M］. 杭州：浙江工商大学出版社，2012：37-83.

6. 李瑞松，等 . 推动品牌升级的旗舰店营销策略——基于客户体验的角度［J］. 吉林工商学院学报，2014（3）：38-41.

7. 王仲娟，等 . 塑造河北旅游品牌提升旅游产业竞争软实力［J］. 党史博采：理论版，2013（1）：18-19.

8. 秦晓楠 . 基于生态位理论城市品牌竞争结构分析——以城市旅游品牌为例［J］. 当代经济管理，2013（10）：12-18.

9. 周霞霞，等．我国烟草企业品牌竞争力提升研究［J］．现代商贸工业，2014（1）：3-4.

10. 杨帆，等．渠道竞争与品牌竞争共存时的Stackelberg定价博弈分析［J］．天津工业大学学报，2014（2）：70-75.

第10章

品牌保护

学习目标

要求通过本章学习，深刻认识品牌保护的重要意义，尤其是对名牌的保护，这不仅与企业的发展关系重大，而且与国家的经济运行质量关系甚大。打击假冒伪劣，不仅关系到具体企业的生存与发展，也是全社会应予高度关注的大事。要从理论与实践上理解品牌保护对实施名牌战略、振兴民族经济的巨大作用。

本章导读

与上述学习目标相联系，本章以3节内容分别论述了品牌假冒与品牌保护、企业对品牌的自我保护、社会对品牌的保护等内容，以加深对品牌保护的理解。

在学习过程中，要掌握品牌保护的内涵和基本途径，把创名牌与打假有机结合起来，推动名牌战略的实施和经济的发展。

10.1 品牌假冒与品牌保护

10.1.1 什么是品牌保护

品牌是一项重要的无形资产，好的品牌尤其是著名品牌、驰名商标更具有极高的品牌价值，是企业的一笔巨大财富。企业必须对自己的品牌尤其是著名品牌和驰名商标进行充分保护，使这笔巨大的无形资产和宝贵财富不受侵犯。

所谓**品牌保护**，就是对品牌的所有人、合法使用人的品牌（商标）实施各种保护措施，以防范来自各方面的侵害和侵权行为。品牌保护的最重要武器是法律。品牌保护的核心，是商标权的保护。商标权的保护，是对商标专用权（经过注册）的法律保护。而品牌保护的范围则大于商标权的保护范围。例如，企业对其品牌的自我保护，既有商标权保护的内容，也有非商标权保护的内容。

商标权保护问题，涉及商标侵权行为。认定是否是商标侵权行为，应以商标专用权的保护范围为标准。

商标专用权保护范围，以核准注册的商标和核定使用商品为依据。核准注册的商标，指核准注册的商标图样，包括商标名称，文字、图形或其组合，颜色；核定使用商品，指核定使用该商标的商品类别和商品名称。核准注册的商标与核定使用的商品是一个整体，两者的结合构成了商标权的有效范围。《商标注册证》是商标权有效性的法律文件，它载明了商标权人、商标权的保护范围和商标权的保护期限。

商标侵权行为，就是侵犯、假冒注册商标专用权的行为，通常是指他人出于商业目的，未经商标专用权人的许可而擅自使用商标注册人已经注册的商标，或者把商标注册人的商标的主要部分用做自己的商标，并且用在与商标注册人指定的相同或类似的商品上，从而产生商标混同，以欺骗消费者。假冒商标行为是商标侵权行为的一种。严重的商标侵权行为就是假冒商标行为，即以仿制、假冒注册商标而牟取非法利益的一种侵权行为。

以假冒商标为主要形式的商标侵权行为，有以下法律特征：（1）商标侵权行为是非法使用他人注册商标的行为。经商标局核准注册的商标为注册商标，受法律保护。如果未经商标注册人的许可擅自使用、印刷或者销售商标标识，就属于假冒商标行为，构成了对商标专用权的侵害。（2）商标侵权行为是未经商标所有人许可的行为。它是指未经商标所有人的许可，擅自使用其注册商标的非法行为。（3）商标侵权行为是在相同或者类似商品上使用与注册商标相同或近似商标的行为。

商标侵权行为，可能是单独个体的违法行为，也可能是集团违法行为。后者所造成的商标侵权损害结果，如果是一系列行为所致，各行为人均可能成为侵权人。例如，一个假冒集团分工负责假冒产品的生产、假冒商标标识的印刷、假货的运输销售，那么其生产者、印刷者、运输者、销售者就构成了共同侵权。

保护商标专用权，是指用法律手段制止、制裁一切侵犯商标专用权的行为，以保护商标注册人的合法权益。保护商标专用权，是贯彻《商标法》的核心。

商标专用权保护有如下特点：

（1）商标专用权保护工作的量大、面广。商标权的义务主体是不特定的，不仅有生产、销售、服务企业等营利性组织和个人，也有不从事生产经营活动的非营利性组织和个人。因此，同一商标可能同时被多家企业或一些个人非法假冒、侵权，侵权者可能是一个，也可能是多个，甚至是一大批，同时，商标侵权也很容易，无须另外掌握什么技术，也不需要什么特殊工具和手段，简单、易行且获利甚高。这就使商标专用权的保护工作面广、量大，任务十分繁重。

（2）商标侵权责任及侵权损失赔偿额的确定比较复杂。商标伴随商品而运动，到达消费者手中要经过很多环节，介入商标侵权活动的组织和个体可能很多，不仅有生产企业、服务企业，而且还有销售企业、商标印刷企业，以及为商标侵权活动提供其他便利条件的企业或个人。侵权活动的当事人，有的可能是故意侵权者，有的可能是过失侵权者。因此，在商标侵权案件的查处过程中，分清有关当事人的责任，有时也很困难。此外，商标遭受侵害时，损害的是商标在市场上的信誉，但损害的程度究竟有多大，一般无法进行精确计算，这就给商标权的保护尤其是对被侵权者予以经济补偿带来了一定的困难。

（3）商标专用权的保护与消费者的利益极为密切。一般财产权的侵害，只损害有关当事人的利益，而不会对消费者的利益造成危害。商标侵权则不同，受损害的一方不仅是商标权人，而且还有广大消费者。尤其是假冒商标往往以伪劣商品冒充优质名牌商品，给消费者带来重大经济损失，有的还会造成人身伤害。因此，及时查处商标侵权行为，不仅是商标权人的要求，也是广大消费者的要求，是保护消费者权益的重要措施。

美国营销大师凯文·莱恩·凯勒在《战略品牌管理》一书中提到了一个品牌名称保护的例子。他认为要尽可能地降低竞争者仿制自己品牌的可能性，因为对手一般会利用现有品牌中显著的前缀、后缀或模仿包装等对知名品牌造成侵害。品牌名称要想增强保护性，主要有两种途径：一种是被动途径即法律保护；另一种是主动途径即自我保护。第一种途径就是向商标局申请专利，这里主要讨论一下品牌名称自我保护问题。凯文·莱恩·凯勒在书中提到了一个受保护品牌的递减顺序：假想的（Kodak-柯达）、任意的（Camel-骆驼）、暗示性的（Eveready-永备）、描述性的（Ivory-爱得利）、通行的（Aspirin-阿司匹林）。由此可见，以假想词汇做品牌名称是最具自我保护性的，例如“阿迪达斯”这个品牌名称，尽管它是个音译词，可是它对中国人来说也是个假想词，因此它的品牌名称的保护性就很强。尽管市场上也有“阿迪王”品牌的出现，可是却很容易认定“阿迪王”明显是在傍名牌。另外凯文·莱恩·凯勒特意强调了“通行的”品牌名称是最不受保护的，并以 Aspirin（阿司匹林）为例进行了说明，称美国地区法院于 1921 年宣布 Bayer（拜耳）公司失去了这个商标的所有权利，原因就是它是一个通行的术语。而五粮液的品牌名称同样也有这方面的问题。

【小思考 10-1】

品牌保护的重点或核心是下列哪一项：

（1）对一切产品进行保护。

（2）对一切商标进行保护。

（3）对商标专用权进行保护，就是依据法律，并用法律手段制止、制裁一切侵犯注册商标专用权的行为，以保护商标注册人的合法权益。

【答案】(3)。

10.1.2 品牌假冒及其危害性

品牌假冒集中表现为假冒商标。通常所说的“假冒伪劣”商品，最主要、最大量的是假冒商品。假冒商品的种类繁多，主要包括假冒他人注册商标、认证产品、许可证产品、优质标志产品以及假冒厂名、厂址和原产地等，其中又以假冒商标为主。

假冒商品近年来日益泛滥，成为我国经济生活中的一大恶症。假冒商品品种多，数量大，从生活日用品到生产资料，从一般商品到高档耐用消费品，从普通商品到高科技产品，从内销商品到外贸出口商品，假冒伪劣几乎无所不有，无所不在，其中又以制作容易、利润丰厚、销售快捷的假冒名烟、名酒和药品的问题最为严重。而且假冒伪劣商品有向大商品和高技术产品方向发展的趋势，例如汽车、摩托车、机械设备、高技术电脑软件、计算机防病毒卡，甚至激光全息防伪标志等也成为假冒对象。

假冒商品也在全球泛滥，成为仅次于贩毒的世界第二“公害”。有人估计，假冒商品价格约占世界贸易额的2%，甚至更多。据不完全统计，全球制药厂因假药蒙受的损失达几十亿美元，在非洲每年有成千上万的人因服用假药而死亡，假冒伪劣使广大消费者蒙受了经济上、精神上和肉体上的多重伤害。在法国，各大名牌公司因假冒商品每年损失50亿法郎，由于这个原因，约有2万人失去就业机会。东南亚和中东出售的零配件中，近一半是假冒货，在假冒汽车零件的冲击下，美国汽车工业每年损失30亿美元……像国际贩毒网一样，假冒商品已在世界某些地区形成了生产、运输、走私、批发、销售的严密网络。有的经济学家称假冒现象是一种地下的"黑色经济"。以假冒商标为主要形式的假冒伪劣行为具有极大的危害性：

（1）给名牌商品、名牌企业带来巨大伤害甚至破坏性的打击，严重阻碍名牌战略的实施。假冒商品损害名牌商标形象，使消费者真假难辨，对被假冒的名牌商标失去信心，望而生畏，不敢购买，并严重影响名牌商品和名牌企业的经济效益。假冒商品是名牌商标的"杀手"。陕西西安太阳食品公司推出的"太阳牌"锅巴，一炮打响，但随即假冒者蜂拥而至。该公司为更新防伪技术，两年四次就耗资近600万元。天津生产的玉兰牌冷烫精，由于产品被假冒，企业信誉一落千丈，货主纷纷退货，产品大量积压。假冒商品甚至挤掉名牌产品的市场，真货斗不过假货，把名牌商品葬送掉，以致使企业破产倒闭。武汉黄鹤楼酒厂生产的小黄鹤楼酒被假冒后，昔日门庭若市的酒厂变得车少客稀，假酒横行于市，真酒被挤进仓库。

（2）严重损害消费者利益，给消费者造成巨大的经济损失，甚至危及消费者的健康和生命。假冒商品其"价值"大大低于真品名牌的价值，有的假冒商品"价值"只有名牌商品价值的几分之一、十几分之一，却以名牌商品价格卖给消费者，使消费者蒙受重大经济损失。更有甚者，某些假冒商品对消费者的身体健康甚至生命造成严重威胁，因假酒、假药、假电器而造成消费者人身伤亡的恶性事件时有发生，后果极为严重。1998年初，山西朔州发生特大假冒白酒案，造成朔州、灵丘等地数百人饮用后中毒，其中26人死亡的严重后果。齐齐哈尔第二制药公司2005年9月购入假冒的"丙二醇"，将其作为辅料生产"亮菌甲素注射液"。这些"丙二醇"其实是"二甘醇"，在病人体内氧化成草酸，可导致肾功能急性衰竭。受齐齐哈尔第二制药有限公司"亮菌甲素注射液"影响的病人共计11名，除1名病人因用药少、病情较轻外，6人病情较重，另有4人因救治无效死亡。

（3）给国家造成重大经济损失，严重损害国家的经济利益。假冒商品的生产和销售，浪费了宝贵的经济资源，使国家蒙受巨大经济损失。全国每年查处的假冒卷烟约为200万箱，即使保守估算，税利也要流失60亿元。据有关资料介绍，每年查处的假冒卷烟还不到实际假冒卷烟生产量的10%，可想而知，国家正蒙受重大的经济损失。同时，假冒卷烟有害物质含量过高，对人体危害极大。

（4）严重败坏出口商品形象，对我国国际贸易造成不良影响。近年来，假冒商标侵权案在出口商品中很突出，每当一种商品在国外赢得声誉后，国内就竞相假冒，水货一冲，使多年艰苦创业的名优产品在出口中昙花一现，倒了牌子。

（5）严重破坏了市场经济应有的正常秩序，恶化了市场环境，败坏了社会风气，并严重损害了政府的威信。假冒伪劣横行，使市场秩序混乱，经济运行扭曲，并诱发一系列违法犯罪活动。假冒伪劣盛行造成严重的社会问题。有的地方造假已形成相当规模，有的已形成专业村、集散地、黑窝点，给整个社会造成极坏的影响。

10.1.3 品牌假冒的原因分析

放任假冒伪劣，国家就没有希望。必须严厉打击假冒伪劣，坚决保护名牌商品，促进经济的正常发展和经济运行质量的提高。

假冒商品猖獗的原因很多，归纳起来主要有以下几点：

1. 牟取非法经济利益的巨大贪欲

假冒商品主要是对名牌商标、著名或知名商标的假冒。由于名牌商品有巨大的社会声望，具有很高的无形资产价值，是名牌商品多年来巨大投入（质量、技术创新、广告等）所积累而形成的，受到广大消费者的青睐。假冒商品是利用名牌商品的信誉去行骗，以攫取不属于自己的那一份价值，获得高额利润。制假售假就是对名牌商品无形资产巨大价值的公开掠夺。非法暴利的驱使，使越来越多的不法之徒走上制假售假的违法犯罪道路，非法窃取高额利润的无耻贪欲是假冒商品泛滥的主要原因。

2. 地方保护主义是假冒商品愈演愈烈的重要原因

由于假冒商品能为地方政府增加财政收入、解决一部分就业问题，因此颇受某些地方政府的保护，使假冒商品盛行甚至以“合法”身份长期存在。他们或者睁一只眼、闭一只眼，让假冒商品在其眼皮底下畅通无阻；或者公开扶持，为假冒商品的“茁壮”成长鸣锣开道，“保驾护航”。许多地方出现的假酒案、假烟案、假药案以及其他种种假冒商品案，往往背后都有地方保护主义或明或暗的支持。

3. 市场经济体制尚不完善、市场规则不够规范、市场秩序不够正常，也给假冒伪劣提供了一些空隙

市场经济本身不是假冒伪劣产生的根源，但是我国市场经济体制正在建立的过程中，有很多不完善的地方，市场规则和市场秩序也没有完全走入正轨，存在着不少漏洞与空隙，这就为假冒伪劣制造者提供了可乘之机。

4. 法制不够健全和完善，执法力度不够，打假不力，在客观上助长了假冒伪劣的肆意横行

我国法律虽然对假冒伪劣的惩治作出了不少规定，但还不够具体，惩治力度规定偏轻或者难以执行。例如：新闻媒体曾曝光一制售假酱油牟取暴利者，按法律规定应处以“非法所得”多少倍的罚款，而制假者根本无账可查，其售假收入、非法所得没法计算，最后只能罚几个钱了事。媒体哀叹：“法律的无奈。”在执法过程中，由于多种原因，打假力度不够，往往以罚代法、以罚代刑，不能触动制假售假者的根本利益，对制假售假者缺乏威慑力量，以至于使“打假”变成“假打”，打假一阵风过去之后，假冒伪劣又重新抬头，且愈演愈烈。

为了保护名牌商品、名牌企业，推动名牌战略的实施，提高经济运行质量和经济效益，必须依法打击制假售假违法行为，加大打假力度。企业要运用法律手段同假冒侵权行为作斗争，法律、政府和全社会都要加大打假力度，严厉惩治假冒伪劣，加强品牌保护，从总体上提高产品质量水平，保护名牌商品的壮大发展，这是关系到经济

发展全局的战略问题，必须认真对待，长期奋斗，抓紧不放，抓出成效。

【实例 10-1】

庆丰包子铺宣布打假维权

庆丰包子铺于2014年2月20日宣布展开打假维权，称在一些地方发现了侵权行为。庆丰包子铺负责人介绍，长沙世界之窗有限公司2014年春节期间在长沙举办“庆丰包子来了·春节大庙会”活动，将5 000个包子运到长沙现场售卖，但合同并未说明采购包子的真实目的，侵犯了庆丰的商标专用权，而且售价是2个包子10元钱，比在北京的价格贵得多。庆丰强调，除了北京市区180家门店以及河北燕郊的3家门店外，尚未在其他任何省市以及地区特许授权开设庆丰包子铺，将保留追究法律责任的权利。

资料来源　佚名. 2104年2月度品牌事件［J］. 中国品牌，2014（3）.

10. 2 企业对品牌的自我保护

10. 2. 1　严格管理与不断创新是最重要的自我保护

企业对品牌的自我保护，最重要的是企业对自己严格要求、严格管理和永不自满、不断创新的精神和行动。

严格要求、严格管理体现在企业活动的各个方面和全部过程。其目的是为了保持和提升品牌竞争力，使品牌更具活力和生命力，成为市场上的强势品牌。

1. 坚持全面质量管理和全员质量管理

“质量第一”是品牌自我保护的根基。“以质取胜”是永不过时的真理。要牢固树立“质量是企业的生命”的观念，并把它贯彻到企业的一切活动和全部过程之中。企业要制定切实可行的质量发展目标，积极采用国际标准和国外先进标准，形成一批高质量、高档次的名优产品，提高名牌产品的市场占有率。企业要建立从产品设计到售后服务全过程的运转有效的、完善的质量保证体系，严格执行标准，重视计量检测，加强工艺纪律，搞好全员全过程的质量管理。要深入开展全面质量管理、质量改进和降废减损活动，认真贯彻质量管理和质量保证系列国家标准，积极推进质量认证工作，并借鉴国外企业科学的质量管理方法，推行“零缺陷”和可靠性管理，提高企业的质量管理水平。企业要以市场为导向，面向市场，以满足消费者的需要为目标，建立技术创新体系，加快产品更新换代，努力开发一批适应国内外市场需求的新产品，全面提高产品档次和质量水平。符合市场需求的高质量，是企业对品牌自我保护的重要法宝。

综观国内外一切成功的企业，其成功的原因固然很多，但无一例外地都把提高产品质量和品牌体现的质量作为战略问题放在企业生存发展大计的首位。严格质量管理，推进质量创新，是企业对品牌进行自我保护的基础和关键环节。越是市场俏销越要重视质量，保持质量的先进性、稳定性、持续性和创新性。

反观一些失败的企业，其失败的原因固然很多，但忽视质量，对质量管理抓得不紧、执行不严格，导致质量不稳定甚至下降，则是一个致命伤。有的企业一看到市场紧俏，产品供不应求，就降低质量，结果很快失去消费者的信任而被抛弃，许多一度颇有名气的品牌一旦出了名就放松质量管理，或者墨守成规，不再提高质量，最终被淘汰出局。忽视质量、降低质量，对品牌来说，无异于是饮鸩止渴的“自杀”行为。

2. 坚持成本控制和成本管理

在提高效率的同时降低成本费用，取得最低成本领先优势，提高品牌的竞争力。最低成本优势也是企业对品牌自我保护的又一法宝。如果对成本不加控制，疏于管理，那么严重的浪费就会把企业葬送。为了控制成本，实施成本最低领先战略，就必须采用先进技术，提高劳动生产率，使成本降低建立在先进技术的基础上，同时加强企业的资金管理、费用管理、财务管理、劳动管理、物资管理、设备管理、原材料管理、能耗管理和其他管理，把成本降低到最低水平。

3. 严格品牌商标管理

防止随意扩大本企业品牌商标的使用范围，导致品牌信誉度下降而遭受严重损失。企业创出的品牌商标，尤其是名牌商标，是一笔可观的无形资产，在进行企业兼并、收购、资产重组的过程中，转让商标使用权，是经常发生的。但在这一过程中，一定要严格把关，防止品牌商标转让的过度化和泛滥化。企业不要轻易转让注册商标使用权，尤其是对那些被兼并的后进企业，当它们质量达不到规定标准要求时，绝对不能让它们使用本企业知名的注册商标。否则，这些未达到质量标准的被兼并企业，用了知名商标却生产出低质产品，就会损害品牌声誉，甚至毁掉这个品牌商标。在实际经济生活中，的确有一些知名品牌的企业，为了图一时的蝇头小利，随意转让注册商标使用权，造成信誉下降，倒了牌子的事例，这是应该牢记的教训，千万不能重犯。

创新是企业的灵魂，是企业活力之源，不断创新是企业生存与发展又一重大的永恒课题。

创新也是一个系统工程，包括多方面的内容，主要有：

1. 观念创新

思想观念是行动的先导。没有观念创新就不可能有创新的实践。企业要牢固树立“创新是企业的灵魂”的观念，坚持用创新思维指导企业实践。要研究社会经济的现状和发展趋势，研究技术与市场结合的思路，掌握最新的市场信息进行创新活动。

2. 技术创新

技术创新是指企业应用创新的知识和新技术、新工艺，采用新的生产方式和经营管理模式，提高产品质量，开发生产新的产品，提供新的服务，占据市场并实现市场价值。企业是技术创新的主体。技术创新是发展高科技、实现产业化的重要前提。要从体制改革入手，激活现有科技资源，加强面向市场的研究开发，大力推广、应用高新技术和适用技术，使科技成果迅速而有效地转化为富有市场竞争力的商品。要把市场需求、社会需求和国家安全需求作为研究开发的基本出发点，强化企业的技术创新主体地位。企业不断进行技术创新并形成技术领先优势，就可以大大提高企业的品牌竞争力，加强品牌的自我保护。在技术创新过程中，企业要勇于突破，不断否定自己，不断超越自己，才能取得技术进步的领先地位，提升品牌竞争力。

3. 质量创新

质量不是一个静止的概念，而是一个动态的概念。必须根据科学技术的进步和消费者的需求，不断提高质量的科技含量和市场需求含量，使质量创新永远为消费者所接受。

4. 管理创新

在加强基础管理的同时，要根据新的情况不断引进新的管理理念、管理制度和方法，要通过企业管理实践，创造出新的管理模式，推动企业管理水平的提高。

5. 服务创新

服务是无止境的，企业要在为用户、为消费者服务的过程中，不断创新服务内容、服务项目、服务方法，提高服务水平和服务效果，使消费者和用户感受最良好、最满意的服务。

此外，还要进行市场创新、组织创新、制度创新等等，全方位、全面地进行创新，企业就会有无穷的生命力和永不枯竭的内在动力，推动企业不断发展壮大。创新也是企业对自己品牌最好的自我保护。

【实例 10-2】

创新文化推动管理创新

“企业之间的竞争，最终是文化的竞争。”海尔集团首席执行官张瑞敏认为，以创新为核心的海尔文化，正是推动海尔“两大转型”的强大动力。

海尔的管理和文化如同一条流动的河，处于永不停息的不断变革之中。为什么海尔的管理和文化始终在变？海尔人如此解答：因为我们盯住的是用户需求，而用户需求每天都在变化，所以海尔也要不断变化，以变制变、变中求胜、越变越好。

创新，是海尔文化的精髓；创业，是海尔企业精神的支柱。创新文化与创业精神，构成了海尔人的核心价值观。有海尔人这样比喻“两创”文化：每个人创新，叫创新文化；所有人不断创新，就是创业精神。可以说，海尔的转型，既是“两创”文化的必然结果，又推动了“两创”文化的提升和发展。

作为一种全新的探索，海尔商业模式的转型经历了较长时间的试验，在这个过程中，流程不断调整，机构不断重组，岗位不断变动，但海尔员工习以为常，并无怨言。因为在海尔人的理念中，变化是永恒的，唯一不变的就是对于创新的追求。

与新的商业模式相适应，为了更好、更快地为用户创造价值，必须树立一系列新的经营观念。在海尔，这种观念的更新被称为“调频”。海尔集团总裁杨绵绵介绍说：“企业转型必然涉及各种利益分配的变化，不是一件容易的事。让大家认同新的观念，并用创新的行动来实现目标，是非常艰巨的过程。围绕‘人单合一双赢’的价值主张，各个事业部都要进行观念‘调频’，有些事业部一年接受‘调频’的次数在五六十次以上，其中，有单独的、有分类的、有集体的，持续的‘调频’换来了观念的不断转变。”她认为，观念“调频”的结果，不仅推动企业加快实现转型的目标，也进一步丰富和提升了海尔文化的内涵。

对于关注海尔发展的人士来说，发生在海尔的管理变革是令人欣喜的。海尔的

“两大转型”是立足互联网时代、面向未来发展趋势的积极探索，是融合中外管理理念的创新实践，为正在加快发展方式转变的中国企业提供了有益的借鉴。

资料来源 刘成，张曙红．创新文化推动创新管理［N］．经济日报，2010-06-20.

10.2.2 积极开发和应用防伪技术

企业在开展品牌自我保护活动中，积极开发和应用防伪技术也是一个重要方面。

1. 防伪技术及其分类

所谓**防伪技术**，是指能增加制造加工难度，降低其制造仿真度的技术措施或手段。近年来，商标产品的假冒伪造激增，已成为最严重的社会问题之一。要有效地保护一个产品品牌或企业品牌，必须综合运用明显可见的和隐蔽的技术去防止假冒。新的防伪技术能快速、便宜、准确地揭示一个产品是真是假，是品牌保护和防止假冒的重要手段。

防伪技术可以从不同角度进行分类。

（1）功能分类。防伪具有保真与辨假两项功能。①**保真防伪**。其侧重点是为了使人们便于区分真假，在产品上或内外包装上附加一种防伪标志，以保证是真品。这是一种积极的、以预防为主的防伪方法。②**辨假防伪**，即被动防伪。对涉嫌的赝品通过物理、化学或生物学等各种防伪技术进行检验、鉴定，以辨真伪。由于这类检验是在事发之后，人们对某一产品质量产生怀疑时才进行检验的，故也称消极防伪。其目的主要是检查商品本身的质量。近年已发现一些内外包装、防伪标识是真而产品是假的假冒伪劣商品。两大功能相辅相成，保真以防伪，辨假为保真。

（2）应用领域分类。根据应用防伪技术的对象不同可分为三类：①**产品防伪**，即产品设计、制造过程中的防伪。为使名优特产品、新产品不被他人仿冒、假冒，生产厂家在产品设计、制造过程中，采取一些绝密的配方或技术方法、生产工艺流程，使其关键的技术内容不能或不易被他人仿制；或是在产品整体结构、外形与内外包装的设计上具有独到之处或暗记，而不易仿制。②**标识防伪**，即在产品上附加公众易于辨识的、鲜明的标志以区别真假，其中有防伪商标，也有防伪标识。标识防伪是应用最广的一种防伪技术。③**信息防伪**。它是保护真实信息及其载体不受干扰破坏、假冒、伪造的一种防范措施。

（3）使用范围分类。依防伪技术使用与辨识的范围可分为三种：①**公众防伪**，即所谓明防。在产品显要处设计上公众易于识别的鲜明标志，用肉眼即可辨别真假，如各种防伪商标、标识，便于群众随时随地辨别真假。②**专业防伪**，也称暗防。这种防伪需借助仪器、设备识别产品上的暗记、密码等，有的还需由专家在实验室检验、鉴定。专业防伪常服务于消费诉讼活动，为法庭提供证据。③**特殊防伪**。这是根据整体分离后同一认定的原理设计的一种防伪措施。

2. 防伪技术的主要技术类型

从技术角度看，防伪技术主要有以下技术类型：

（1）物理学防伪技术。应用物理学中机械、光、热、电、磁、声以及计算机辅助识别系统建立的防伪技术，如特种印刷图文、水印、激光全息图像、光学可变薄膜、超能防伪标识、磁性密码等。

（2）化学防伪技术。在防伪标识中加入在一定条件下可引起化学反应的物质，如光致变色、热致变色、压致变色防伪技术和电化学防伪技术以及各种无机荧光化合物的合成、利用等。

（3）生物学防伪技术。利用生物本身固有的特异性标志作为防伪的措施，如人的指纹、动植物的DNA遗传密码、人眼视网膜血管网等。

（4）多学科防伪技术。两种或两种以上学科方法的技术综合利用以防伪，如物理学与化学方法的综合利用，或二者与生物学方法的综合利用。如电化学、光化学的应用，把荧光、光致变色、光磁、光声等多种材料嫁接在动植物DNA上，作为示踪显示物，便于简化识别方法。

商标防伪可以采用综合防伪技术，如在以纸质为载体的商标或合格证上，采用水印、荧光纤维、荧光油墨、磁性油墨、安全线等防伪技术组合，具有较好的防伪效果。

3. 企业开发和应用防伪技术的途径

（1）企业自己独立开发和应用防伪技术。这一般是那些技术水平高、经营规模大的企业，有强大的实力独自开发防伪技术，尤其是在设计、制造过程中的防伪技术开发和应用。这种防伪技术一般多采用高新技术、拥有巨额投资的独占性设备。他人无法仿制或不易破解。

（2）企业与专业防伪部门合作开发和应用防伪技术。企业根据自己产品的特点和防伪要求，与防伪专业部门共同开发防伪技术产品，或者由企业委托防伪专业部门开发自己需要的防伪技术产品。

（3）企业直接向防伪专业部门订购已开发出的防伪技术产品。

不论哪种防伪办法，只要行之有效均可采用，或者结合采用。关键是企业必须要有清醒的头脑，高度的警惕，采用多种途径积极开发和应用防伪技术。事实上，我国的许多名优产品，如茅台酒、五粮液酒、青岛啤酒、红塔山卷烟等一大批名优产品都采用了各种防伪标志，对保护名优产品本身起了积极的作用。

但是，防伪技术不是万能的。有防伪技术，也有反防伪技术、造假技术。现在的问题是，防伪技术的应用比较混乱，防伪技术专业企业良莠不齐，到处上马，管理失控，使这个本应具有严格保密的行业失之过滥，许多防伪产品陷入了防伪—假冒—再防伪—再假冒的恶性循环，迫使一些企业频繁更新防伪标志，消费者难以鉴别，无所适从，监督部门也难以监督。因此，必须加强对防伪技术应用情况的监督和管理，使之真正成为防止假冒、保护名优产品的有力武器。即使如此，仅仅防伪还不够，企业还应积极打假，把防伪与打假结合起来。

【小思考10-2】

在企业是否有必要采用防伪技术上，你认为哪一种认识比较正确：

（1）防伪技术是企业品牌保护的唯一手段。

（2）防伪技术对企业没有必要，因为企业防不胜防。

(3) 防伪技术是企业对品牌自我保护的一种必要手段，但不是唯一手段。

【答案】(3)。

10.2.3 运用法律武器参与打假

企业尤其是名牌企业，除了应用必要的防伪技术外，还必须依靠法律、运用法律武器，积极参与打假，主动出击，进行自卫，保卫自己品牌的合法权益。企业依法打假，重点应解决好以下问题。

1. 提高认识，立足打假

假冒伪劣作为一种社会公害，是会长期存在的，不可能一劳永逸。企业要充分认识打击假冒伪劣是一场长期的、持久的战斗，要有长期作战的思想准备。企业要增强自我保护意识，立足打假，敢于与假冒伪劣进行针锋相对的斗争。

2. 成立打假机构，有组织地进行打假

假冒伪劣是一股社会浊流，渗透到社会的各个角落，没有一定的机构和人员专职去做，打假是难以奏效的。我国许多被假冒伪劣害苦了的名牌企业，成立打假机构和配备打假人员，积极参与打假，取得了显著成效。义乌市保护名牌产品联合会于1995年成立，刚发起时仅有40多家会员、63个受保护品牌。截至2013年，该联合会已拥有会员单位130家，遍及全国24个省、市、自治区及美、英、法、德、日、韩6个国家，保护的品牌有215个，已发展成为国内保护知名品牌最多的社会团体之一，逐步实现国际化的知识产权保护协作机构发展目标。18年来，仅工商部门查处的侵犯会员单位名牌产品权益的案件就有521起，涉及品牌91个，涉案金额570.73万元，罚没款877.41万元，其中有9起被移送司法机关追究刑事责任。

3. 要舍得投入，拨出必要的资金进行打假

打假要花费人力、物力、财力，因此没有必要的资金投入，打假也难以启动。法国企业每年要拨出相当于营业总额的5%的资金来对付假冒产品。我国一些名牌企业也开始重视这一问题，投入巨额资金用于打假。

4. 学习法律，依靠和运用法律进行打假

名牌商品和名牌企业往往是假冒伪劣的最大受害者。为了维护自己的名牌利益，保护自己的品牌声誉，企业要敢于和善于运用法律武器进行打假。为此，首先要学习法律，熟悉法律，尤其是《商标法》、《反不正当竞争法》以及有关惩治和打击假冒伪劣的条例法规。其次要敢于运用法律武器与假冒伪劣作斗争，不能退让回避，息事宁人。对假冒伪劣的容忍，就是对名牌产品的残忍，因为假冒伪劣泛滥会把名牌产品吞噬掉！最后要善于运用法律武器与假冒伪劣作斗争。假冒伪劣违法活动，不但有极大的危害性，而且有很大的隐蔽性，要善于掌握假冒伪劣违法活动的特征，深入细致地进行调查研究，认真取证，查清来龙去脉，向执法部门提供线索和情况，依靠法律武器去打击假冒伪劣，使假冒伪劣暴露于光天化日之下无所遁形。

但是，仅仅依靠企业自己来打假，是远远不够的。企业也没有那么大的能力去打假。要对品牌进行保护，还应依靠全社会共同努力。

【小思考 10-3】

企业参与打假是一种什么行为？

(1) 执法行为；(2) 依靠法律进行自我保护的行为；(3) 防伪行为。

【答案】(2)。

10.3 社会对品牌的保护

10.3.1 品牌保护是一项社会系统工程

品牌保护不仅是企业的事，而且是全社会的事，是一项综合性很强的社会系统工程，需要全社会的共同参与。除了企业对品牌的自我保护以外，全社会各方面都应积极参与品牌保护，包括法律的保护、政府的保护、社会团体的保护、舆论媒体的保护、消费者的保护等。

品牌保护为什么是全社会的事，为什么是一项社会系统工程呢？主要是因为：

1. 品牌化已成为市场经济发展的大趋势

市场经济发展到今天，伴随着市场竞争的日益激烈，品牌化已成为不可阻挡的潮流。为了更好地进行市场竞争，各个生产经营企业纷纷打出自己的品牌。不仅工业消费品的品牌越来越多，更加普及，而且生产资料也开始有了品牌；不仅工业品的品牌化日益发展，而且农产品也逐步创出品牌来；不仅生产领域的产品品牌在扩展，而且非生产领域如商业、餐饮、金融、旅游及其他服务行业的品牌也走向市场；不仅有产品品牌、服务品牌，而且有企业品牌、公司品牌等。市场经济已发展到品牌经济时代，品牌化的世界充满了品牌竞争，这就需要品牌保护来促进品牌经济的进一步发展。

2. 名牌战略日益深化和发展

品牌竞争优胜劣汰，品牌竞争优胜者中就产生出各种各样的名牌。以创名牌、保名牌、发展名牌为目标的名牌战略正在我国蓬勃兴起和深入开展。企业是实施名牌战略的主体，各级政府是推进名牌战略的重要指导力量，全社会都对实施名牌战略给予关心和支持。因此，品牌保护尤其是对名牌的保护和促进，是深入开展经济结构调整和提升经济运行质量的需要，是实施名牌战略的需要。

3. 完善市场规则，建立市场秩序

市场经济需要有日益完善的市场规则和正常良好的市场秩序来保障，品牌保护乃题中应有之义。品牌竞争需要有公平竞争的环境，完善的市场规则，良好的市场秩序。而市场规则、市场秩序的建立和完善又将进一步对品牌进行保护。市场规则和市场秩序的建立和完善，则需要全社会的参与，各方面共同遵守和维护。

4. 打击假冒伪劣，净化市场环境

打击假冒伪劣是品牌保护尤其是名牌保护的重要环节。而打击假冒伪劣是一项长期而艰巨的任务，更需要全社会的参与，动员全社会的力量共同来打假。现在假冒伪劣商品的日益猖獗，无孔不入，渗透到市场的各个角落，打假任务非常繁重，绝不是某一方面的力量所能完全胜任的。商品经济、市场经济本身虽然不是假冒伪劣产生的直接根源，但是商品经济、市场经济在发展中的空隙、漏洞，总会给不法分子以可乘之机，假冒伪劣也会长期存在，打假的任务也就任重道远。全社会各方面力量都动员起来，组织起来，并把突击打假与持续打假结合起来，打假才能取得一个又一个的重大成果，品牌保护才能有更加光明的前途。

10.3.2 法律对品牌的保护

市场经济从某种意义上说就是法制经济，对品牌的保护，首要的也是法律的保护。法律的保护具有权威性、严肃性、公正性，品牌保护纳入法制范围就有了最可靠的法律保障。

法律对品牌的保护，主要是以下两方面：

1. 立法保护

立法保护是通过制定和颁布有利于品牌保护的法律来实施对品牌的保护。从立法重点来看有两种类型：

(1) 鼓励性立法，即对品牌保护从正面提倡、鼓励和促进品牌发展和名牌战略的法律。例如，名优产品保护法、产品质量法、商标法、企业法、公司法等，这些法律主要是从正面积极引导、扶持和促进产品质量的提高、名优产品的创建、企业的健康发展，这是对品牌发展积极鼓励的正面保护，也是最大的保护。

(2) 惩罚性立法，即对危害品牌正常发展、破坏品牌运行正常机制的一切违法犯罪活动进行惩罚和打击的法律。例如，打击假冒伪劣法（或条例）、反不正当竞争法、整顿市场秩序法、取缔非法生产经营的法律等，这些法律主要从反面扫清障碍，为品牌保护提供良好的法律环境，通过惩罚性立法，有利于直接与假冒伪劣作斗争，为名优产品的发展开辟前进的道路。但二者又不是截然分开的，鼓励性立法中也有惩治假冒的条款，惩治性立法中也有鼓励保护名优产品的条款。我国在改革开放30多年中，随着市场经济体制的建立和发展，对品牌的立法保护进行了大量工作，制定了一批有利于品牌保护的法律、法规，例如商标法、产品质量法，反不正当竞争法、公司法等，但立法任务仍很艰巨。一是有些应该制定的法律还没有制定，如某些省市出台了打假的地方法规，但在全国范围内还没有一部完善的打假法；二是现有的法律对名优产品保护的力度和对假冒伪劣打击的力度还很不够，出现了许多对假冒伪劣的打击在“法律上无奈”的尴尬局面，使制假售假者无所畏惧，甚至逍遥法外。因此，应进一步加强对品牌的立法保护，从立法上进一步加强和完善名优产品的保护力度和对假冒伪劣的打击力度。

2. 司法保护

司法保护是依据现有的法律对品牌保护、打击假冒的实际司法行为。司法保护主要由司法机关如法院、检察院来实施，其主要方式是通过司法程序，以法律为准绳，以事实为依据，对假冒伪劣的违法犯罪行为进行法律制裁，以保护名优产品和名牌企业的声誉和利益。改革开放以来，我国司法部门对打击假冒伪劣的违法犯罪活动做了大量的工作，对触犯刑律的各种假冒伪劣案，如云南会理假酒致死人命案、山西朔州假酒致死人命案等依法进行了及时查处，对犯罪分子绳之以法，取得了很好的社会效果。但是，司法保护也存在着对假冒伪劣打击力度不够的问题，以罚代法的现象相当普遍，有的应该进行法律处置的没有依法惩治，为社会留下隐患。因此，加大司法保护力度，依法惩治假冒伪劣违法犯罪活动，是摆在司法部门面前的一项十分繁重和艰巨的任务，必须常抓不懈，抓紧抓好。

【实例 10-3】

辽宁：确保 2014 农资打假专项治理行动取得实效

2014 年 2 月 27 日，农业部等八部门联合召开 2014 年全国农资打假专项治理行动电视电话会议，辽宁省积极组织各级农业、工商、质监、公安等系统 850 余人收听收看了会议。会后，立即召开 2014 年辽宁省农资打假专项治理行动电视电话会议，要求全省各部门深刻领会全国会议精神，积极行动起来，认真抓好落实，切实维护农民利益，并结合辽宁实际，部署了 2014 年辽宁省农资打假专项治理工作。

一要抓住重点。结合辽宁省农业生产实际，在春耕和冬季设施农业生产等重点农时季节，以农资批发市场、运销大户、流动商贩、假劣农资案件多发地区等为重点区域，以种子侵权假冒，农药、肥料非法添加违禁物质，生产销售禁限用药物，盗用冒用转让农机推广鉴定证书、证章等行为为重点治理对象，加大执法检查力度，有效保证优质农资的生产和销售。

二要强化措施。一是强化农资经营管理。2014 年辽宁省将组织农业、工商、公安等部门在全省范围内联合开展一次农资经营单位大清理工作，全面清理一批经营资质、范围及经营条件不符合要求的农资经销店。届时，辽宁省将全面实行农药经营条件审查制度，并逐步实行农资产品经营备案制度。二是强化案件查处力度。在今年的农资打假专项行动中，各地一定要坚持真打狠打，不放虚枪，不搞假动作；要出重拳，不留情面，不能手软。对涉嫌犯罪的，要依法、及时移送司法部门追究刑事责任；对涉及面广、危害严重、影响恶劣的案件，可采取联合挂牌督办、集中办案等形式限期查办，坚决杜绝地方保护主义。三是强化农资监管信息平台建设。将农资产品纳入可追溯的信息化监管范围，利用信息化手段，开展企业信用评价，实行分类管理，全面推动农资生产到使用的全程监管和诚信体系建设，构建新型农资监管长效机制。四是强化服务指导。积极开展宣传培训活动，加强对农民合理购药、科学用药的指导，做好“12316”农资打假投诉举报案件的受理工作，务必做到“有案必接，接案必查，查必到底”。

三要确保落实。农资打假和监管工作要坚持属地化管理的原则，精心组织，落实责任，建立目标责任考评制度；各级农业部门要认真履行牵头协调职责，加强区域间、部门间、行业间的协作，形成打假合力；要充分发挥农业综合执法机构在农资打假工作中的重要作用，强化队伍建设，提升执法监管水平；要坚持群众路线，强化作风建设，着力解决群众反映强烈的突出问题，确保农资打假工作取得实效。

资料来源　佚名．辽宁：确保 2014 农资打假专项治理行动取得实效［EB/OL］．［2015-01-09］．http：//sannong. cntv. cn/20140303/101882. shtml.

10.3.3　政府对品牌的保护

政府对品牌的保护具有极其重要的作用，主要表现在：

1. 制定政策、规划、纲要，提倡和推动质量振兴和名牌战略

中央和地方各级政府对品牌的保护，首先要在政策、规划、纲要上积极提倡、鼓励和推动实施名牌战略，贯彻质量兴国的方针，从而在总体上提供了品牌保护的大环境。政府的政策提倡质量振兴和名牌战略，就能引导企业朝这个方向努力，社会也更加关注，从而有利于对品牌的保护。中国政府早在20世纪50—60年代就制定了“质量第一”的政策，改革开放以来，更是强调质量兴国，制定了许多相关的政策、纲要和规划。例如，中华人民共和国国务院于1996年12月颁布施行的《质量振兴纲要》（1996—2010年），国家经贸委、国家技术监督局于1997年2月发布实施的《关于推动企业创名牌产品的若干意见》，国务院于1999年12月作出的《关于进一步加强产品质量工作若干问题的决定》，国家工商行政管理总局2003年6月发布的《驰名商标认定和保护规定》、国务院于2012年2月6日颁布《质量振兴纲要》（2011—2020年）等，对积极引导、鼓励企业提高产品质量、实施名牌战略起了巨大的推动作用，并从总体上加大了对品牌保护的力度。各级地方政府制定的有关提高产品质量和实施名牌战略的各项政策措施，也有利于对品牌保护。

2. 组织开展创名牌的活动，总结推广创名牌的经验，推动名牌战略的实施

政府不直接参与创名牌，但政府可以利用宏观决策和宏观管理的职能优势，引导和组织企业开展创名牌的活动，总结他们创名牌的经验，进行交流和推广，使名牌之花开得更盛，从而推动名牌战略更好地实施。各省、市、自治区政府成立实施名牌战略领导小组（或指导委员会等）进行宏观指导与协调，对品牌保护和名牌战略的推进，起了很大的作用。

3. 对实施名牌战略和质量振兴规划进行具体的支持和帮助

具体实施名牌战略是企业的事，政府不能越俎代庖，但是政府应在力所能及的范围内给企业以具体的帮助和支持，为企业争创名牌提供物质的、精神的支援，协助解决一些具体的困难，例如，在资金贷款，交通运输、电力能源、基础设施、各方协调等方面，政府出面解决具体问题和困难，就极大地支持了企业创名牌的发展。有时一个具体困难就难倒了企业，政府在力所能及和政策允许的条件下协助其解决困难就能促进名牌企业闯过难关，发展壮大。

4. 加强检查监督，认真执法，加大打假力度，才能真正保护名牌

打击假冒伪劣和实施名牌战略是一件事物的两个方面。我们不仅要从正面积极引导和推进企业实施名牌战略，而且要从反面加大打击假冒伪劣的力度，才能保护名牌的健康发展。否则，让“李鬼”们泛滥成灾，会把“李逵”们扼杀掉的。许多名牌产品被假冒伪劣产品挤出市场的沉痛教训应该永远记取。政府及其有关职能主管部门是行政执法的责任承担者，是打假战场第一线的主力部队。政府及其所属的质量技术监督部门，工商行政管理部门，食品、药品检查检验部门、公安部门以及其他行政执法部门，都应认真履行自己的职责，加强对市场的管理，对进入市场的各类商品尤其

是与广大人民群众身体健康、生命财产安全有关的商品以及对生产过程的安全有密切关系的产品，要建立严格的检查、检验制度，并根据举报线索，依法打击假冒伪劣违法犯罪活动。政府各有关职能主管部门，应协同配合，联手打假，组织好执法力量，增强对假冒伪劣的打击力度，依法从重处罚，让制假售假者在经济上得不到任何好处，而且要受到惨重损失，甚至倾家荡产，使他们有所畏惧，不敢肆无忌惮地从事制假贩假的违法活动。

10.3.4 打一场品牌保护的人民战争

对品牌的保护，打击假冒伪劣，关系到社会各界和广大人民群众的切身利益，要动员各方力量和广大人民群众积极参加，打一场品牌保护的人民战争，动员全社会来打假。

1. 有关社会团体要积极参与品牌保护和打假活动

许多社会团体与打假活动有密切关系，应积极参与打假活动，保护品牌的合法权益。例如，各地的消费者协会应该是代表消费者利益的社会团体，在维护消费者权益、打击假冒伪劣方面责无旁贷。又如工会、共青团、妇联、工商联、商会以及其他一些群众团体，也应积极关心和组织力量参与打假，保护名牌。

2. 媒体宣传部门要为打假和保卫名牌大造舆论

新闻媒体是群众的喉舌，应代表广大人民群众的利益，敢于揭露各种假冒伪劣的丑恶行径，把它们曝光于大庭广众之下，成为过街老鼠，人人喊打。要通过新闻媒体的揭露和曝光，使制假造假者声名狼藉，威风扫地，让广大人民群众识别制假售假者的丑恶嘴脸，与他们划清界限。

3. 商业经销部门应自觉打假，拒售假货

商业经销部门是商品流通的主要渠道，各类大中小型商店应以消费者利益为重，不购假，不售假，不欺诈，不违法，让消费者买得放心。为此，商业部门应严把进货关，把假冒伪劣商品拒之门外。一旦有假冒商品混入流通领域，应坚决予以清理，不让消费者受损失。

4. 消费者也应积极参与打假

广大消费者是假冒伪劣商品的最大受害者，应该奋起自卫，积极打假，保护自己的合法权益，消费者在遭遇到假冒商品的侵害时，应勇敢地拿起武器，依法进行斗争，而不应息事宁人。“王海现象”是消费者觉醒的一个重要标志。应该让各地的“王海们”多起来。我们的司法执法和行政执法部门，我们的消费者协会和各种组织，都应该维护消费者的合法权益，支持消费者与假冒伪劣作斗争。

5. 社会各方面力量应联合起来，协同作战，共同开展打假斗争

社会各方面力量应联合起来，互相配合，协同作战，形成一股强大的合力，以发挥更大的威力，取得打假斗争的显著效果。我国每年由有关主管部门、新闻媒体、广大消费者参加的“3·15 消费者权益保护日”活动，有关方面组织的“质量万里行”活动，有关部门联合组织开展的“百城万店无假货”活动，有关职能主管部门联合开展的查大案、端窝点、整市场、清柜台、健全监督网络，常抓不懈、持续开展打击

制售假冒商品的活动，有关主管部门联合举办的“名品进名店，名店卖名品”的活动等，都有力地打击了假冒伪劣违法行为，促进了创名牌、保名牌、发展壮大名牌活动的深入开展。

本章小结

品牌保护是对品牌的所有人、合法使用人的品牌实施各种保护措施，以防范来自各方面的侵害和侵权行为。品牌保护的核心是商标权保护。商标专用权的保护范围，以核准注册的商标和核定使用的商品为依据。

商标侵权行为的法律特征是：(1) 非法使用他人注册商标的行为；(2) 未经商标所有人许可的行为；(3) 在相同或类似商品上使用与注册商标相同或近似商标的行为。

保护商标专用权，是指用法律手段制止、制裁一切侵犯商标专用权的行为，以保护商标注册人的合法权益。商标专用权保护有如下特点：(1) 保护工作量大、面广；(2) 商标侵权责任及侵权损失赔偿额的确定较复杂；(3) 与消费者利益极为密切。

品牌假冒集中表现为假冒商标。假冒商品日益泛滥，已成为仅次于贩毒的世界第二大“公害”。以假冒商标为主要形式的假冒伪劣行为具有极大的危害性：(1) 给名牌商品、名牌企业造成巨大伤害甚至毁灭性的打击，严重破坏名牌战略的实施；(2) 严重损害消费者利益，给消费者造成巨大经济损失甚至危及消费者的健康和生命；(3) 给国家造成重大经济损失，严重损害国家利益；(4) 败坏出口商品形象，对我国国际贸易造成恶劣影响；(5) 破坏市场经济秩序，败坏社会风气，损害政府的威信。

假冒商品猖獗的主要原因是：(1) 牟取非法暴利的巨大贪欲；(2) 地方保护主义从中作梗，或明或暗地支持制假售假；(3) 市场经济体制还不够完善；(4) 法制不够健全，打假执法力度不够。

为了保护名牌商品和名牌企业，推动名牌战略的实施，必须依法打假，加强品牌保护。品牌保护包括两个大的方面：企业对品牌的自我保护；社会对品牌的保护。

企业对品牌的保护主要从以下三个方面进行：(1) 严格管理与不断创新是最重要的自我保护；(2) 积极开发和应用防伪技术；(3) 运用法律武器参与打假。企业参与打假，一是要提高认识，要有与假冒伪劣长期斗争的思想准备；二是要成立打假机构，配备打假人员从事打假工作；三是要加大投入，拨出必要的经费用于打假；四是要学习法律，运用法律武器进行打假。

社会对品牌的保护要发动和组织社会各方面的力量来进行。主要包括：(1) 法律对品牌的保护。一是立法保护，通过立法来对品牌进行保护；二是司法保护，通过司法机关的司法执法来对品牌进行保护。(2) 政府对品牌的保护。一是制定政策、规划、纲要，提倡和推动质量振兴和名牌战略；二是组织开展创名牌的活动；三是对企业实施名牌战略进行具体的支持和帮助；四是加强检查监督，认真执法，打击假冒伪劣。(3) 动员社会各方面力量和广大人民群众参加，打一场品牌保护的人民战争。

关键概念

品牌保护　商标专用权保护范围　商标侵权行为　防伪技术　保真防伪　辨假防伪　产品防伪　标识防伪　信息防伪　公众防伪　专业防伪　特殊防伪　立法保护　司法保护

思考题

10.1　怎样理解商标权的保护是品牌保护的核心？
10.2　假冒伪劣猖獗有何危害性？
10.3　“花都机现象”给我们以什么警示？
10.4　企业对品牌为什么要进行自我保护？怎样进行自我保护？
10.5　企业应用防伪技术进行品牌保护的途径有哪些？
10.6　企业如何运用法律武器参与打假？
10.7　从法律角度看，立法保护与司法保护各有何作用？如何把二者结合起来？
10.8　政府对品牌的保护有哪些作用？
10.9　商业经销部门如何打假？
10.10　消费者为什么也应积极参与打假活动？

练习题

10.1　商标侵权行为有哪些法律特征？
10.2　假冒伪劣商品泛滥有何发展趋势？
10.3　企业对自己严格管理与不断创新，为什么是最重要的自我保护？
10.4　防伪技术在品牌保护中有何作用？
10.5　企业为什么也要参与打假？
10.6　广东出台打假的地方法规有何现实意义？
10.7　政府在推进名牌战略的实施和打击假冒伪劣活动中有何重要作用？
10.8　消费者协会等社会团体应该怎样参与品牌保护和打假活动？
10.9　媒体宣传部门在打假和保护名牌活动中应该发挥什么作用？
10.10　社会各方面力量如何协同作战、联合打假？

自测题

10.1　什么是核准注册商标和核定使用商品？
10.2　何谓严重的商标侵权行为？
10.3　商标专用权保护有哪些特点？

10.4　以假冒商标为主要形式的假冒伪劣行为有何危害性？

10.5　假冒伪劣商品猖獗的原因是什么？

10.6　企业应该怎样对品牌进行自我保护？

10.7　为什么说品牌保护是一项社会系统工程？

10.8　法律对品牌的保护具有什么特点？法律怎样对品牌进行保护？

10.9　政府应从哪些方面对品牌进行保护？

10.10　“百城万店无假货”活动、“3·15消费者权益保护日”活动、“质量万里行”活动等，是品牌保护中的一种什么类型的活动？

案例分析

冠县鸭梨：延伸链条保护品牌

山东省冠县鸭梨为冠县的“县果”。2006年5月24日，国家质检总局正式批准对冠县鸭梨实施地理标志产品保护。冠县质监局紧紧抓住这一品牌的保护与发展新机遇，坚持“保护一个产品、做强一个产业、富裕一方百姓、拉动一方发展”的工作思路，延伸产业链条，加强“冠县鸭梨”保护工作，收到了显著成效。

一、政府重视质监行动

2006年，冠县人民政府出台了《冠县鸭梨地理标志保护工作实施意见》并成立了地理标志产品保护领导小组与监督管理委员会，由冠县质监局负责牵头组织实施所有保护工作。为提高全社会的鸭梨品牌保护意识，冠县质监局先后组织了“冠县鸭梨质量行”、“延伸鸭梨产业链条”等宣传活动，还积极参加农产品展销会等活动，充分展示优质鸭梨产品。同时，适时邀请有关质量专家举办知识讲座，提升果农的品牌意识。通过一系列的活动，广大果农和群众对“冠县鸭梨”这一品牌的保护、提升和发展有了深刻的认识。

二、完善标准助推规模发展

自申报工作启动后，冠县质监局积极协调农业、林业等部门起草制定相关标准，并积极推广实施。针对原来一家一户生产规模小、标准难推广的实际情况，冠县质监局牵头成立了两个专业合作社，制定了统一的生产技术规范和操作规程，采取集中培训、发放宣传手册和明白纸、全程跟踪指导等方式，推广了树形修剪、果品套袋、施用有机肥等鸭梨栽培先进实用技术和无公害栽培技术，果形、品质和产量全面改观。带领农户“抱团”创市场，果品畅销北京、上海、广东、湖南等17个省、市、自治区，产品远销新加坡、马来西亚、印度尼西亚及欧美澳各国，年出口量达1 000万公斤。因产品质量和果农“定价权”的提高，价格比获得地理标志保护产品称号前高出0.2元以上。目前，冠县鸭梨的种植面积达1.3万多公顷，产量达到3.6亿公斤，产值4亿多元，实现了鸭梨产业规模化生产，已成为冠县重要的经济支柱产业。

三、发展关联产业延伸链条

为助推鸭梨产业发展，冠县质监局立足质监职能，服务鸭梨深加工等关联产业，相继帮扶山东百果庄园食品有限公司和山东奈伦果汁有限公司按照《食品生产许可证实施细则》要求，规范厂区，培训人员，提高检测水平，取得了食品生产许可证。仅这两家公司每年收购鸭梨1万多吨。同时，冠县县委、县政府审时度势，借助地理标志这一品牌，充分发挥梨园资源优势，按照“春观花、夏赏绿、秋尝果、冬品树”的理念，投资2 000余万元，建成了以梨文化为主题，集观光、民俗、休闲、文化体验为一体的农业生态旅游区。冠县质监局积极帮助其编制服务标准，完善标准体系，梨园一举被评为山东省农业旅游示范区、国家4A级景区，还被国家工商总局批准注册为“中华第一梨园”。目前，冠县已成功举办了七届梨花观光周和六届采摘游园活动。

资料来源　李成．冠县鸭梨：延伸链条做响品牌［J］．中国品牌，2012（11）．

问题：

1. 冠县质监局从哪些方面进行“冠县鸭梨”的品牌保护工作？

2. 冠县质监局是如何打造其“梨文化”的？这些措施对于保护其“冠县鸭梨”的品牌起到怎样的作用？

3. 结合本案例，你认为保护品牌应重点采取哪些措施？

补充阅读材料@

1. 罗子明，等．新媒体时代的危机公关——品牌风险管理及案例分析［M］．北京：清华大学出版社，2013：44-93.

2. 方正．产品伤害危机对品牌资产的影响研究［M］．北京：北京大学出版社，2012：14-63.

3. 曹利强．品牌风险评价与危机管理［M］．郑州：河南人民出版社，2011：229-251.

4. 林晓．互联网将再演网络品牌保护憾事［J］．网络与信息，2011（5）：18.

5. 朱礼好．保护自主品牌协会和政府应有所作为农机市场［J］．农机市场，2012（6）：10.

6. 刘志强．品牌之路，怎么走？——浅谈如何维护企业的品牌［J］．企业标准化，2002（2）：24-25.

7. 王兆勇，等．中外商标之争国内企业获胜农药品牌建设跨一大步［J］．农化市场十日讯，2011（17）：17.

8. 刘婧维．外资并购中的民族品牌保护［J］．合作经济与科技，2014（4）：23-24.

9. 李海霞．民间传统文化品牌的特性与保护主体模式评析［J］．中外企业家，2014（1）：115-117.

10. 王彦梅，等．我国企业品牌维护存在的问题与对策［J］．河北软件职业技术学院学报，2008（4）：53-56.

附录　自测题参考答案

第 1 章　品牌概论

1.1　产品品牌、服务品牌、企业品牌有其内在的联系。产品品牌是服务品牌、企业品牌形成的基础；服务品牌、企业品牌是产品品牌的延伸和发展。其主要区别是三种品牌所体现的领域和范围不同。产品品牌体现在有形的物质产品领域；服务品牌体现在无形的服务领域（但必须有有形的物质设施来支撑）；企业品牌则是以整个企业（公司）的整体形象作为品牌的体现者，因而具有更大的范围和更高的层次。

1.2　品牌现象与市场经济发达程度是一种正相关的关系。在自然经济条件下，不存在品牌现象。在市场经济萌芽和初步形成时期，开始出现个别的、少量的品牌现象。在市场经济得到较大发展和市场经济比较发达的情况下，品牌及品牌竞争就成为普遍现象了。

1.3　品牌营运与资本营运有着极为密切的关系。简言之，品牌营运是资本营运的核心和先导，资本营运是品牌营运的支撑和后盾。没有品牌营运的资本营运，只能是“拉郎配”式的大凑合，是一盘散沙。没有资本营运的品牌营运则很难发展壮大，导致发展后劲不足，很难形成大名牌、大企业。只有以品牌营运为核心带动资本营运的发展，才能更好地优化资源配置，搞好资产重组，使名牌企业迅速成长壮大。例如，国外的通用、福特、飞利浦、奔驰，国内的海尔、康佳、长虹、春兰等名牌企业，都是以自己的名牌为核心去兼并、重组其他企业，把其他被兼并、重组的企业纳入到名牌运作的体系中来，从而使自己迅速成长壮大起来。

1.4　名牌经济的客观性主要表现在：(1) 普遍性。名牌现象广泛而普遍地存在于经济领域的各个方面、各行各业。(2) 持续性。名牌现象具有连续性和长期性，从未中断过。(3) 稳定性。名牌现象在一定时空范围内总有一个相对稳定的名牌系列，成为经济运行动态过程中的一种经济恒定现象。(4) 联系性。经济领域中的名牌现象具有内在联系性和总体性，名牌的横向联系和纵向联系，形成由名牌产品、名牌服务、名牌企业、名牌（优势）产业及其相互关联所构建的名牌经济总体格局。(5) 先导性。名牌现象具有时代性和先导性，它立足于现实市场，着眼于未来市场，名牌经济应该是永远站在时代前面的开路先锋。

1.5　根据对青岛的大企业经济的分析，这些大企业都是名牌企业，因此青岛的大企业经济同时也是一种名牌经济。但是不能由此推论说，大企业经济都是名牌经济。例如某些在计划经济体制下形成的大企业又没有转变体制，就不可能形成名牌经济。因此，大企业经济并不等同于名牌经济。同时，名牌经济并不排斥中小企业经济，中小企业经济中的优秀企业，往往是构成名牌经济的重要组成部分。一些优秀的小企业通过扩张也可能转化为名牌大企业。美国的硅谷是高新技术产业的发源地，但它却是以中小企业为主的高新技术企业占多数。因此，名牌经济应该是大中小企业共同发展，共创名牌、有机结合的经济。

1.6 2012年8月13日，《巴伦周刊》列出了中国十大最具影响力品牌，涉及领域广泛。百度、长城汽车、海尔、联想、李宁、茅台、腾讯、青岛啤酒和云南白药纷纷上榜。上榜品牌成为中国新经济力量，具有一定代表性。但是，中国名牌的兴起和发展，不论是焕发青春的老字号，还是脱颖而出的新名牌，都远远大于这个数字。因此，10个品牌还不能反映出名牌事业发展的全貌。

1.7 近年来，中国企业海外并购的热度一年比一年高。国际会计师事务所普华永道发布的中国企业并购报告显示，2013年下半年，中国企业共参与海外并购119宗，比去年上半年增长52%，与上年同期相比增长25%。其中，民营企业参与了88宗海外并购交易并创半年度历史新高，并购金额为42亿美元。2013年全年，中国大陆企业共参与海外并购200宗，并购数量同比上升5%，并购总金额达515亿美元。对于很多企业来说，就是希望通过收购海外知名品牌和世界顶尖的技术知识，提升其在价值链中的地位。这种并购的过程事实上也是名牌经济进一步形成、发展、壮大的过程：(1) 可以进行优势互补，提高名牌的聚合效应；(2) 有利于资源优化配置，推动名牌企业和名牌经济的发展；(3) 引起了中国企业的重新组合和新的发展，促进了名牌经济的壮大；(4) 有利于巩固战略竞争优势，从而为名牌企业和名牌经济的成长创造出更好的市场环境。

1.8 知识经济并不排斥名牌和名牌经济；相反，知识经济时代将会出现更多的名牌，名牌经济将有更大的发展空间。这是因为，一方面市场经济将更加普遍更加发达，为名牌经济的发展提供了更雄厚的基础；另一方面，知识经济和高新技术的发展会形成和创造出更多的新产品。出现更多的新名牌，从而为名牌经济的发展提供更广阔的活动空间，知识经济时代的新名牌将不断涌现。

第2章 品牌名称

2.1 品牌是市场经济的产物，是经济领域的现象。但品牌名称却带有浓厚的文化色彩，它是品牌构成中可以用文字表达并能用语言进行传递和交流的部分。因此，品牌名称离不开品牌赖以产生的人文环境、社会环境，具有丰富的文化内涵，品牌名称就成为经济领域的一种文化现象。

2.2 品牌名称能给人带来某种联想，是因为这个名称往往和它所代表的品牌有一种内在的联系，体现了品牌的个性和特色。品牌名称本身含有丰富的信息，能给消费者以整体印象和基本评价。例如，莱斯劳斯、林肯代表了高贵、豪华的轿车；奔驰、丰田代表了快捷、优质的小汽车；尼康、佳能代表了高质量的相机；麦当劳、肯德基代表了服务上乘的美式快餐，等等。品牌名称不是无关紧要的简单符号，而是蕴含着重要信息的宝贵资源，应该充分挖掘和利用。

2.3 中国品牌名称具有浓厚的民族性（以汉族为例，下同）。它是中国五千年文明史的文化积淀在品牌上的反映，表现了中国悠久的历史传统、地方风俗、文化源流、民族特色，具有鲜明的独创性。从某种意义上说，中国品牌名称像一盏灯，照亮了中国品牌的历史，反映了中国的历史和文化。例如，孔府家酒、孔府宴酒反映了以孔子为代表的儒家文化；茅台酒、五粮液、剑南春、杏花村等名酒反映了地方文化特色和历史典故；凤凰、麒麟、神龙、鸳鸯等名称反映了汉民族的民间风俗；幸福、永久、长寿、福临门、万家乐、红双喜等名称反映了吉祥如意的良好祝愿。中国品牌名称的丰富多彩，反映了中国悠久的历史和深厚的文化底蕴。

2.4　欧美一些国家和地区，多以英语表示品牌名称。英语表示的品牌名称，也讲究音感和语感，注意词语简短和发音响亮。通常情况下，英语品牌名称往往也只有两三个音节，并且常以发音干脆的“K”、“P”、“C”、“B”、“D”等字母开头，如Coca-cola（可口可乐）、Bass（巴斯）、Disney（迪斯尼）等。如果品牌名称很长，字母拼音较多，则往往采用简称，如International Business Machine简化成IBM后，风行全球。这些都说明英语品牌名称也必须简短明了，易读易记。

2.5　“六必居”品牌有丰富的文化内涵。“六必”最初源于酒文化的酿酒“六必”：黍稻必齐，曲蘖必实，湛炽必洁，陶瓷必良，火候必得，水泉必香。后来，“六必居”制作酱菜，“六必”又体现了酱文化的质量要求：原料必精选，腌制必精湛，酱味必浓郁，色泽必鲜亮，味道必清香，咸甜必适度。六必居酱菜所独到的鲜、嫩、脆、香、爽、甜的特色和风味，蕴含了浓厚的文化气息，这是“六必居”品牌得以打响的主要原因。

2.6　品牌名称设计主要有三种方法：（1）企业自己设计；（2）社会征集或招标设计；（3）聘请专家设计。这三种方法各有所长，可以分别单独采用，也可以有机结合，同时采用。这应视具体情况而定。

2.7　“金利来”这一品牌名称是由该企业的董事长曾宪梓自己设计的。这个名称的由来有一段有趣的历史。起初，曾宪梓为他的公司生产的领带起的品牌名称叫“金狮”，但在香港口语中，“狮”与“输”的读音相近，“金狮”容易喊成“金输”，香港人图吉利，对“输”字很忌讳，因此“金狮”牌领带销路不畅。后来曾宪梓绞尽脑汁，想出一个办法，将“金狮”的英文名“Gold Lion”由意译改为音译与意译相结合，取名“金利来”。这一品牌名称符合香港人的心理，很快受到人们的欢迎。从“金利来”品牌名称设计的过程中，给我们最大的启迪是：产品不仅要质优款新，而且要为产品品牌取一个好名字。国内外一些著名企业都十分重视品牌名称设计，其道理也在这里。

2.8　透过现象看本质，脑白金广告虽然强势，也受到了不少指责。但是，归根到底，它达到了提高产品销量的目的，可见，其广告运作模式仍有可取之处：第一，它以消费者需求为核心规划产品广告的初衷，以“加深睡眠、改善肠胃”作为核心诉求点。产品定位十分精准，在广告宣传上抢占了先机。第二，采用密集式广告投放运作，以大规模的广告突围和多层次、花样翻新的广告取悦消费者，并充分运用中国消费者崇尚权威、尊敬老人、爱面子、求时尚、追随潮流等心理特征，对广告语言和画面进行设计。第三，在对“送礼”概念的强势灌输后，主要对功效进行集中诉求，使消费者很快认识到脑白金“年轻态、健康品”的特质。第四，主要实施“多方控制、遍地开花、及时同步”的媒体策略。报纸广告以理性诉求为主；电视广告以感性诉求为主；网络广告以产品起源、功效诉求为主等。

第3章 品牌商标

3.1 中国出现商标的历史很早，但直到1904年（清光绪三十年）才正式颁布第一部商标法，即《商标注册试办章程》。中华人民共和国成立以后，由政务院于1950年7月28日批准实施的《商标注册暂行条例》，是新中国第一部统一实行的商标管理法规。同年9月29日又颁布了《商标注册暂行条例施行细则》。1963年4月10日，国务院公布了《商标管理条例》。同年4月25日，国家工商行政管理局公布了《商标管理条例施行细则》。十年“文革”期间，商标管理机构被撤销，商标注册工作基本停止。1978年9月，国务院成立了国家工商行政管理局，下设商标局，并恢复了商标统一注册工作。1982年8月23日，第五届全国人民代表大会常务委员会第二十四次会议通过了《中华人民共和国商标法》（以下简称《商标法》），自1983年3月1日起施行。1983年3月10日，国务院发布施行了《商标法实施细则》。1993年2月22日，第七届全国人大常委会第三十次会议决定对《商标法》进行修改并重新公布，《商标法实施细则》也作了修改并于1993年7月28日重新发布。第九届全国人民代表大会常务委员会第二十四次会议于2001年10月27日再次修订并通过《商标法》。最新修订的《商标法》由中华人民共和国第十二届全国人民代表大会常务委员会第四次会议于2013年8月30日通过，自2014年5月1日起施行。2002年8月11日国务院令公布了《中华人民共和国商标法实施条例》。2003年4月17日，国家工商行政管理总局局务会议审议通过《驰名商标认定和保护规定》，自2003年6月1日起施行。2009年4月22日由最高人民法院审判委员会第1467次会议通过《最高人民法院关于审理涉及驰名商标保护的民事纠纷案件应用法律若干问题的解释》。保护驰名商标有关的法律规定还有《中华人民共和国反不正当竞争法》、《中华人民共和国民事诉讼法》等。

3.2 商品商标是由文字、图形或者其组合等构成，使用于商品上，用以区别不同商品生产者或经营者所生产或经营的同一商品或类似商品的显著标志。商品商标的国际分类，是根据《商标注册用商品和服务国际分类表》的分类。该表将商品或服务共分为42个类别，其中1～34类为商品类别，包括日用消费品、农产品、生产资料等各类商品。商品商标采用国际分类有如下优点：（1）便于商标局按国际分类标准进行审查而进行的事先检索；（2）有助于商标注册申请人了解情况；（3）有利于商品商标在其他国家申请注册。

3.3 服务商标是指提供服务的经营者，为把自己提供的服务与他人提供的服务区别开而使用的标志。《商标注册用商品和服务国际分类表》的国际分类中，将服务分为8大类，即国际分类中的第35～42类。服务商标与企业名称有一定的联系，即二者都有区别不同经营出处的功能。但二者的区别更明显，主要有：（1）识别对象不同。服务商标仅用于识别和区别不同的服务出处；企业名称则用于不同企业的经营，包括服务与商品。一个企业可以有很多个服务商标，但企业名称一般只能有1

个。(2) 法律程序不同。服务商标只要不侵犯他人的注册权，不经注册也可以使用；企业名称则必须经国家指定的主管机关核准登记注册后才能使用。(3) 专用权范围不同。服务商标经注册后，在全国范围内享有专用权；企业名称只在规定的区域内享有专用权。(4) 表现形式不同。服务商标的表现形式是文字、图形或其他特殊形象的标志；企业名称则只能用文字表示。(5) 构成要素不同。服务商标只能由与众不同的显著部分构成，不得包含行政区划名称；企业名称一般由字号、行业或经营特点、组织形式、行政区划名称组成。(6) 权利特点不同。服务商标属于工业产权，可以依法单独转让他人使用或许可他人使用；企业名称不能单独转让，也不可以许可他人使用。

3.4　商标按表现形式的类型不同，可以分为三类不同的商标设计方式：(1) 商标文字设计。它是品牌名称设计的艺术化和形象化。商标文字设计，可以是单一语种的文字设计，也可以是不同语种文字组合设计，还可以是数字组合设计，或数字与文字的组合设计。(2) 商标图形设计。它是以形态各异的图案作为商标形象的一种设计。(3) 商标文字与图形组合设计。它是把商标的文字设计与图形设计结合起来，形成既有文字又有图形的组合商标设计。它兼有文字与图形商标的优点，又避免了二者的不足，具有图文并茂，标志清晰的特点，符合人们的审美情趣，因而愈来愈广泛地被采用，以至成为商标设计的主流。

3.5　商标注册是商标所有人对其所设计的商标向法定机构提出申请并经过一定法定程序审批认可、获得商标权的过程。自愿注册是由商标所有人（或使用人）自行决定其商标是否注册。自愿注册的商品商标，无论其是否注册了，均可在市场上销售。我国多数产品的商标实行自愿注册。强制注册又称必须注册。它是指导某些商品的商标，国家规定必须注册，未经核准注册的，不得在市场上销售。我国规定，人用药品商标，如人用中成药、化学原料药及其制剂，抗生素、生化药品、血清疫苗、血液制品和诊断约品等；烟草制品，如卷烟、雪茄烟和有包装烟丝的商标，均必须注册，方能销售。此外，我国还规定，对直接涉及人民健康的极少数化妆品、食品等，也必须使用注册商标。不得注册商标与未注册商标有区别：不得注册商标是根据有关法律的规定，不准注册的商标，它是一种法律行为。我国规定以下几类商标不得注册：(1) 不具备法定构成要素的标记；(2) 无显著性的标记；(3) 违反公共秩序和道德的标记；(4) 与他人在先权相冲突的标记。未注册商标则是根据自愿注册原则在法律上允许的由商标权人自行决定不予注册的商标，它是一种自愿的民事行为。

3.6　注册商标必须具备显著的特征。从一般意义上说，显著性就是易于识别性。但是，在法律上无法正面回答哪些商品具有显著性，而只能列举哪些商标不具有显著性，因此，在法律上是通过否定判断，指出某商标不具备显著特征予以否定，不予注册，而不能指出其不显著性的商标，则应视其为具有显著性，应予以注册。一般来说，凡是违反商标法禁用条款的，直接描述商品的功能、用途等特点的，在同一种或类似商品上与其他注册或初步审定的商标相同或近似的等，该商标就不具备显著性，商标局就应驳回其申请，不予初步审定，更不予注册。

3.7　注册商标续展，是指对已注册的商标继续延长其商标权有效期限的法律程序。商标注册后，商标权人享有商标专用权，简称商标权。但是，商标权不是无限期的，而是有保护期限的，期限一过，就丧失效力，不再受法律保护。各国对商标权规定的有效期长短不一，最长的为20年，最短的为5年，我国现行《商标法》规定为10年。有没有办法延长其有效期限呢？有。这个办法就是商标注册续展。各国商标法都对商标注册续展作出了明确的规定。我国规定，商标注册有效期限届满前6个月可以申请续展，每次续展有效期限仍为10年，续展的次数没有限制，亦即可以连续续展。如果不按期续展，商标权就会自行消失。我国《商标法》还规定，注册商标在期满前6个月内未能提出申请续展的，可以给予6个月的宽展期，宽展期内仍未提出申请的，则注销其注册商标。这个规定是很宽容的。一个企业应珍视其注册商标的无形资产价值，绝对不应该出现忘记注册商标续展这样的重大失误。

3.8　马德里商标国际注册又简称商标国际注册，它是根据《商标国际注册马德里协定》及其实施细则建立起来的马德里联盟成员国之间的注册体系，通过国家商标局申请商标国际注册，并通过国际局延伸到各成员国家的注册方式。马德里商标国际注册具有省时、省力、省钱的优点，只须提交一次申请，使用一种语言，即法语，交一次费用，一年之内完成。申请人指定保护的国家的商标注册机关如果在一年之内不作出驳回声明，该商标即可以在该国受到保护。国际局通过审查之日起，商标的国际注册即发生法律效力。商标国际注册，为在国外注册开辟了新的途径，通过国家商标局申请商标国际注册，即可由国际局延伸到各有关国家。但马德里商标国际注册也有其很大的局限性，即马德里协定成员国较少，远没有覆盖全世界。到2010年9月1日共有85个成员，而一些发达国家如加拿大、新西兰等并不是马德里协定成员国。因此，马德里商标国际注册不可能在全世界各国都受到保护。

3.9　中国驰名商标的认定，经历了一个从试点到逐步展开，由不规范到逐步规范，由个别认定到成批认定的过程。其中，以1996年8月14日发布并实施的《驰名商标认定和管理暂行规定》为标志，中国驰名商标的认定逐步走上规范化的轨道。中国驰名商标认定的程序、方式和要求是：（1）统一规定由国家商标局负责认定；（2）由商标所有人提出认定申请；（3）规定了申请认定驰名商标的若干条件和要求；（4）认定时公开、公正并征询各方面意见；（5）认定结果应予公布。中国自1985年加入《保护工业产权巴黎公约》以后，就开展了驰名商标的认定和保护工作。1989年，“同仁堂”商标被认定为中国驰名商标，拉开了中国驰名商标认定工作的序幕。20世纪90年代，中国开展了多次驰名商标的认定工作。到2000年1月初，中国认定驰名商标的总数共计达153个。认定步伐逐渐加快，规模逐步扩大。从1989年到1995年，中国驰名商标共认定19个；1997年一次认定23个；1999年1月一次认定45个；1999年12月（2000年1月初公布）一次认定66个；2009年4月国家商标局有一次宣布认定了驰名商标390个；2013年国家商标局又一次宣布认定了驰名商标330件。

3.10　中国驰名商标的认定，力求符合国际惯例，从严要求。主要有如下几个方面内容：（1）驰名商标必须是为全国范围的广大消费者所熟知为首要认定依据。（2）驰名商标必须以优质商品或服务作为认定的基础。（3）认定驰名商标以注册商标为前提。(4) 驰名商标的认定必须以该商品在国外注册为重要认定条件。(5) 驰名商标必须由权威机构主持和认定，这个权威机构就是国家工商局商标局。

中国对驰名商标的保护，主要内容包括：(1) 防止或驳回他人申请与驰名商标相同或近似的商标在非类似商品上申请注册。已经注册的，驰名商标所有人可在规定时间内请求国家工商局商标评审委员会予以撤销。(2) 凡有可能损害驰名商标注册人权益的，可请求工商行政机关予以制止。(3) 自驰名商标认定之日起，他人将与该驰名商标相同或近似的文字作为企业名称一部分使用，且可能引起公众误认的，工商行政管理机关不予核准登记；已经登记的，驰名商标注册人可以自知道或者应当知道之日起两年内，请求工商行政管理机关予以撤销。

创驰名商标与实施名牌战略有着密切的内在联系，但也有区别。驰名商标必须是名牌，但名牌不一定都是驰名商标。创驰名商标应与实施名牌战略相结合，在实施名牌战略的前提下创驰名商标；创驰名商标后，更进一步实施名牌战略，深化名牌战略的内容。

第4章 品牌资产

4.1 有形资产是以物化形式存在的资产，主要包括固定资产、流动资产、长期投资、专项资产。无形资产是指企业长期使用但是没有实物形态的资产，主要包括专利、专有技术、商标、著作权、租赁权、特许权、土地使用权等。

4.2 按评估对象构成要素的显著特征，无形资产可分为知识型无形资产和权利型无形资产两大类。知识型无形资产的构成要素主要是依靠高度密集的知识、智力、技术和技巧及其可能带来的高附加值，如专利技术、专有技术、驰名商标、计算机软件和集成电路布图设计等工业版权；权利型无形资产的构成要素主要是依靠特许权和可获赢利条件的关系，所指的特许权主要是指对物产权（物权）和行为权利，如土地使用权、矿产开采权、特许经营权、租赁权、优惠融资条件、进出口许可证、生产许可证、专门技术行为许可证、代理销售关系、原材料零部件供应关系等。

4.3 无形资产具有非实体性、依附性、效益性、专有性、不确定性等特点。其中，依附性是指无形资产要通过一定的直接或间接的物质载体来表现。无形资产本身虽然是无形的、非实体性的，但它离不开有形资产，带有依附性。不确定性是因为无形资产难以实际度量，且其潜在价值的伸缩性很大，难以准确计算，风险也很大。

4.4 品牌资产是一种重要的无形资产。它是一种超越生产、商品、一切有形资产以外的价值。也可以视为将商品或服务冠上某种品牌后，所产生的额外收益。

品牌资产越来越受到企业的关注和重视，并把它反映在企业的会计账上。这是因为，品牌资产作为一种重要的无形资产，可以给企业带来巨大的经济利益和更大的发展空间。因此，在企业兼并、并购、合资、资产重组、核算企业资产的种种活动中，都要认真评估和计算品牌资产价值。

4.5 品牌认知是品牌资产的重要内容之一。品牌认知的不同程度可由品牌认知金字塔来表示。(1) 品牌无意识。品牌无意识处于金字塔的最底层，属于无认知层次。(2) 品牌识别。品牌识别是品牌认知中一种有提示的需要帮助的识别，是有品牌认知的最低层次，但对消费者选择品牌也很重要。(3) 品牌记忆。品牌记忆是建立在消费者自主记忆基础上的品牌认知，比品牌识别又高一个层次。它在不作任何提示、不给任何帮助的情况下消费者能明确地说出某种品牌，是消费者所熟悉的品牌。(4) 品牌深入人心。处于金字塔的顶端，是品牌认知的最高层次。深入人心的品牌是消费者最熟悉、最认同、甚至最喜爱的品牌，它往往是被测试的消费者在无任何提示的情况下，脱口而出所回答的第一个品牌。

4.6 品牌体现的质量是消费者的一种判断，它是消费者对于品牌所标示的商品或服务全面质量或优势的感性认识，是对品牌的无形的、全面的感知。品牌体现的质量可以形成品牌价值。其形成价值主要包括：(1) 购买动因。它直接关系到该品牌在市场上的销售和市场份额。(2) 心理区位。不同的心理区位直接关系到品牌的竞争力。(3) 溢价效应。它是优势品牌产生的额外价值，因为溢价能增加利润。(4) 销售人员的表现。它直接影响到品牌的销售数量。(5) 品牌扩展。利用品牌优势进行扩展，有利于提高品牌竞争力。

4.7 品牌联想创造价值的方式主要有：(1) 帮助得到信息。对消费者提供方便。(2) 区别品牌。它有利于消费者选择。(3) 影响购买行为。品牌联想能为消费者购买提供一个特别的原因。(4) 创造积极的态度与感觉。它使消费者喜爱并能积累传递到品牌上，从而有利于创造价值。

4.8 品牌忠诚是消费者对品牌感情的深浅程度。品牌忠诚可以用品牌金字塔来表示。品牌忠诚金字塔由底部到顶端的不同层次是：(1) 无品牌忠诚度。(2) 习惯性买主。(3) 品牌满意的买主。(4) 对品牌喜欢的买主。(5) 忠贞不贰的买主。

4.9 品牌忠诚的测量只能是相对的、近似的。其测量主要包括：(1) 行为的测量。如对购买的习惯性行为进行测量。(2) 转变费用的分析。(3) 对品牌喜爱程度的测量。(4) 许诺的检测。

4.10 品牌资产价值评估，比较典型的是英国 Interbrand 公司的方法，被许多国家借鉴和采用。其测定品牌资产价值的关键性要素包括品牌利益和品牌实力两大方面。(1) 品牌利益。主要是确定品牌利润、专有品牌产品利润的消除、重申的在历史上的利润在当代的价值、历史利润的评估、资方所酬、税收等。(2) 品牌实力。它是 7 个评判因素的合成物。可以概括为 7 个“力”，即生存力（稳定性）、市场力、辐射力（国际性）、趋势力、支持力、保护力。

第 5 章 品牌质量

5.1 20 世纪 60 年代，美国质量管理专家朱兰（J. M. Juran）提出“质量就是适用性”的定义。在世界上被普遍接受。这一定义的出发点就是企业应更多地站在用户或消费者的立场上看问题，而不应仅仅从企业本身来思考问题。

国际标准化组织（ISO）自 1983 年以来，对“质量”含义作过多次界定，并在实践中不断修正和完善。1983 年对质量的定义是：“产品、服务或过程满足规定或潜在需要的特性的总和。”1986 年定义为：“产品或服务满足规定或潜在需要能力的特征和特性的总和。”1994 年 ISO 的“质量”定义是：“反映实体满足明确或隐含需要能力的特征的总和。”2001 年 6 月 1 日实施的 ISO9000：2000 和 2009 年 5 月 1 日实施的 ISO9000：2005 对“质量”一词的定义是：一组固有特性满足要求的程度。

5.2 无锡市衬衫厂生产的“元亨”牌衬衫，质量也不错，但不注意向外界宣传，不注意扩大营销，因而打不开局面，占领不了市场，而“红豆”牌衬衫却借助名牌优势，大力进行品牌宣传，很快地占领了市场，“元亨”牌厂家为此懊悔不已。从“元亨”牌衬衫的教训中，我们可以清醒地认识到，在市场经济条件下，固然始终应把产品本身的质量放在首位，作为基础，但是还应重视消费者心目中感受到的质量，以全面反映品牌体现的质量。为此，就必须让消费者知道你的品牌，通过广告宣传、公关、促销和其他手段，提高消费者对品牌认知的程度，直至形成品牌忠诚，市场才能打开。由此可见，全面理解品牌质量的重要性。

5.3 影响品牌质量的因素很多。主要有：(1) 优质原材料。它是品牌质量的基础。(2) 先进的技术和设备。它是影响品牌质量的重要条件。(3) 优秀的人才。它是影响品牌质量的关键。(4) 严格的管理。它是保证品牌质量的基本要求。(5) 消费者的心愿。它是体现品牌质量的社会因素和市场基础。

5.4 品牌质量战略是名牌战略的核心。这是因为：(1) 质量是名牌的内在本质。(2) 质量是名牌的出发点。(3) 质量是名牌成长发展的动力。(4) 质量创新是名牌永葆青春的法宝。

5.5 美菱集团前总裁张巨声认为：尊重质量就是尊重消费者。这是很有见地的认识。这种质量观是符合市场经济要求的新质量观。这是因为，在市场经济条件下，消费者是否满意是一个带根本性的问题。消费者的需求在于对产品占有和使用过程中产生满足感和愉悦，这是企业和产品存在的真正价值。如果品牌质量满足不了消费者的这种需要，就是不尊重消费者，就是质量有问题。所以，质量好不好最终应该由市场说了算，归根结底是由消费者说了算，而不是由生产者说了算。因此，把质量与消费者满意联系起来，尊重质量就是尊重消费者，这是现代市场经济条件下的新型质量观，是企业应该始终遵循的法则。

5.6 品牌质量管理必须掌握的两个要点是：(1) 质量方针。它是由企业组织中最高管理者正式颁布的本组织在质量方面的全部宗旨和方向，是企业在一定时期内所要达到的质量目标的方针。(2) 质量体系。它是为实施质量管理所需要的组织结构、职责、程序、过程和资源的综合体。质量体系是质量管理的核心，其内容主要包括质量策划、质量控制、质量保证、质量改进四个方面。

5.7 品牌质量管理中产品设计开发的质量管理，主要包括两个方面的内容：(1) 功能设计。产品设计开发质量目标的基本出发点是满足消费者对产品功能的需求，这是确定产品开发的依据，也是最基本的要求。(2) 外观造型设计。产品设计开发质量还要满足消费者对产品外观上的美学要求和心理需要，这是更高层次的要求。

5.8 在品牌质量管理中，产品生产制造过程的质量占有重要地位。其内容主要有两方面：(1) 生产技术准备的质量保证，诸如人员准备，物资和能源准备，装备准备，工艺准备，计量仪器准备，设计组织生产方案，质量控制系统设计，质量职责确认，验收工艺及装备等。(2) 生产制造过程的质量控制。主要包括：现场文明生产管理；生产工序管理和工序质量改进；作业者自检；质量检查部门专职人员检查；工序审核；不良品处理；计算机辅助质量管理系统；确立内控标准等。生产制造过程质量管理的目标是稳定地、持续地生产制造出符合设计质量的产品，保证合格产品的连续性和再现性，并使合格产品的质量能满足消费者的需要。

5.9 产品质量检验工作的基本要求是“三性”要求，即公正性、科学性、权威性。根据“三性”要求，应建立行之有效的质量检验管理制度。其内容主要有：(1) 实行“三检”制，即生产操作者自检，工人之间互检，专职人员专检三结合的检验制度。(2) 重点工序双岗制，即重点工序加工时，应有操作者和检验人员同时在场。(3) 留名制。(4) 质量复查制。(5) 追溯制。(6) 质量统计和分析。(7) 不合格品管理。(8) 质量检验与考核。

第6章 品牌市场

6.1 市场定位包括产品定位、价格定位、服务定位、品牌定位、风格定位等内容。其中，品牌定位是市场定位的最主要内容之一，是现代市场定位的核心内容。品牌定位是建立和塑造与目标市场有关的品牌形象的过程和结果。它与这一品牌所对应的目标消费者群应建立一种内在的联系。因此，品牌定位的关键仍然在于找准市场目标，它是市场定位的深化和集中化。

6.2 品牌定位主要考虑两大要素：(1) 理性功能——实用价值。品牌功能的实用性主要体现为品牌商品的性能、功效、对消费者带来的功用和利益，能满足消费者的特定需要。品牌的这种功能性与品牌商品的内在质量有着最密切的关系。(2) 情感需要——感性符号。品牌对消费者形成偏好，具有感情色彩，这是品牌的表现性。作为一种感性符号，品牌成为消费者选择的重要依据。

6.3 在品牌定位中，应把竞争优势与消费者心理结合起来。可以采取两种策略：(1) 先入为主策略。抢先占领市场制高点，成为市场领导者，确立品牌的领导地位。(2) 空隙卡入策略。作为跟进的企业，应在消费者心智空间中寻找空隙，从而开发出新的市场空间。

6.4 供应者角度的品牌选择包括两个方面的内容：(1) 制造商品牌选择，主要是推出制造商品牌。(2) 中间商品牌选择，包括批发商、零售商、代理商和其他专业化商人。他们是品牌的经营者。其品牌选择又有两个方面：一是选择制造商品牌来经营；二是选择自己创立的品牌，又称商业品牌或中间商品牌。可见，中间商品牌选择比制造商品牌选择有更丰富的内容。

6.5 消费市场的品牌选择度，可分为三个层次：(1) 无选择度。(2) 低选择度。(3) 高选择度。关注的重点应是高选择度。

6.6 消费市场的品牌选择过程大致是：(1) 搜集品牌信息；(2) 征求家庭、亲友的意见；(3) 品牌分析与评价；(4) 品牌商品的价格与功能比较；(5) 做出购买决定；(6) 使用后的再评价。

6.7 机构市场的品牌选择过程，大体包括如下阶段：(1) 组织购买品牌商品的专门班子；（2）搜集品牌信息；（3）对市场情况和竞争品牌进行分析与对比研究；（4）协调购买班子的不同意见，明确主要购买目标；（5）作出购买决定，与供货商建立长期合作关系。

6.8 在现代市场经济中，产品策略的核心是品牌策略。与产品有关的一切问题，主要集中体现在品牌上。产品的设计与开发，产品的技术与质量，产品的包装与储运，产品的维修与服务，都通过品牌来体现。说到底，产品营销，其核心就是品牌营销。

6.9 品牌营销价格组合，关键是企业定价决策。企业可根据不同情况分别采取成本导向定价法、需求导向定价法、竞争导向定价法等不同的定价方法。但市场情况是不断变化的，企业也应因势应变，采取有效的变价策略来适应市场变化。主要的变价方法有两种：（1）主动调价，包括主动降价和主动提价。（2）应变调价。在竞争对手率先主动调价的情况下，应及时应变调价。

6.10 品牌经理制度就是一个品牌由一个经理负责的制度。它对品牌营销发展具有重要的作用，其优越性主要表现在：（1）分工更细。有利于经营专业化，提高效率。（2）明确责任。有利于按品牌进行营销管理。（3）更好地建立激励与约束机制。它有利于建立合理的奖惩制度，奖勤罚懒，奖优罚劣，使每一位品牌经理更好地发挥其主动性、积极性和创造性。

第7章 品牌发展

7.1 名牌和非名牌不是固定不变的，二者在一定条件下可以互相转化。名牌都是由非名牌发展而来，在品牌竞争中优胜劣汰，优胜者脱颖而出成为名牌。但不是所有非名牌都能转化为名牌。名牌如果不注意创新，墨守成规，也会被市场所冷落成为非名牌，甚至被淘汰出局。名牌与非名牌的转化与更新是名牌成长与发展的一种规律性现象。

7.2 在建立社会主义市场经济体制过程中，必须大力提倡和实施名牌战略。这是因为：（1）名牌战略是适应市场经济竞争规律优胜劣汰机制并推动市场经济进一步发展的强大武器。（2）名牌战略是转变经济增长方式，提高经济运行质量的重大措施。（3）名牌战略是促进两个文明建设、加快社会进步的推动力量。

7.3 海信公司在合资问题上坚持两条原则：（1）要合资必须使用海信的品牌；（2）在合资中海信必须控股。海信领导人深知：最为宝贵的资源是市场，最该珍视的是产品品牌。海信人的品牌意识和品牌理念是值是称道的。

海信公司提出先强后大的理念，是符合企业创名牌的规律的正确理念。强而后大，才是正路；大而不强，不是真大，很难在竞争中立足。创名牌的企业应该先做强，后做大，才有光明的前途。

7.4 企业实施名牌战略包括的内容很多，主要有：质量战略；技术战略；新产品战略；广告战略；市场战略；人才战略。此外，还应重视商标战略、公关战略、CI战略等。

7.5 奇强牌洗衣粉实施“广阔天地”战略是指开拓广大农村市场的战略。这一战略取得成功的原因，在于生产奇强牌洗衣粉的南风集团通过市场调查找准了市场定位，“让开大路，占领两厢”，大力开拓农村市场，开发了巨大的市场空间。这是市场重点突破战略取得成功的典型案例之一。

7.6 按被兼并对象的所在行业部门划分，企业兼并有以下三种类型：(1) 横向兼并。它是兼并方与被兼并方属于同一产业部门、产品属于同一产品市场的一种兼并方式。(2) 纵向兼并。它是兼并方与被兼并方于前后生产工序、销售方与生产厂方之间的兼并方式。(3) 混合兼并。它是兼并方与被兼并方分属不同生产领域的一种兼并方式。

7.7 实施名牌战略最重要的大环境，就是建立市场经济体制和完善市场机制。这是因为市场经济体制和市场机制是实施名牌战略的最重要的基础和前提条件。在计划经济体制下，不可能实施名牌战略。

7.8 政府在推进企业实施名牌战略的过程中，可以起到引导、组织、激励、推动和保护的作用。主要有：(1) 制订规划；(2) 宏观引导；(3) 组织协调；(4) 积极支持；(5) 营造环境；(6) 大力保护。

7.9 名牌的商标国际化战略，主要包括：(1) 商标设计国际化；(2) 商标的国际注册；(3) 商标的国际广告。商标国际化战略是名牌国际化战略的一个重要组成部分，对名牌走向世界，开拓国际市场具有重要的作用。

7.10 名牌国际化的国家支持战略的主要内容是：(1) 给予中国名牌企业享有对外经济贸易权；(2) 国际间商务关系支持；(3) 外交手段支持；(4) 外汇金融支持；(5) 中国驻外机构和国际组织参与者应关注和支持中国名牌企业在国际上的发展。

第8章 品牌决策

8.1 品牌化决策与品牌化是两个不同的概念，不是一回事。品牌化决策是指企业对其生产或经营的产品是否采用品牌的抉择，包括采用品牌和不采用品牌两种情况。品牌化则是企业为其产品确定采用品牌，并规定品牌名称、品牌标志，以及向政府有关部门注册登记的一切业务活动。

8.2 品牌化是世界经济发展尤其是企业进行市场营销的一种大趋势。这是因为，品牌化会给企业带来巨大的好处：(1) 品牌化易于识别企业的品牌商品，利于营销；(2) 品牌化可以注册商标，受到法律保护；(3) 品牌化有利于突出品牌特色，提高知名度；(4) 品牌化有利于目标市场选择，细分市场；(5) 品牌化有利于提高信誉度和美誉度，树立良好的企业形象。同时，品牌化对于消费者认牌购物，更好地满足消费者需要也有很大好处。

8.3 迄今为止，制造商品牌一直处于支配地位，这是由经济发展的主导面和时代历史变迁所造成的。(1) 工业化使工业制造企业成为经济发展的支柱和主导，使制造商品牌大批涌现，成为品牌的主流。(2) 当代信息产业的发展不仅没有削弱制造商品牌，而且开发出信息产品制造商品牌。(3) 虽然无形产品在不断增加，但有形产品仍居于主导地位。不过随着时代的进步和形势的变化，制造商品牌受到了严重的挑战，中间商品牌的崛起，将成为争夺品牌支配地位的一支生力军。

8.4 制造商在进行品牌质量决策时，要考虑品牌质量的市场定位。这是因为，其质量水平的确定应以目标市场的具体需求为转移，而不是盲目地追求不适当的高质量，即：目标市场是高消费人群，应定为高档质量；目标市场是中、低档消费人群，就应定为中、低档质量。高、中、低档质量只是质量档次尤其是附加质量的不同，但都必须保证品牌商品在质量上可靠、安全、适用等基本质量要求。

8.5 单一品牌决策又称品牌延伸决策，也称同一品牌决策或统一品牌决策。它是指企业的多种产品使用同一品牌的决策。其具体方法一般是在企业某一种产品的品牌开发成功以后，又将该品牌延伸到企业的其他产品，使用该成功品牌的同一品牌。

单一品牌决策可分为三种类型：(1) 产品线单一品牌决策。它是指企业对同一产品线上的产品采用同一种品牌。(2) 跨产品线单一品牌决策。它是企业跨越产品线对具有同等质量或能力的不同产品，使用同一品牌。(3) 完全的单一产品决策，又称伞形品牌决策。它是企业对其所生产的所有产品都使用同一种品牌的决策。

单一品牌决策尤其是完全的单一品牌决策有如下优点：(1) 有利于提高品牌知名度进行市场扩张；(2) 有利于培养顾客忠诚；(3) 有利于节约进入市场的费用和时间；(4) 有利于在消费者心目中建立品牌形象和企业形象。其局限性，一是容易忽视产品的个性宣传；二是不利于单一品牌的纵向延伸；三是不同的定位造成品牌形象的冲突。

8.6 多品牌决策又称品牌分立决策。它是企业生产多种产品，采用多种品牌的决策，也就是每一种产品都单独采用一个不同品牌的决策。多品牌决策的优点是：(1) 有利于企业全面占领一个大市场；(2) 有利于推进品牌的个性化和差异化；(3) 有利于获取品牌转换的利益；(4) 有利于激发企业内部活力，提高企业的效率；(5) 有利于提高企业抗风险的能力。多品牌决策的局限性，一是耗费资金多，耗用时间长；二是增加品牌管理难度。

8.7 复合品牌决策是指对同一产品赋予其两个或两个以上品牌的决策。它可以分为两种类型：(1) 注释品牌决策。它是指在一种产品中同时出现两个或两个以上的品牌，其中一个是注释品牌，一个是主导品牌。(2) 合作品牌决策。它是指两个企业的品牌同时出现在一个产品上。

8.8 美国的菲利普·莫里斯公司以生产“万宝路”牌香烟而闻名于世。但是该公司买下通用食品公司的酸奶、咖啡、啤酒等品牌后，并不改用“万宝路”品牌，而是继续使用原有品牌。这是因为“万宝路”已成为“香烟”的代名词，在全球禁烟活动一浪高过一浪的形势下，莫里斯公司为了避免负面影响而不采用“万宝路”品牌，这是多品牌决策的一项明智之举。

8.9 美国的英特尔公司是当今世界最大的计算机芯片制造商。它与世界主要计算机厂家进行了卓有成效的合作。其方式是通过价格折扣优惠，鼓励计算机制造商使用“Intel Inside”的标识。对购买奔腾芯片的，给予3%的折扣；在计算机外包装上也注有“Intel Inside”的，给予5%的折扣。后来，几乎所有主要的计算机制造商，如IBM，Dell，HP等名牌计算机，除使用该企业原有品牌外，都加上了“Intel

Inside”的标识，HP公司还在一些地区市场开展了“Intel Inside，HP outside”的促销活动，这是合作品牌决策的成功范例。

8.10　实行品牌重新定位决策，主要有以下两个原因：（1）竞争者推出的品牌侵占了本企业品牌的一部分市场定位，导致本企业市场占有率下降；（2）消费者偏好发生了变化。进行品牌重新定位决策应从以下几方面着手：（1）深入进行市场调研工作；（2）寻找本企业品牌的发展空间；（3）对本企业品牌进行形象策划，重塑新的形象；（4）深入研究品牌重新定位对本企业收益的影响，把品牌重新定位在消费者新的追求和企业收益预期看好的结合点上。

第9章　品牌竞争

9.1　在当代市场竞争中，品牌竞争日益突出和重要，已成为市场竞争的焦点，在某种意义上说，市场竞争就集中体现为品牌竞争。这是因为：（1）随着市场经济的向前推进，品牌化趋势日益发展并成为主流；（2）市场竞争的各种内容和形式日益集中体现在品牌竞争上；（3）品牌竞争反映了企业之间、地区之间、国家之间的经济实力的竞争；（4）品牌竞争体现了市场竞争的新趋势。

9.2　现有竞争对手之间竞争的激烈程度取决于多种因素，主要有：（1）竞争对手的数量多少和实力对比；（2）产业增长速度的快慢；（3）价格与服务水平；（4）产业规模与供求平衡关系；（5）战略利益的考虑；（6）退出壁垒的大小。

9.3　造成进入威胁的潜在竞争对手，也会遇到种种障碍。阻碍潜在竞争对手进入某一产业的主要壁垒有：（1）现有企业规模经济的存在阻碍了潜在对手对产业的侵入；（2）现有企业的产品差异化形成的品牌忠诚对“侵入者”造成了进入壁垒；（3）进入的大量资本需求和高风险形成壁垒；（4）转换成本过高也会成为新进入者的障碍；（5）新进入者获得分销渠道也存在着困难；（6）原有企业与规模无关的成本优势；（7）政府政策也会形成进入壁垒。

9.4　有两种替代产品应当引起极大重视。（1）具有改善产品的价格——性能比从而排挤原产业产品的趋势的替代产品。这种替代产品将对原产品造成极大威胁。（2）由盈利很高的产业生产的替代产品。

9.5　在买方市场条件下，降价竞争是品牌价格水平竞争的主要形式。但是，降价竞争是一把双刃剑。一方面，合理的、适度的降价竞争，有利于鼓励先进，淘汰落后，促进企业加强管理，降低成本费用，采用先进技术，提高劳动者素质和技术水平，并给消费者带来实惠；另一方面，降价竞争如果失控，出现过度降价、恶性降价竞争，则会带来不良的严重后果。过度降价或恶性降价的一个基本特点是不顾成本，使行业内的价格水平低于平均成本以下，导致行业内大多数企业无利可图甚至严重亏损，从而影响该行业的正常发展。

9.6　品牌的非价格竞争是指除了价格竞争以外的一切竞争。主要包括：产品质量竞争；产品功能竞争；品种规格竞争；服务竞争；品牌形象竞争等。

9.7　品牌的综合竞争是指品牌的价格竞争和品牌的非价格竞争相结合、相交织的一种竞争。从实际情况看，很少有纯粹的价格竞争，也很少有纯粹的非价格竞争，往往是以价格竞争为主同时进行非价格竞争；或者是以非价格竞争为主同时进行价格竞争。因此，在品牌竞争中，要根据实际情况，交替使用价格竞争和非价格竞争，并把二者结合起来，实行品牌的综合竞争。

9.8 衡量品牌竞争力的主要指标有两个：（1）品牌的市场的占有率。从长远看，应把品牌的国内市场占有率与品牌的国际市场占有率结合起来。（2）品牌的利润率。它是一种超值创利能力。即这种利润率不是指平均利润率，而是指超出同行业平均利润水平的利润率。

9.9 核心技术是决定技术领先程度的关键技术，是高技术的灵魂和心脏。它是整个高新技术中起决定作用的那一部分技术。核心技术是品牌竞争中处于决定地位和主导地位。有了核心技术，就能在一个或长或短的时间内，掌握这一领域的制高点和主导权。在高新技术领域应集中攻关突破核心技术，使之成为品牌竞争优势的强大动力。实践证明，掌握核心技术竞争优势是取得品牌竞争优势的关键。

9.10 品牌的市场营销领先竞争优势是品牌竞争优势的集中体现。为了取得市场营销领先竞争优势，应着重抓好以下几点：（1）制订市场营销计划。营销计划一要符合实际，二要具体明确。（2）大力开展市场营销活动，主要包括：广告与公关；渠道与网络；产品与价格；推销与促销。（3）勇于进行市场营销创新，包括营销组织创新、营销方式创新、营销手段创新。

第10章 品牌保护

10.1 商标专用权的保护范围，以核准注册的商标和核定使用商品为依据。核准注册商标，指核准注册的商标图样，包括商标名称，文字、图形或其组合，颜色。核定使用商品，指核定使用该商标的商品类别和商品名称。

10.2 严重的商标侵权行为，就是假冒商标行为，即以仿制、假冒注册商标而牟取非法利益的一种侵权行为。

10.3 商标专用权保护有以下特点：（1）商标专用权保护工作的量大、面广；（2）商标侵权责任及侵权损失赔偿额的确定比较复杂；（3）商标权的保护与消费者的利益极为密切。

10.4 以假冒商标为主要形式的假冒伪劣行为具有极大的危害性。（1）假冒伪劣给名牌商品、名牌企业带来巨大伤害甚至破坏性的打击，严重阻碍名牌战略的实施；（2）假冒伪劣严惩损害消费者利益，给消费者造成巨大的经济损失，甚至会危及消费者的健康和生命；（3）假冒伪劣给国家造成重大经济损失，严重损害国家的经济利益；（4）假冒伪劣严重败坏出口商品形象，对我国国际贸易造成不良影响；（5）假冒伪劣严重破坏了市场经济应有的正常秩序，恶化了市场环境，败坏了社会风气，并严重损害了政府的威信。

10.5 假冒伪劣猖獗，其原因很多，主要有：（1）牟取非法经济利益的巨大贪欲。非法暴利的驱使，是假冒伪劣泛滥成灾的主要原因。（2）地方保护主义是假冒伪劣愈演愈烈的重要原因。（3）市场经济体制尚不完善、市场规则不够规范、市场秩序不够正常，也给假冒伪劣提供了一些可乘之机的空隙。（4）法制不够健全、不够完善，执法力度不够，打假不力，在客观上助长了假冒伪劣的肆意横行。

10.6　企业对品牌的自我保护应从多方面着手进行：（1）严格管理和不断创新是企业最重要的自我保护；（2）积极开发和应用防伪技术；（3）运用法律武器参与打假。

10.7　品牌保护是一项社会系统工程。这是因为：（1）品牌化已成为市场经济发展的大趋势；（2）名牌战略日益深化和发展；（3）完善市场规则，建立市场秩序；（4）打击假冒伪劣，净化市场环境。

10.8　法律对品牌的保护具有权威性、严肃性、公正性的特点。法律对品牌的保护主要是两个方面：（1）立法保护。方法保护是通过制定和颁布有利于品牌保护的法律来实施对品牌的保护。（2）司法保护。司法保护是依据现有的法律对品牌保护、打击假冒伪劣的实际司法行为。司法保护主要由司法机关来实施。

10.9　政府对品牌的保护具有极其重要的作用，政府应从多方面对品牌进行保护。其主要应做到：（1）制定政策、规划、纲要，提倡和推动质量振兴和名牌战略；（2）组织开展创名牌活动，总结推广创名牌的经验，推动名牌战略的实施；（3）对实施名牌战略和质量振兴规划进行具体支持和帮助；（4）加强检查监督，认真执法，加大打假力度，才能真正保护名牌。

10.10　“百城万店无假货”活动、“3·15 消费者权益保护日”活动、“质量万里行”活动等，都是社会各方面力量联合起来，互相配合，协同作战，共同开展打假斗争和有领导、有组织、有主管部门和广大群众参与的品牌保护活动，取得了明显成效。今后应该深入持久地坚持下去，为打击假冒伪劣、促进名牌战略更好地实施起到积极的作用。